高等院校品牌管理系列

品牌传播管理

Brand Communication Management

（第二版）

张亚萍 张树庭◎主编　　吕艳丹　孟　蕊　陈方旭◎副主编

经济管理出版社
ECONOMY & MANAGEMENT PUBLISHING HOUSE

图书在版编目（CIP）数据

品牌传播管理/张亚萍，张树庭主编. —2 版. —北京：经济管理出版社，2017.1
ISBN 978-7-5096-4872-8

Ⅰ.①品…　Ⅱ.①张…　②张…　Ⅲ.①品牌—传播—高等教育—自学考试—教材
Ⅳ.①F273.2

中国版本图书馆 CIP 数据核字（2016）第 324022 号

组稿编辑：勇　生
责任编辑：勇　生　璐　栖
责任印制：黄章平
责任校对：李玉敏

出版发行：经济管理出版社
　　　　　（北京市海淀区北蜂窝 8 号中雅大厦 A 座 11 层　100038）
网　　址：www. E-mp. com. cn
电　　话：(010) 51915602
印　　刷：玉田县昊达印刷有限公司
经　　销：新华书店
开　　本：720mm×1000mm/16
印　　张：21.25
字　　数：393 千字
版　　次：2017 年 4 月第 2 版　2017 年 4 月第 1 次印刷
书　　号：ISBN 978-7-5096-4872-8
定　　价：42.00 元

编 委 会

主　任：张世贤

副主任：杨世伟　赵宏大　勇　生

编委会委员（按姓氏笔画排序）：

丁俊杰　丁桂兰　卫军英　王淑翠　刘光明　孙文清

张世贤　张树庭　李易洲　李桂华　杨世伟　沈志渔

勇　生　赵宏大　徐莉莉　郭海涛　高　闯　焦树民

魏中龙

专家指导委员会

主 任：金 碚 郭冬乐

副主任：杨世伟 赵宏大

委 员 (按姓氏笔画排序)：

丁俊杰 中国传媒大学学术委员会副主任、国家广告研究院院长、教授、博士生导师

丁桂兰 中南财经政法大学工商管理学院教授

万后芬 中南财经政法大学工商管理学院教授

卫军英 浙江理工大学文化传播学院教授

王方华 上海交通大学安泰管理学院院长、教授、博士生导师

王永贵 对外经济贸易大学国际商学院院长、教授、博士生导师

王淑翠 杭州师范大学副教授

王稼琼 对外经济贸易大学校长、教授、博士生导师

甘碧群 武汉大学商学院教授

白长虹 南开大学国际商学院教授

乔 均 南京财经大学营销与物流管理学院院长、教授

任兴洲 国务院发展研究中心市场经济研究所原所长、研究员

刘光明 中国社会科学院研究生院教授

吕 巍 上海交通大学教授、博士生导师

孙文清 浙江农林大学人文学院教授

庄 耀 广东物资集团公司董事长、党委书记

许敬文 香港中文大学工商管理学院教授

吴波成 浙江中国小商品城集团股份有限公司总裁

宋 华 中国人民大学商学院副院长、教授、博士生导师

宋乃娴 中房集团城市房地产投资有限公司董事长

张士传 中国国际企业合作公司副总经理

张云起 中央财经大学商学院教授

张世贤　中国社会科学院研究生院教授、博士生导师
张永平　中国铁通集团有限公司总经理
张昭珩　威海蓝星玻璃股份有限公司董事长
张树庭　中国传媒大学 MBA 学院院长，BBI 商务品牌战略研究所所长、教授
张梦霞　对外经济贸易大学国际经济贸易学院教授、博士生导师
李　飞　清华大学中国零售研究中心副主任、教授
李　蔚　四川大学工商管理学院教授
李天飞　云南红塔集团常务副总裁
李先国　中国人民大学商学院教授、管理学博士
李易洲　南京大学 MBA 导师，中国品牌营销学会副会长
李桂华　南开大学商学院教授
杨世伟　中国社会科学院工业经济研究所编审、经济学博士
杨学成　北京邮电大学经济管理学院副院长、教授
汪　涛　武汉大学经济与管理学院教授、博士生导师
沈志渔　中国社会科学院研究生院教授、博士生导师
周　赤　上海航空股份有限公司董事长、党委书记
周　南　香港城市大学商学院教授
周勇江　中国第一汽车集团公司副总工程师

周济谱　北京城乡建设集团有限责任公司董事长
周小虎　南京理工大学创业教育学院副院长、教授、博士生导师
周　云　北京农学院副教授、经济学博士
洪　涛　北京工商大学经济学院贸易系主任、教授、经济学博士
荆林波　中国社会科学院财经战略研究院副院长、研究员、博士生导师
赵顺龙　南京工业大学经济与管理学院院长、教授、博士生导师
赵　晶　中国人民大学商学院副教授、管理学博士后
徐　源　江苏小天鹅集团有限公司原副总经理
徐二明　国务院学位委员会工商管理学科评议组成员，中国人民大学研究生院
　　　　副院长、教授、博士生导师
徐从才　南京财经大学校长、教授、博士生导师
徐莉莉　中国计量学院人文社会科学学院副教授
晁钢令　上海财经大学现代市场营销研究中心教授
涂　平　北京大学光华管理学院教授
贾宝军　武汉钢铁（集团）公司总经理助理
郭国庆　中国人民大学商学院教授、博士生导师

高 闶 国务院学位委员会工商管理学科评议组成员，首都经济贸易大学校长助理、教授、博士生导师

高德康 波司登股份有限公司董事长

黄升民 中国传媒大学广告学院教授

彭星闾 中南财经政法大学教授、博士生导师

焦树民 中国计量学院人文社会科学学院副教授

蒋青云 复旦大学管理学院市场营销系主任、教授、博士生导师

谢贵枝 香港大学商学院教授

薛 旭 北京大学经济学院教授

魏中龙 北京工商大学教授

前 言

随着经济增速的逐步下滑，中国经济进入了新常态！结构调整和产业升级成为供给侧结构性改革的主要方向。从宏观层面看，产业升级需要品牌战略的引领；从微观层面看，自主品牌成为企业获得市场竞争优势的必然选择。面对日益激烈的国内外市场竞争格局，中国企业是否拥有自主品牌已经关系到企业的生存和可持续发展。品牌越来越成为企业竞争力的集中表现。但是，目前的中国企业，绝大多数面临着有产品（服务）、没品牌，有品牌、没品牌战略，有品牌战略、没品牌管理的尴尬局面。其根源在于专业人才的匮乏！中国企业普遍存在品牌管理专业人员的巨大需求和人才匮乏的突出矛盾。从供给侧结构性改革的现实需求出发，我国急需培育出大批既懂得品牌内涵，又擅长品牌管理的专业人才，才能满足企业品牌管理和市场竞争的高端需求。

为解决这一现实中的突出矛盾，多层次、多渠道、全方位加快培养复合型品牌管理人才，促进企业健康可持续发展，中国企业管理研究会品牌专业委员会专门组织国内一流品牌专家和学者编写了这一套既符合国际品牌管理通则，又有国内特殊案例特征的大型系列教材。

本套教材不仅涵盖了品牌管理所需要的全部系统知识和理论基础，也包括了品牌管理的实际操作技能训练。其中，《品牌管理学》属于基础性通识教材；《品牌质量管理》、《品牌营销管理》、《品牌服务管理》、《品牌传播管理》属于专业性基础教材；《品牌形象与设计》、《品牌价值管理》、《品牌公共关系与法律实务》属于中高级管理人员必读教材；《品牌战略管理》、《品牌国际化管理》、《品牌危机管理》属于高级管理人员必修教材；《品牌案例实务》属于辅助教材。真正有志于品牌管理的各类人员，都应该全面学习、深入理解这些系统教材所包含的知识、理论，并掌握品牌发展的内在规律，运用相关知识和理论在实际的管理实践中不断提升自己的专业技能，使自己成为企业不可替代的品牌专家和高级管理人才。

本套教材的编写者虽然大都是在高校从事品牌教学与研究的学者，或是有着丰富实战经验的企业品牌管理与咨询专家，但是由于时间仓促，难免会有诸多不妥之处，敬请读者批评指正！

杨世伟

中国企业管理研究会品牌专业委员会主任

目　录

目录

第一章

导言：认识品牌传播

学习目标
★★★★

知识要求 通过本章的学习，掌握：

● 观察并感受生活中的品牌现象
● 品牌存在的意义
● 品牌传播环境的现状、变革和趋势
● 企业或者品牌营销管理者认识品牌传播的专业视角

学习指导
★★★★

1. 本章将为品牌传播的学习打下基础，通过观察与思考，养成认识品牌传播的专业视角以及对品牌传播现状的正确判断。

2. 建议学时：2 学时。

一、生活中的品牌现象

清晨起床，你会选择两面针、高露洁还是佳洁士来唤醒一天的精神？走在街上你会选择怎样的行头？Adidas、Nike 的运动衣还是 Zara、优衣库，又或者是 LV、Prada……？什么样的手机会一瞬间吸引你的眼球？三星（Anycall）、诺基亚（Nokia）还是夏普（Sharp）？

你可曾注意到在拥挤的地铁中，佳能五光十色的"你好，色彩"、李宁（LiNing）朝气蓬勃的"90后"以及凡客诚品（Vancl）的"我和你一样，我只是凡客"等品牌广告？

你又可曾注意到超市里摆放着各种我们所熟悉的品牌名称：飘柔、潘婷、强生、沙宣、露得清；我们选择各式各样的电脑，登录 QQ 或 MSN 等聊天工具；我们精心挑选自己认可的杂志获取适合自己的座驾的信息；我们口含不二家，茶余饭后闲聊 Iphone……

感受到了吗？如今社会的人们已经被这些耳熟能详的商品名称层层包围着。回想一下生活各方面的小细节，你所熟悉的品牌有哪些？何时何地以及如何接触或者认识"他们"的？在这里，之所以用"他们"，是因为一旦这些商品的名称成为一种"品牌"，他们便是"有生命的"。既然可以看作是生命体，那么他们就在落地—发育—成长—成名—热捧—衰老—消逝这样一个周期中为人们所认知。通常，作为普通消费者的我们更多关注已经成名的品牌，一般不会了解品牌的构成、周期、品牌传播的原理等理性层面的问题。而在本书中，品牌不仅仅是一个标识，而是一个可操作执行的概念。

二、从消费者到品牌传播专业人员视角的转变

若想真正地了解品牌、探索品牌存在的意义，我们便要从一名普通消费者围观的心态转向企业或者品牌营销人员的角度去寻求答案。

那么在我们的生活中，品牌存在的意义是什么呢？山田敦郎的《品牌全视角》曾从企业角度论述了在消费者购买过程中品牌的作用。首先，进入顾客的第一选择是非常重要的，顾客从有购买意图到决定购买是一个不断聚焦的过程。就如上文所描述，当顾客想购买手机的时候，他脑海中也许会浮现出五个品牌：诺基亚、三星、索尼爱立信、摩托罗拉、联想，然后在实际卖场中，再根据产品和价格等其他因素作出最终选择。而在这一过程中，进入顾客的第一选择范围的就是品牌。其次，品牌具有"自我代辩功能"，对于一般大众来说，选择一个品牌时，他考虑到的不仅仅是自身的需求和喜好，还包括使用该品牌时他人对自己的看法，也就是利用品牌来进行自我表现。在这方面，名人在品牌选择上最具有说服力。例如，夏纳电影节期间，明星们为了宣传自己的环保意识，会考虑用以油耗低著称的品牌的汽车代步。

换句话说，我们需要用一种战略性的眼光去全面地认识和考虑品牌的概念、意义、作用以及企业和产品与品牌之间的关系。若要准确把握这些知识，必须以市场大环境下的品牌传播动向为导向，在新的环境中探究品牌传播的战略和审视企业品牌发展实例。

三、品牌传播环境现状扫描①

（一）困局：一半的广告费消失无踪

在激烈的市场竞争中，品牌作为企业的核心资源，能够帮助企业最大限度地获取竞争优势，这一点已毋庸置疑。而品牌的创建仅仅是万里长征的第一步，如果品牌与消费者之间没有形成良好的互动沟通，任何品牌战略都将是一纸空文。因为品牌是企业、产品在消费者心里的综合反映，是企业与消费者沟通的结果。

约翰·沃纳梅克曾提出广告界著名的"哥德巴赫猜想"——"我知道我的广告费有一半被浪费掉了，但问题是我不知道是哪一半。"一百多年来，这个问题仍然困扰着广告主。如何将企业的品牌信息准确传递给目标消费者，促使其产生对企业有益的品牌消费态度和消费行为，成为当前企业亟待解决的命题。然而，瞬息万变的市场环境、纷繁复杂的品牌信息、日新月异的信息沟通方式，等等，均为品牌的有效传播带来更加严峻的挑战。

一方面，有限的媒介传播渠道所承载的信息日益膨胀，造成信息趋同、过量、易模仿、难识别等问题，使得品牌传播的效率大幅降低。据有关数据表明，2007 年，全国的广告投放量达 1780 亿元，而 2003 年的这一数字是 1030 亿元。广告的增多使得媒体广告曾经独有的规模效应正逐渐丧失，因为每一条广告到达的受众减少了。同时，广告人在同样的时间和条件下，要创作出数量更多的广告，这也意味着广告的质量可能下降。

另一方面，传统媒体广告边际效益递减已经成为一个不争的事实。大众媒体的受众针对性不强，而且广告的可信度较低，受众参与较弱。此外，长期以来消费者对广告形成规避心理，这也使得品牌传播中有价值的信息接受比例变得更加有限。根据央视索福瑞（CSM）在全国进行的为期一周的电视广告收视率统计，电视广告的收视率远远低于节目收视率，广告收视率最高也只能达到节目收视率的 90%，多数维持在节目收视率的 60%左右的范围，最低的甚至只有 45%。正如肯萨琳在《注意力》中所指出的："今天我们放眼望去，营销传播的威力正因缺乏注意力而受到侵蚀。根据一种估计，仅有 1/3 的广告战对销售有重大影响，有某种长期影响的不到 25%。"

（二）变革：新营销传播图景下的品牌传播动向

以传统方式为基础的品牌传播对消费者的影响力变得越来越弱，而一场营

---

① 张树庭，吕艳丹. 有效的品牌传播. 北京：中国传媒大学出版社，2008.

销传播革命已悄然开始。传播的三大关键性环节——媒介、受众、广告主均已发生变化，构建出一幅新的营销传播图景，一切以信息的有效传播为基本原则；对于传媒业来说，新的内容解决方案将彻底颠覆传统的传播关系和传媒业态；对于内容消费者来说，一切可资使用的信息内容到达消费者的效率的大大提高，将改变受众传统的内容消费方式；对于广告主来说，品牌传播活动也相应地呈现出新的发展动向。

1. 传播渠道之变

随着媒体环境、社会经济环境的变化以及新传播技术的革命，媒体数量和种类蓬勃发展，全球可以获得的信息呈现指数化增长势头。

互联网、数字电视、手机等以互动性为旗帜的新型信息传播渠道大量涌现，这使得传统大众媒体"独大"的地位受到动摇。传统的四大广告媒体开始了自身的调整，一方面呈现"碎片化"趋势，专业性分众杂志、报纸、电视频道层出不穷，不断细分以吸引更挑剔的受众；另一方面开始进行传播方式的更新，融合了新技术带来的互动品质，网络电视、网络报刊、数字电视、网络广播等纷纷出现。

新的媒介生态逐步形成。传统媒体壁垒森严的行业界限将不复存在，在新的传播关系中，只有三种理论上能够相互转换的角色可以清晰地得到辨认：内容提供商、传播渠道运营商和终端内容消费者。

2. 传播需方之变

在新的传播关系中，受众媒体接触和信息沟通方式亦相应发生改变。

一方面，受众注意力成为稀缺资源。手机短信、电子邮件、网络日志、BBS、网络通信等由新技术产生的新的沟通方式分割了现代受众的生活，他们花费在媒介上的时间日趋有限，但是面对的信息却日趋庞杂。被包围的信息刺激中的受众，已经逐渐变得反应迟钝，注意力逐渐分散、记忆力日益下降，甚至产生信息抵制的心理。他们更加严格地挑选传播刺激，对信息的处理表面化，乐于阅读简短的文章、快速浏览图片，采用"速食"式的信息解读方式。

另一方面，受众使用媒体的主动性增强。传统意义上的受众概念将发生转移，他们既是内容的消费者，又将是内容的生产者，并逐渐掌控信息流动社会中的主动权力。被动接受信息的单向传播过程将被主动沟通、双向互动的传播过程所取代。

而作为广告主营销传播对象的特殊受众——目标消费者，其消费心理及行为亦呈现出与以往不同的特性：新一代消费者的品牌接触点增多，并开始强调品牌体验；同时，消费者的品牌意识越来越单薄，品牌认真度和忠诚度不断下降。

3. 传播供方之变

面对已经变化的营销传播图景，企业的品牌传播活动开始呈现出新的发展趋势。

（1）由大众到分众。以往消费者的同质性很高，对产品的需求及对信息的接受习惯大致相同，通过大众媒体发布广告往往能够迅速提升品牌知名度。而今，个性化发展导致消费者结构不断细分，多元生活模式和价值取向并存的现象越来越普遍。在这种情况下，企业必须针对特定消费者建立差别化的品牌战略，并且通过分众媒体向目标消费者传播，进行分众营销。而分众传播渠道的大量涌现则为企业的精准传播提供了平台。

（2）由单一到整合。过去，大多数企业品牌传播工作的核心是媒体广告，品牌传播似乎很简单：委托一家好的广告代理商，协助他们想出大创意，再发动一场声势浩大的广告运动，这几乎就是品牌传播的全部。然而这种品牌传播模式在今天已经行不通了。

市场竞争更加激烈，消费者更加精明，产品更加同质化……这一切都意味着创建强势品牌变得更加困难。营销者必须重新审视其品牌战略：品牌识别体系更加复杂，品牌形象与个性更多样化，品牌在不同市场上不断延伸，与此同时还要保持品牌的统一性。其中的任何一项工作都要比以前更加复杂。这对品牌传播提出了更高的要求，而仅靠广告这一种传播手段已不能胜任品牌传播的任务。在这种情况下，营销者必须整合运用广告、公共关系、赞助活动、事件营销、促销活动等多种传播手段，根据不同传播手段各自的优势，将他们分别运用到品牌管理的各个环节中，让他们共同为品牌服务，发挥整合的效果。

（3）由单向到互动。传统媒体的广告将消费者当做被动的信息接收者，品牌营销者控制了广告的一切，例如内容、形式、媒体等。消费者机械地接受着企业所描述的纯粹的、精心修饰的、为品牌所独有的形象。以这种方式创建的品牌是脆弱的——品牌与消费者的关系远没有建立起来。这样的单向传播在市场竞争不太激烈时，尚能发挥一定作用；一旦产品出现同质化竞争，消费者将很容易找到替代品，单向传播作用就有限了。

而现在，企业逐渐认识到了互动的重要性——帮助消费者对品牌产生记忆、识别、联想，因此不仅在传播内容上追求消费者乐于参与的信息，还尽量选择便于消费者参与的传播渠道。与消费者是否有足够的互动成为衡量品牌传播是否有效的重要标准。一些互动传播渠道如网络营销、直销、旗舰商店、主题公园、消费者俱乐部等，被广泛地应用于品牌传播实践中。

（三）挑战：本土品牌亟待提升品牌传播效率

随着我国传媒产业的发展，我国企业已经感受到了这股新的营销传播浪潮，意识到通过拉动型的品牌传播，促进供需双方的互动，建立起品牌与消费者之间的关系。新浪潮带来的是机遇，同时也是挑战。

1. 对不规范传播环境的适应力

由于我国传媒产业发展极为迅猛，虽然为企业带来了多种新型的品牌传播方式，但也存在市场不够规范的问题，比如缺乏配套的法律法规、相应的管理体制尚不健全等。这将导致企业在运用各种新兴媒体进行品牌传播实践时，缺乏明晰的政策保障和科学的管理。

2. 对新兴传播技术的掌控力

新科技为我国企业的品牌传播带来了革新，也为传播管理带来了新的挑战甚至威胁。比如，如何更好地运用新兴信息传播技术与内外部目标受众进行品牌沟通，并有助于检测沟通效果；如何将技术与传统传播渠道紧密结合发挥整合效应；如何加强对网络等新兴媒体的信息控制能力；如何更加紧密地与媒体和广告公司配合，拓展新的品牌传播渠道，等等。

3. 对品牌传播战略的执行力

我国企业逐渐跳离了"标王"年代，认识到不仅仅要依靠电视和平面广告、促销等传统的大众传播措施来吸引目标受众，而且要运用一些确实能够被消费者接受的传播工具。这将为企业对品牌传播战略的执行力带来新的挑战，因为策划并实施一个由消费者主动参与并积极互动的传播活动，远比单纯使用大众传播工具难度更大。

若想提升执行力，就迫切需要在企业内部培养中坚力量和设置相应的组织机构，逐步完善品牌传播体系。比如通过建立企业发言人机制，面向政府机关、新闻媒体、非政府组织以及普通公众，传递和谐一致的品牌信息；对公众舆论话题进行观察、分析和施加战略性影响；运用危机传播来避免冲突状况下舆论对品牌信任度和形象的损害。

4. 对国内外市场的竞争力

2007 年是中国结束了入世过渡期、实现全面对外开放后的关键一年，越来越多的国际品牌发现了我国巨大的市场潜力，纷纷进驻中国。面对跨国企业成熟的品牌运作模式，我国企业迫切需要提升品牌传播效率，以加强竞争力。

另外，随着我国企业国际化步伐的加速，本土品牌在挺进海外市场时，需要深入开展品牌传播活动的设计和研究，找出跨国环境下正确的传播定位，设计不同类型的国际化品牌传播方式。

总而言之，一切正如传播学家沃纳·赛佛林（Wernaer J.Sevenin）和小詹姆斯·坦卡德（James W.Tankard）所说的："我们正在将传播内容灌输给大众的泛传播转变为针对群体或者个人的需求设计传播的窄传播。我们正在从单向的

（one-way）传播媒介转变为互动的传播媒介。"

我们生活在一个传播技术和观念日新月异的时代，传播已经由传统的单向变成了一个多向的传播交流网络，在这样一个复杂多变的网络中，专业的品牌传播营销与管理人员需要掌握传播的本质和规律，并加以灵活运用以及创新，才可以有效减弱传播环境中各种干扰因素的影响，使被传播的品牌依然出类拔萃。本书希望能从认识身边的各种品牌传播现象开始，将品牌传播的基本概念、特征、工具策略及其操作实务等配以简单易懂的案例，尽可能全面地为大家介绍品牌传播相关的专业知识、技能。

第二章

品牌传播概述

学习目标

★★★★

知识要求 通过本章的学习，掌握：

● 品牌传播的概念、目的

● 品牌传播过程的 5W 模式

● 品牌传播的要素以及基本流程

● 从传播学的视角审视品牌传播发展的三个阶段

● 品牌传播效果的影响因素及评估

技能要求 通过本章的学习，能够：

● 对日常生活中的品牌传播现象进行准确判断

● 分析不同的品牌传播目的与消费者之间的联系

● 解释品牌传播效果受到哪些因素影响

● 熟悉品牌传播的内涵并运用到品牌传播计划中

● 把握不同品牌传播方式所需要的条件、途径

● 掌握正确评估品牌传播效果的方法

· 9 ·

学习指导

★★★★

1. 本章内容包括：品牌传播的定义、目的；从战略高度审视有效的品牌传播；传播过程模式、品牌传播使用工具的三个阶段；品牌传播效果的概念、意义及内容；品牌传播效果评估的方法等。

2. 学习方法：通过概念与案例的结合学习，形成对品牌传播内涵的准确理

解。与小组成员对三阶段的品牌传播过程进行评价讨论。补充学习课外案例资料。

3. 建议学时：6学时。

引导案例

柯达的品牌传播

伊士曼柯达公司（Kodak）始创于1880年。至今已是世界上最大的影像产品及相关服务的生产和供应商。柯达公司如今的辉煌不仅归功于其长期以来在品质和创新上的努力，还得益于有效的品牌传播。例如，1897年，柯达举办了一项业余摄影大赛，吸引了2.5万人参加；1904年，柯达赞助了一项巡回摄影展，展出了41张作品；1920年，柯达沿着美国高速公路，寻找风景优美的地点，制作出许多标出"前面可拍照"的小型路标来提醒驾驶人。这一系列活动加上其他的广告宣传，使得"柯达"和它的黄色注册商标深入人心。大部分的人看到"柯达"这个名称时，除了感到熟悉外，还会有一种好感。并且当大家提到相机、底片或是其他与摄影相关的话题时，都会联想到"柯达"。

资料来源：作者整理采编.

思考题：

10

1. 柯达公司是如何进行品牌传播的？

2. 试着分析柯达公司成功传播的品牌内容有哪些。

3. 通过分析柯达公司传播其品牌的做法你能得到什么启示？

第一节　品牌传播的概念

一、品牌传播的定义

问题1：什么是品牌传播？

品牌传播就是指品牌所有者通过广告、营销活动、公共关系、人际沟通等多种传播策略及各种传播工具，与内外部目标受众进行的一系列关于品牌信息的交流活动。它以构建品牌、维护品牌与消费者以及其他利益相关者之间的正向关系为目标，旨在促进目标受众对品牌的理解、认可、信任和体验，从而最优化地增加品牌资产。

作为企业传播行为的一种，品牌传播具有所有传播活动所共有的特征即传播活动是一个动态的过程。这就决定了企业的品牌传播是一项开放的、系统的、长期的工作，需要企业做好品牌战略规划，并保持一定的连续性，持之以恒地向目标受众传达品牌信息。同时根据市场变化及时对品牌作出调整，以使品牌保持活力。

二、品牌传播的目的

品牌传播作为企业营销活动的一部分，其最终目的即是营销活动的最终目的——促进销售。然而品牌传播又不同于其他企业传播行为，它担负着品牌营销的实施任务——建立并维持品牌。

问题 2：品牌传播的目的是什么？

从品牌营销的角度来看，企业通常借助品牌传播达到以下三个不同层次的目的：

1. 建立品牌的基础认知

市场上的品牌成千上万，即使是同类品牌也足以让消费者目不暇接。在这种情况下，树立并传播品牌独特的认知系统显得尤为重要。品牌的基础认知系统主要包括两个方面：视觉识别体系（VI），如品牌名称、声音标志、形象标志、标准色等；理念识别体系（MI），如广告语、企业歌曲、品牌理念、品牌故事等。

这些都是贯穿企业所有品牌传播活动的基础传播元素。通过传递这一层面的品牌信息，有助于提升品牌的知名度，让目标受众对品牌产生熟悉感，以帮助其从林林总总的品牌中快速识别出本品牌。

2. 建立品牌较深层次的识别

仅仅建立品牌知名度还不够，还要向目标受众展示品牌的不同之处，即品牌识别，包括独特的品牌个性、品牌形象和品牌联想。企业在长期的品牌战略基础上，制定严密的品牌传播规划，通过系列传播活动加深目标受众对品牌的理解，让他们相信品牌确实能为他们提供其他品牌没有的独特利益，由认知提升至认同。

3. 建立并强化品牌和目标受众的关系

在消费者已对品牌有了一定程度的认可之后，品牌营销者的任务更新为在此基础上建立并强化品牌和消费者的关系。在此层面上，品牌传播的重点将集中于品牌核心价值，比如品牌的功能性、社会性、情感性、文化性、心理性利益，等等。通过品牌传播让目标受众不仅认识和理解品牌，而且还要让他们觉得该品牌是真正为他们而存在的，是他们真正的朋友，令受众不光他们自己认识，还要把它介绍给更多的人。换言之，要在品牌和消费者之间建立一种较为牢固的关系，并转化为品牌忠诚度。这一目的的实现有赖于品牌和消费者之间的双向交流，更加强调消费者对品牌的体验。

三、从战略高度审视有效的品牌传播

由品牌传播的目的可以看出，有效的品牌传播对于企业的营销推广活动具有不可忽视的价值，应从战略的层面上认识和应用品牌传播。

问题 3：如何从营销和品牌管理角度认识品牌传播？

1. 传播和营销高度统一，成为战略性成功要素

从营销的角度看，随着市场关系的变革，以往单向线性的营销沟通转向双向的沟通，其间包含着各种沟通层面的交互式交流。对此舒尔茨指出："产品和服务的信息流在整个系统中无所不至，而不只是输出系统，就像制造商驱动的市场和分销商驱动的市场那样仅向一个方向输出。信息是基于各种成员的需求流动、组合、分拆"。[①] 各营销环节不但进行营销控制，而且也进行营销传播，也就是说，在某种意义上营销和传播已然相互统一。

因此，营销的过程本身就是一种传播行为，而传播早已不再是销售的辅助工具和产品政策的陪衬，而成为独立的、专业的和现代化的企业管理工具。尤其是品牌传播能够成功地帮助企业区别于其竞争对手，它正逐渐成为战略性的成功要素。

2. 品牌传播是品牌战略的重要组成部分

从品牌管理的角度看，品牌存在于消费者心智之中，是企业与消费者相互沟通的结果。企业发出品牌信息，传至消费者，消费者对信息进行理解、再加工，在脑海中形成对品牌的印象，同时以某种形式作出反馈，长期下来，消费者对品牌的印象逐渐完整，那么品牌就在消费者心里真正树立起来了。

在这个意义上，品牌传播是品牌营销的核心工作，它将已经制订好的品牌规划（包括品牌内涵、品牌识别、品牌定位）付诸实践。品牌传播是建立品牌与消费者关系的关键桥梁，它使目标受众接受到清晰、稳定的品牌信息，形成强有力的品牌识别，积累品牌资产，形成有效的品牌传播，在品牌的整体建设与维护过程中具有重要的战略意义。

---

① ［美］唐·E. 舒尔茨，菲利普·J. 凯奇. 全球整合营销传播. 北京：中国财政经济出版社，2004：16.

活动 1：拟定品牌传播计划

三个学生为一组，模拟一个产品品牌。根据品牌传播的三层次目标，每位学生负责一个目标，以其为依据制定一个品牌传播的计划，进行传播的学生向其余两名学生进行模拟传播练习，然后由两名学生对传播计划进行评价，看是否达到目标。三位学生依次练习。

第二节 传播学视角下的品牌传播

品牌传播是企业传播活动的重要组成部分，是一个动态的传播过程。而传播学作为品牌学科的基础学科之一，应当成为我们学习品牌传播的一个立足点。只有从传播的角度审视品牌的传播过程，才能使品牌传播从本质上得到更完整的认识和诠释。

一、传播过程模式——5W 模式

1948 年，传播学奠基人之一哈罗德·拉斯维尔在其《传播在社会中的结构与功能》一文中首次提出了构成传播过程的五种基本要素。这一文字模式被视为传播过程模式的经典，它奠定了传播学研究的范围和基本内容。人们称之为"5W 模式"或"拉斯维尔公式"（见图 2-1）。这五个 W 分别是英语中五个疑问代词的第一个字母，即：Who（谁）Says What（说了什么）in Which Channel（通过什么渠道）to Whom （向谁说）with What effect （有什么效果）。五 W 模式表明传播过程是一个目的性行为过程，具有企图影响受众的目的。因此说它的传播过程是一种说服过程，其间的五个环节正是传播活动得以发生的精髓。

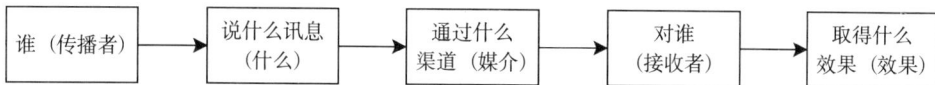

图 2-1 传播过程

二、品牌传播的三个阶段与传播过程 5W 模式分析

对于品牌传播过程的研究，拉斯维尔的 5W 模式具有重要意义。对于传播过程中这五个基本要素的详细分析和准确把握是品牌能否得以有效传播的关

键。纵观品牌发展历史，人类对品牌传播工具的使用大致经历了三个发展阶段：口碑成就品牌阶段、广告造就品牌阶段以及网络推动品牌阶段。为了能够对这三个发展阶段的品牌传播过程有更为清晰和全面的认知，可以分别从5W即传播过程的五个基本要素层面进行分析。

（一）口碑造就品牌阶段

案例一

"都一处" 题名的口碑传播

乾隆十七年的大年三十晚上，乾隆皇帝从通州微服私访回京途经前门，当时所有的店铺都已关门，只有这家"王记酒铺"亮灯营业，便进店用膳，由于店主招待周到，酒味浓香，小菜可口，所以乾隆对小店产生了兴趣，便和店主闲谈起来，询问酒店叫什么名，店主回答："小店没名"。乾隆听后说："此时京城开门的就你一家，就叫'都一处'吧！"乾隆回宫后亲笔题写了"都一处"店名，将其刻在匾上，几天后宫中派人送来这块虎头匾。从此"都一处"代替了"王记酒铺"，而乾隆皇帝题名"都一处"的轶事也在民间传开，家喻户晓，从此以后小店生意十分红火。

资料来源：杨晶晶. 都一处，新传人，新梦想. 光彩，2010（1）.

思考题：

1. "都一处"的生意为什么变得十分红火？

2. "都一处"是怎样实现品牌的口碑传播的？

3. 试分析"都一处"品牌口碑传播的"5W"模式。

问题 4：品牌是怎样通过口碑传播的？

在大众传媒出现之前，品牌主要依靠人际传播。品牌的人际传播是指个人与个人之间对于品牌的信息、意见、情感的直接交流与沟通行为。这种信息传递过程不仅可以通过语言完成，也可以借助非语言的传播方式，比如动作、表情、文字符号；不仅可以面对面进行交流，也可以通过各种通讯手段进行；不仅可以通过商业性的渠道，比如推销员和业务代表的推荐、聘请专家的证言等；也可以利用非商业性的渠道，比如群体中意见领袖的舆论引导、社交中的口口相传等。人际传播最大的特点在于针对性强、互动频度高，是人们获取品牌信息、形成品牌消费态度的重要方式，能够对其他品牌传播形式起中介和过滤作用，尤其在说服或沟通感情方面具有强大的影响力。成功的品牌往往以其可靠的品质和非常人性化的面对面服务赢得消费者的心，产生品牌忠诚，并靠着消费者的口碑而逐步为更大范围的消费者所知、所接受，最终成为有口皆碑的品牌。在这一阶段，无论是口碑、直接体验、包装还是终端，都是最有效果的品牌传播工具，尽管在今天看来，它们的传播效率较低，然而在市场竞争不激烈、多数产品处于手工制作、传播介质不发达时代，无疑是最合适的。

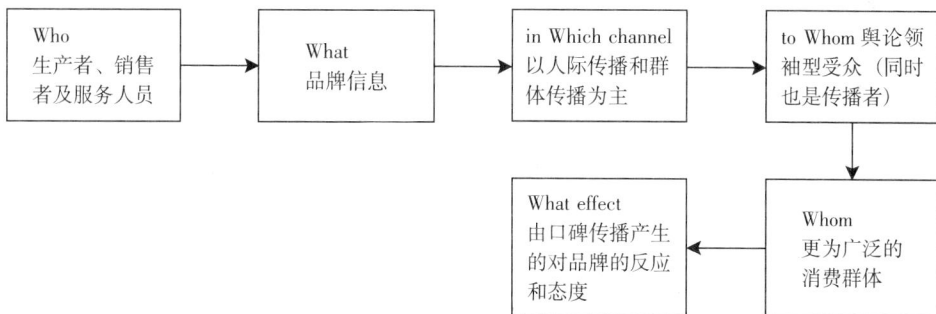

图 2–2　口碑传播过程

　　在这一阶段中，品牌传播过程的第一个 W——传播者为产品或服务的生产者、经销商或服务的提供者，传播者是传播活动的起点，也是传播活动的中心之一。品牌的传播者也是品牌信息的创造者，他们肩负着确立品牌核心识别、为品牌准确定位，并对品牌信息进行编码的任务。第二个 W——品牌传播的内容即品牌信息，是指运用文字、图像、感觉、口味、气味、声音等多种感官形态，将品牌信息译成编码，以影响信息接收者，达到传播目标。在口碑传播阶段，品牌信息大多依附于有形产品，包括其性能、包装以及服务的体验。第三个 W——品牌传播渠道是指品牌信息由传播者传至目标受众而经由的整个中间过程，传播渠道的选择与组合对于有效的品牌传播尤为重要。作为整个品牌传播策略的执行环节，渠道是品牌与消费者最终沟通的桥梁，企业只有依据目标消费者和传播渠道自身的特征制定品牌渠道计划，才能使品牌信息顺利、精确、快捷地到达目标受众。在品牌的口碑传播阶段，传播的主要渠道是通过人际传播和群体传播进行的，交流方式也多为面对面的口头传播。第四个 W——品牌的口碑传播的受众可分为两种，在品牌信息传播的前期，传播者将进行编码之后的品牌信息传递给在一定群体内具有影响力的舆论领袖，这些舆论领袖可以是中间商、企业内部成员，也可以是消费者。他们在接收传播者的品牌信息后，根据自己的认知、经验、偏好等对信息进行再加工，在这一过程中，作为信息传播受众的舆论领袖型消费者也被同时赋予了信息传播者的身份。他们将重新编码了的品牌信息传递给范围更加广大的普通受众，也就是产品和服务的真正目标消费者。至此，品牌的传播活动实现了从初级传播到产生口碑效应的二次传播，但品牌传播过程并未结束，品牌传播的目的是建立起品牌认知、树立品牌形象和品牌个性直到建立起消费者对品牌的偏好，培养属于该品牌的忠诚消费者。因此，充分评估传播活动所产生的效果，即第五个 W 才能给传播活动画上一个完满的句号。

（二）广告造就品牌阶段

案例二

"统一"润滑油借势央视广告招标

2002 年 11 月 18 日，统一润滑油首次参加中央电视台黄金段位招标，中标额 6000 多万元。2003 年 1 月 1 日，统一润滑油的广告片《众人篇》第一次出现在中央电视台《新闻联播》后的黄金广告时段，其广告制作分别选择了年轻女性、老年男性、小孩以及成功爸爸作为不同消费群的代表。广告由四幅画面组成，这些代言人或站立在车旁，或坐在驾驶室里，脸上露出满意的笑容，最后一幅画面是一个头戴工作帽的工作人员，露出自豪的笑脸对顾客展示统一润滑油的产品。每幅画面下方都配有字幕："专业护理，统一润滑油"，以及"热线电话：010-61231500"等字样。

《销售与市场攻略》杂志上提供的数字显示：广告播出后，公司网站的日均访问量从平时的日均 300 人次上升至 1500 多人次；3 月下旬的出货量比去年同期增加了 100% 以上，且当月销售额突破亿元大关。

资料来源：福建广告网，2011-03-03，http：//www.fjtvc.com/marketing/Brand/2011/0303/533.html.

➡ **思考题：**

1. 统一润滑油是如何成功传播其品牌讯息的？
2. 试用"5W"理论对统一润滑油的案例进行分析。

问题 5： 品牌是怎样通过广告传播的？

从第一份报纸、杂志出现开始，到 20 世纪广播和电视两种电子媒体的诞生，大众传媒便以其广泛得多的覆盖范围和传媒组织的公信力，逐渐主导了人类的信息传播活动，品牌传播也不例外。大众传媒大发展的 20 世纪，无疑也是广告的黄金时代，以不同媒体上的广告为中心，公关、促销、赞助活动、品牌代言人等传播工具各司其职，相互补充，快速塑造出一个个形象突出、个性鲜明的品牌。在市场竞争日益激烈、工业化大生产高度与成熟的时代，离开广告而能进行有效传播是极其个别的现象。品牌的传播也进入了广告时代。

广告对品牌信息的传递也是一个完整的传播过程，拉斯维尔公式对广告的传播过程也意义非凡。五个基本要素构成了广告活动的全部内容。对每个要素及其之间的关系进行系统全面的研究，对广告是否能有效进行品牌传播起着至关重要的作用。

品牌的广告传播在大多情况下是通过大众媒体，诸如广播、杂志、电视、计算机等媒介进行的，该过程通常采用的是如图 2-3 所示的大众媒介传播模型。

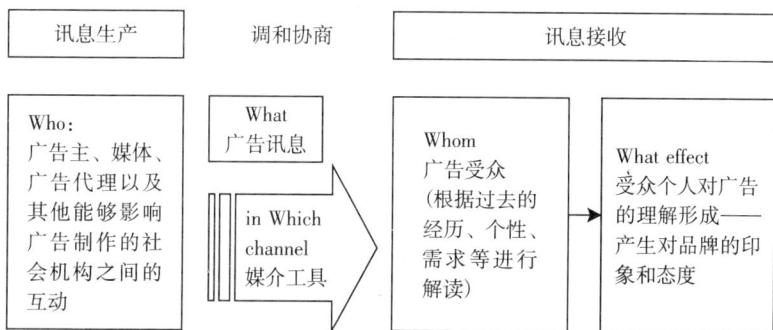

图 2-3 大众媒介传播模型

该模型显示，品牌信息的广告传播与面对面的口碑传播不同，它是一个个体与机构之间互动的过程。它由"讯息生产"和"讯息接收"两个独立部分构成。模型左侧是"讯息生产"部分，在这一部分中生成了品牌广告的内容和形式。在这一部分中，第一个 W——传播者可以是品牌拥有者企业，各行各业都可以通过广告塑造品牌。商业企业、工业企业、学校和医疗事业单位等都可以是品牌信息的传播者。传播者还可以是广告代理公司或者政府等。传播者要对市场状况和消费者进行分析，以此为基础进行市场细分，找准品牌定位，在综合考虑企业的营销目标、商品特性以及生命周期的前提下，制定品牌传播策略。第二个 W——广告传播的内容，这里广告所指的便是狭义的广告创意和表现。有效的品牌传播要求广告创意在最大化体现品牌所要传达的核心内容的同时，还要求新颖以吸引消费者目光。巧妙的广告创意能够引起消费者共鸣，以消费者喜闻乐见的形式，更深刻地传达品牌的核心价值。甚至好的广告创意本身就能够促进品牌美誉度，引起品牌的"轰动"效应。联结"讯息生产"和"讯息接收"的是第三个 W——广告媒介，即广告信息传播的渠道，媒体的形式和特点在很大程度上影响了广告的形态和效果。在运用广告进行品牌传播的过程中，企业要根据预定目的组合运用各种媒体，发挥各种媒体的长处。广告传播过程的第四个 W——广告受众由于其人口特征、心理特征、购买习惯等的差异，呈现出不同的偏好及对广告的反应。因此广告在传播品牌信息前应对其目标受众进行深入的了解，只有投其所好，才能有好的收效。而在品牌信息通过不同媒介进行传递的同时，受众也在与广告信息间进行着"调和"与"协商"——消费者解读讯息，理解广告的过程。受众最终对广告的解读很可能有别于传播者的本意，而与自身的需求及经验背景等相一致，因此，在对品牌讯息接收时，受众必须调和影响讯息解读的力量，通过某种"协商"机制来平衡各种因素，从而获得对广告的最终理解。当最终理解得以形成，品牌讯息的广告传播也就产生了相应的效果，也就是第五个 W。根据传播目标的不同，广告会产生相应不同的效果。例如，以推出新产品为目的的广告，有助于塑造统一的品牌形象，积累起品牌效应；以传播促销信息为目的的广告，则能够产生刺激对品牌的尝试，吸引注意力的效果。总的来说，通过广告传播品牌讯息，其目的主要有两类：一是通过塑造和积累来扩大品牌知名度，提升品牌认知度和美誉度，同时建立起品牌联想和品牌性格等；二是通过提示和刺激产生提示消费者品牌能够满足其需求的作用或是直接创造出消费者对品牌的需求。

(三) 网络推动品牌阶段

案例三

"沃尔沃" 的网络传播战略

沃尔沃汽车 2009 年推出新车型 XC60，为了使新车上市能提升知名度，扩大销售，也为了赢得精英群体这一以时尚和活力为特征的新消费群，沃尔沃公司充分利用互联网的互动性等特征，对 XC60 进行了全方位多角度传播。

除了通过广告产生一定量的产品关注度以外，沃尔沃公司还借助 SNS 进行了深入传播，与目标消费群体进行了最直接的沟通；通过 Viral video 在 Youku 网上传播视频"车不撞人真人秀"，将产品卖点生动直观地展现在消费者面前；创建 XC60 博客，及时地发布来自厂商、媒介及部分消费者的讯息，博客内容中还包括了试车、视频、体验活动等相关信息；同时借助名人博客，对 XC60 品牌信息进行植入；沃尔沃公司还为新车型创办了电子杂志，与 CRM 联动，直邮数万潜在购买群体，并随刊发送热门杂志，杂志中还内置视频及用户互动游戏。

XC60 的网络传播战略引发了巨大反响，吸引了许多新顾客关注沃尔沃和 XC60，其创办的电子杂志达到了上百万的阅读量，并通过 CRM 渠道的传播影响了消费者的购买决策，沃尔沃 XC60 也成为了 2009 年豪华 SUV 的销量冠军。

资料来源：网赢天下网，http://www.17emarketing.com/2010/0215/2060.html。

思考题：

1. 分析沃尔沃利用互联网作为主要的品牌传播工具的原因。

2. 沃尔沃在利用互联网进行传播时有哪些具体方式或途径？

3. 试着分析这些具体方式在传播品牌时都有哪些作用。

问题 6： 品牌是怎样通过互联网传播的？

20 世纪 90 年代至今，信息技术的发展和网络的广泛应用，极大地改变了人们的生活方式，特别是搜索引擎技术的出现，对人类获取信息的途径和方式是一场革命。与此同时，大众传媒面临着巨大的挑战：一是消费者接触时间因受众细分和各种新型媒体的出现而逐步被蚕食；二是消费者对大众传媒广告的不信任感和抵触心理不断滋长；三是与网络相比其传播效率低、消费者获得信息的成本高的劣势被凸显，广告作为品牌传播主导工具的地位正在下降是不争的事实。相反，得益于网络技术的帮助，口碑、体验、直销营销等工具传播效率低的劣势被弥补，开始重新焕发生机。甚至过去的许多品牌传播工具都能与网络进行嫁接，催生出了无数新型的品牌传播工具，例如网络口碑就把口碑传播的强大效果和大众传播的高效率很好地结合起来，成为品牌传播的新利器。

技术进步带来传播工具的革新，新兴传播工具改变人类获得信息的渠道和方式，品牌传播的模式也得到了调整和发展。学习品牌网络传播的前提是要对互联网的特性有基本的掌握和了解。因此，可以将互联网的四大特性与互联网传播模型（见图 2-4）结合加以理解。

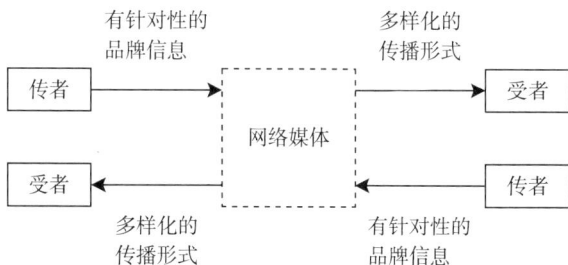

图 2-4　互联网传播模型

1. 信息传播的互动性

互动性是互联网最基本的特性，它打破了传统大众传播媒介单向传播的模式，给传播者和受众提供了一个地位对等的平台，使传播模型呈环形分布，在网络中的任何一个节点都可以成为信息源，信息可以实现双向流动，且网络支持一对一及一对多的交流。因此，在网络传播模型中的第一个 W 和第四个 W——传播者和受众，他们的角色可以相互转换，既可以是品牌信息的制造者，又可同时作为品牌信息的接收者。尤其值得重视的是，企业和媒体不再是唯一的信息源，作为受众的消费者在传播过程中掌握了更多的主动权。消费者通过主动搜索获取品牌信息，具有高关注度和涉入度，并会对搜寻到的品牌信息进行仔细研读和分析，作出更为理智的判断。掌握了品牌信息的消费者又会根据自身的经验和感知对品牌信息进行再编码，通过网络将品牌信息与更大的消费群体进行分享。电通所提出的 AISAS（注意—兴趣—搜索—行动—分享）模式非常符合网络时代消费者信息消费的实际。

2. 信息投放具有针对性

依靠网络精准传播的一大优势，传播者可以将品牌信息进行有针对性的投放，将品牌讯息直接送达特定的目标受众。随着受众市场的不断细分，受众个性化需求的不断呈现，品牌的网络传播中，对于第二个 W——传播的品牌内容就提出了新的要求。在保持品牌核心内容一致性的前提下，针对不同的受众群体，根据他们的教育程度、年龄差异、生活习惯等多方面的差异，制作的品牌讯息也应追求不同程度上的差异化。

3. 传播效果可以精确测量

互联网所提供的超强功能的数字化平台使网站可以及时地向品牌信息的传播者报告含有品牌信息的页面被打开的次数及被点击的次数，这些报告使传播者能够准确地评估传播效果。常用的效果测量有两个标准：印象数和点击率。因此，品牌传播过程中的第五个 W——传播效果得以量化，更有助于企业对品牌传播效果进行评估，为后续的品牌传播活动提供有利的依据。但同时应该清楚地认识到，由于品牌传播效果所具有的复杂性和积累性，单纯的数据调查结果并不能够全面真实地反映品牌传播的效果，在测量传播效果时应综合考虑多方面的因素，从消费者对品牌反映的多层次进行评估。

4. 讯息传播形式多种多样

网络功能的强大之一在于它的包罗万象，它能集文字、图片、声音和影像于一身，传达多种感官讯息。而传播讯息的形式除了最传统的链接、横幅、关键字搜索、电子邮件等，新的传播形式还在不断出现，为了达到更好的传播效果，传播的各个参与者都在传播形式的推陈出新上煞费苦心。第三个 W——传播渠道的多样化对于吸引浏览者注意、扩大受众范围、提高品牌影响力有着不容忽视的效果。例如当下以"人人网"、"天涯论坛"为代表的 SNS 传播形式就为品牌讯息的病毒式传播提供了崭新的平台。

网络传播的出现和不断发展为传播模式带来了一场崭新的革命。传播过程的五个基本元素也在内涵上得到了丰富。企业在应对新的传播环境带来的机遇和挑战时，应该与时俱进，以新的视角重新审视和研究品牌传播，而对作为基础的五个基本要素的掌握和学习更应被看做重点提上议事日程。品牌传播者只有从消费者的角度出发，整合各种传播工具和传播渠道，将充分体现品牌价值的品牌讯息传递至最广泛的目标消费者，才能真正实现品牌的有效传播。

活动 2： 利用互联网进行品牌传播

三个学生为一组，创建一个体育用品品牌，品牌名称自拟。进行小组讨论，尽可能多地为传播品牌制定合适的方式（如利用博客等），15 分钟讨论后将设计好的传播计划进行展示，评选出能给大家留下最深记忆度的 3 个品牌。

第三节　品牌传播效果评估

一、传播效果概述

问题 7： 什么是品牌效果评估？

传播效果是指品牌传播活动带给品牌的效益，这种效益既可能表现为可见的经济效益，也可能表现为潜在的品牌资产的增加。

按照品牌传播对消费者产生的影响，品牌传播效果可以划分为三个层次，即对品牌的认知效果、对品牌的态度效果、对品牌的行动效果。三个层次的效果分别用以描述目标消费者对品牌的认知程度、所持的正面或负面的态度、对品牌的消费行为的改变。

二、品牌传播效果的特征

问题 8： 品牌传播效果有哪些特征？

根据上述理论研究可以看到，传播效果的达成是多方面综合因素共同作用的结果，因此，品牌传播的效果也就呈现出复合性和积累性两大特征。

1. 复合性

一方面，品牌传播活动只是企业品牌战略中的一个环节，在它之前还有品牌内涵的提炼、品牌识别的诠释等重要环节，这些环节执行的成功与否将直接影响到品牌传播的效果；另一方面，在进行品牌传播的同时，企业还在进行其他品牌活动，如促销活动、产品研发、品牌延伸，甚至是品牌战略的转变。品牌传播的效果与企业品牌战略中的其他环节和活动所形成的效果无法严格区分，体现出很强的复合性。

2. 积累性

品牌传播是一个动态的过程，它所传播的品牌信息进入消费者脑海后，可能不会马上发生作用，而是在消费者的意识中积累下来，对以后的消费行为产生影响；同时，品牌传播致力于树立品牌在消费者心目中的地位，而这只能是一个相对长期的过程，只有对品牌信息积累到一定程度，品牌才能在消费者心中占据显著地位。因此，品牌传播效果具有显著的积累性，一般需要较长时期才能够显现。

三、品牌传播效果的影响因素

问题 9： 影响品牌传播效果的因素有哪些？

品牌传播本身是一个包含着诸多环节的复杂过程，因此，品牌传播的效果也受到来自众多方面因素的影响。有效的品牌传播应该是"在正确的时机，通过正确的渠道，向正确的目标受众，传达正确的品牌信息"。总体来说，制约和影响品牌传播效果的"中介因素"包括传播者、传播内容、传播媒介、传播对象、传播环境五个主要方面。

(一) 传播者因素

传播者是整个品牌传播活动的引发者，它决定着传播的目的、内容以及方式，构成了品牌传播效果最重要的影响因素。来自传播者的影响主要包括以下三个方面：

1. 品牌战略——品牌传播活动的出发点和立足点

品牌传播是品牌的整体建设与维护的关键性环节，是企业整体品牌战略的重要组成部分。从传播目标的确立，到传播内容的制定，到目标受众的圈定，再到传播渠道的选择……一切的品牌传播活动都必须在遵循整体品牌战略规划的前提下进行。因此，是否有清晰、稳定的品牌战略，是否有品牌内涵、定位及识别的完整规划，将从根本上决定品牌传播能否顺利开展、传播效果能否有效达成。

2. 品牌传播部门——品牌传播活动的决策力和执行力

品牌传播策略的制定和执行需要落实到具体的部门和人员。企业是否设立负责品牌传播的相应机构，是否拥有一个具有强大决策力的管理者和强大执行力的团队，是否确立详尽、明晰的品牌传播战略规划和预算分配，是否具有成熟、完善的品牌传播管理体系和相应的机制……这些都将决定企业品牌传播策略的制定和执行，最终影响品牌传播效果。

3. 相关品牌传播机构——品牌传播活动的外力支持

企业品牌传播活动通常需要寻求外部专业机构的协助执行，比如广告公司、公关公司、媒介代理公司、营销咨询公司等。这些机构在企业的品牌传播活动中扮演着外脑及策略实施的角色，因此也在很大程度上制约着企业品牌传播活动的最终效果。影响因素来自于多方面，比如是否对企业品牌传播战略形成正确理解，能否与企业营销传播部门有效协作、制定出周密的品牌传播策略，是否具有强大的执行力将品牌传播策略予以实施，等等。

（二）传播对象因素

传播对象也就是受众，是品牌传播活动中信息流通的目的地，构成了传播活动的产生动因和中心环节。受众是否接受企业发出的品牌信息、能否进行反应以及作出何种反应，本身就是传播效果的体现。

然而，在新营销传播环境下，受众面对海量的品牌信息并非全盘接受，而是会根据一定的标准判断信息的价值，有一个层层筛选、不断过滤的过程。首先，选择性注意：受众为了避免认知不和谐，通常更为注意能够支持其信念和价值观的品牌信息。其次，选择性理解：在受众注意到的信息中只有一部分能被受众进行深层认识、思考和处理，而这个信息的理解过程也会受到一系列心理因素的影响，比如兴趣、信念、文化背景、以往品牌知识及消费经验等。最后，选择性记忆：经过选择性注意和理解后能够保存下来的品牌信息量是有限的，受众往往只会记忆对自己有利、符合自己兴趣或与自己意见一致的传播内容。

受众这种对品牌信息的选择性接受行为通常受到以下两方面影响：

1. 受众个体

受众是有着特定的人口统计特征、消费心理特征以及消费行为特征的人。他们所处的社会环境、社会地位、文化背景不同，即立场和价值取向不同，生活和消费形态不同。因此，他们对相同的传播内容会产生不同的看法和态度，从而受到品牌传播活动的影响及程度也有所差异。

2. 周边人群

一方面，受众身边的意见领袖的态度，对其品牌信息接受有着重要的制约作用。这类人社交范围广、信息渠道多、知识能力强、社会威望高，习惯于在传播活动中为他人提供信息、观点并对他人施加个人影响。受众很容易受到其横向传播的影响，对品牌传播活动中的信息进行二次解读。

另一方面，群体中除意见领袖的个人影响，由成员的多数意见所产生的群体压力也对个人的言行产生影响。受众生活在不同团体中，需要同环境保持一致，得到认可和接纳。这种群体规范、群体意识与趋同心理制约了他们对品牌信息的接受和理解。

（三）传播内容因素

信息是传播的根本目的，因此传播内容也就构成了传播活动的中心环节，对传播效果起着关键性的影响。内容不同，受众的心理反应就会不同，传播效果也就有所差异。因此，要想达成有效传播，必须精心设计品牌传播的内容，提升信息的含金量。

根据传播学的相关理论，传播内容包括两个层面：一是"说什么"，是内容系统中所包含的特定意义；二是"怎么说"，是内容系统中包含的传播方式。前者属于功能性范畴，后者属于结构性范畴，二者合一，最终在内容上构成了对品牌传播效果的影响。

1. 传播的功能性视角——"说什么"

"说什么"是根本。根据上文所述，受众会根据品牌信息的针对程度、重要程度、新鲜程度、可信程度、适用程度等标准判断信息的价值，有选择地接受。因此，若想从根本上提高品牌传播的效率，必须注意研究受众原有的品牌认知及消费心理，寻找能够吸引他们注意、理解并最终记忆的信息点。

2. 传播的结构性视角——"怎么说"

"怎么说"是关键。在品牌传播的内容确定之后，必须通过特定的方式表现出来，这对传播起着"锦上添花"的效用。巧妙、新颖、独特的表现形式，能够吸引受众的注意、加深受众的理解、增强受众的记忆，从而影响受众对品牌的认知度、好感度和忠诚度。具体来说，品牌信息的表现形式包括：信息诉求方式，比如一面诉求或两面诉求、感性诉求或理性诉求等；信息表达元素，比如中国元素、奥运元素、数字元素等；信息视听觉传达，比如画面、声音、语言、色彩、造型等。

（四）传播媒介因素

媒介是实现企业与目标受众之间沟通的物质工具，是承载品牌信息符号的物质实体，因此也就构成了品牌传播效果最直接的影响因素。来自媒介的影响可以包括选择和发布两个层面。

1. 媒介选择

媒介的选择是否得当决定了品牌信息能否被准确地传达给目标受众群，也就决定了品牌传播活动能否达到预定的效果。

受众对信息有选择性地接受，同样对于媒介也有选择性地接触。在传播产业飞速发展的今天，媒介的种类、数量越来越多，人们的选择范围越来越大。而随着媒介种类的迅速增加和选择余地的极度扩展，品牌接触点越来越多，受众群体越分越细，其品牌接触行为也变得越来越难以把握。因此，如何选择有效的信息通道，实际上就成为影响品牌传播效果的首要问题。

2. 媒介发布

品牌信息的媒介发布包括发布时机、发布量、发布时段（位置）等一系列问题。

首先，发布时机的选择是否得当，对品牌传播效果有重大影响。企业通常配合特定季节、节假日、销售高峰、重大事件等进行发布。时机选择得当，则可以充分利用有利环境形成有利的品牌接触条件，增强传播效果；而如果时机选择不当，则可能由于不利条件的影响，使传播效果大打折扣。

其次，发布量也是影响品牌传播效果的重要因素。发布量有三层含义：一是指单位数量的大小，如报纸广告的面积、广播电视广告的时间等；二是指发布次数的多寡、频次的高低等；三是指涉及媒介种类的多少。一般而言，品牌信息的发布应当适量。发布量不足，一则使品牌信息传播的范围有限、影响力不高，难以发挥传播效果；二则会使受众的接触率、关注度过低，难以形成记忆。而发布数量过多、过频，一则增加传播预算的绝对量，使边际效用下降，造成资源浪费；二则容易引起受众反感，对品牌产生排斥心理，得不偿失。

最后，发布时段或位置的选择，对品牌传播效果的发挥也很重要，需要根据受众信息接触习惯谨慎选择。比如，电视媒体的黄金时段、报刊媒体的正版位置、户外媒体的繁华地段等，一般都有较高的信息到达率。

（五）传播环境因素

环境是企业品牌传播活动策划及执行的背景，对于传播效果的影响也不可忽视。

1. 品牌传播大环境

就品牌传播的大环境而言，影响因素来自多个方面。①相关政治、法律因素：比如国家机关制定了一系列法律法规，对品牌信息的发布进行规范和限定；②社会经济环境因素：比如市场竞争的激烈程度、人民消费水平等；③传播技术因素：比如媒介信息传递的技术条件、新兴的传播工具、传播技巧等；④传播机构因素：比如现有品牌传播机构的传播水平、相关研究机构的品牌传播理论水平等。

2. 品牌传播小环境

就单项品牌传播活动的小环境而言，环境中的噪音是受众接受品牌信息的一个重要影响源，它会干扰信息源与受众之间的信息编译码。具体来说，品牌传播活动中的噪音可以分为三类：

一是环境噪音。在复杂的营销环境中，目标消费者除了接触到本品牌信息之外，还会接触到纷繁芜杂的其他信息，既包括日常所需的信息，也包括其他营销者或竞争者所发布的信息，这些信息均会对品牌信息造成干扰。

二是机械噪音。企业的品牌传播活动往往会受到由物理因素或不可抗力因素引起的各种干扰。例如，企业通过电视媒体发布的品牌信息有可能因为电视频道的"落地问题"无法顺利达到某些目标市场的消费者；又如，在开展某个户外品牌推广活动的时候，有可能因为天气情况不好而使现场活动的效果大打折扣等。

三是心理噪音。一方面受到消费者固有的心理因素的影响，比如消费者对品牌先入为主的偏见往往很难消除；另一方面企业对其心理特征把握不准也会导致品牌沟通的困难，比如品牌营销者对消费者动机的误判将导致错误的传播策略等。

通过以上分析可以看到，从参与传播过程的传播者到传播对象，从传播的内容、借助的媒介到传播的环境，各个环节综合作用，共同影响着品牌传播活动的最终效果。只有正确地认识这些影响因素并进行系统分析，掌握它们各自对传播效果发生作用的方式，并在企业品牌传播活动的策划和执行过程中加以注意，最大限度地强化正面影响、减弱负面影响，这样才能做到趋利避害，达到传播效果的最大化。

四、品牌传播效果评估的意义和内容

问题 10：品牌传播效果评估有什么意义？

对品牌传播活动的效果进行评估具有重要意义。首先效果评估可以检验品牌传播计划是否符合品牌总体战略，以随时调整品牌传播策略，增进传播效果；其次，效果评估可以为将来的品牌传播活动提供宝贵的经验教训和参考依据；最后，传播效果评估，可以帮助企业更加科学、有效地管理品牌传播活动。总之，品牌传播效果评估既是品牌传播经验的总结，也是品牌传播基本情报的收集，更是将来品牌传播的行为指南。

问题 11：品牌传播效果评估的方向是什么？

要对品牌传播进行效果评估，首先要确立一个适当的评估标准。这个标准不应该是短期内产品的市场表现。如前文所述，品牌传播效果具有复合性和积累性的特点，这意味着品牌传播可能无法在短期内显著地促进产品销量；另一方面，品牌传播的宗旨是实现品牌战略，增加品牌资产。因此，应以能否增加品牌资产为品牌传播效果评估的标准。由于品牌资产是企业长期获利的保证，这个标准不仅要符合品牌传播效果的特点，也要符合企业追求利润最大化的原则。

问题 12： 品牌传播效果评估有哪些内容？

一般来说，品牌传播效果评估通常包括以下三个方面：

1. 传播流程评估

主要是对品牌传播策略执行情况进行检验，通过使用检查表、进程规划表等方法来检测传播活动的组织流程。

2. 传播目标评估

指运用各种效果测量方法来检验部分目标受众对品牌传播策略在认知、态度和行为各方面的反应，评估是否实现传播目标以及实现的程度。

3. 传播效率评估

从已经实现的传播目标、传播工具的组合运用以及产生的协作效果入手，对照企业所有品牌传播活动的投入和产出，得出投资回报率。在此注重评价的是品牌整合传播活动的效果，即不光要评估各个品牌传播工具、传播载体和传播手段的收效，同时也要检验整个传播组合的运作效果。

五、品牌传播效果的评估方法

问题 13： 品牌传播效果评估需要哪些基础技术？

品牌传播效果评估旨在评价品牌传播活动之后品牌在市场上和消费者心里位置的变化。根据当前市场调查的常用技术，可将品牌传播的效果评估划分为定量和定性两大类。

定量调查是寻求数据定量表示的方法，并采用统计分析的形式，然后将结果从样本推广到所要研究的总体。常用的定量方法包括面访调查、电话调查、邮寄调查等。定性调查是以小样本为基础的无结构的探索性的调查研究方法，目的是对潜在的理由和动机提供深层的理解和认识。常用方法包括小组访谈法、深度访谈法、投影技法等。

定量调查和定性调查有各自的优势，在实际的调查研究中，通常将它们相结合，以使调查结构更全面、准确、细致。根据研究对象的不同，定量调查与定性调查发挥的作用也有所不同。在品牌传播效果的评估中，定性研究发挥着更为重要的作用。这是因为品牌传播效果更多地表现为一种心理效果。

问题 14: 品牌传播效果评估有哪些不同的方法?

上文中提到目前关于传播效果的一些经典理论模型,阐述了品牌传播产生的效果可划分为接触、认知、态度、行为四个主要层面,而这四个层面分别应对着不同的评估方法,详见表 2-1。

表 2-1　不同品牌传播效果的主要评估方法

传播效果		评估方法
接触效果	平面媒体	发行量、传阅率、注目率和精读率等
	电视媒体	开机率、收视率等
	广播媒体	收听率等
	网络媒体	访问量、点击率、黏度(网站及网页的停留时间)等
	户外媒体	人流量、注目率等
认知效果	反馈法	通过对受众接触品牌传播活动后,发送短信、拨打电话或者回电子邮件等行为的统计,评估该传播活动对其的影响力
	回忆法	不做任何提示直接评估被访者对品牌传播活动的记忆的纯粹回忆法;给予某种提示帮助被访者回忆品牌传播活动的助成回忆法
	评价法	让被访者对指定品牌传播活动进行优劣比较、排序或者喜好度评分
	语义差别法	选择两组语义相对的形容词用以描述某次品牌传播活动,被访者在两组词汇之间选择倾向的程度,由此判断其对传播活动的整体印象
	要素分析法	列出品牌传播活动的各种构成要素(比如广告的图片、标题、正文、品牌标识、排版、色彩、人物等),让被访者进行评分
	实验法	利用眼球视向照相机、瞬间显示仪、汗腺反射器等仪器,记录被访者对品牌传播活动的直接反应
态度效果	投射法	让被访者进行文章续写、词汇联想、漫画绘制等测试,考察被访者在无意识状态下的品牌态度
	观察法	不直接接触被访者,借助仪器将被访者的活动按实际情况记录下来
	深度访谈法	通过一对一的访谈,启发被访者的自由思维,考察其品牌态度
	小组访谈法	由主持人拟定提纲,组织多个参与者就某个问题进行座谈
行为效果	营业调查法	以零售商为对象,调查指定期间内商品的销售量、陈列状况、价格、POP广告等
	市场比较法	以没有导入品牌传播活动的控制市场为标准,考察导入品牌传播活动的评估市场销售额是否有所提升
	购买评估法	比较消费者在品牌传播活动实施前和实施后的购买率差异,评估活动效果

在监测品牌信息的接触效果时,需要掌握受众接触到品牌传播活动的可能性,主要通过器械采集具体数据。包括受众的媒体接触率、品牌接触率、品牌广告到达率、公关活动到达率等指标。

在检测品牌传播的认知效果时，主要考察受众对品牌传播活动的实际视觉、听觉及体验情况，以实验室测试、问卷调查为主。

在评估品牌传播的态度效果时，侧重于考察经过品牌传播活动后，受众对品牌的态度是否发生转变，以及好感度、联想度等，通常借助于符号分析、开放式访谈获取更为深入的信息。

在检验品牌传播的行为效果时，一般通过营销传播活动实施前后的销售变化来进行，评估标准集中于品牌销售量、品牌购买或使用行为的发生率、品牌忠诚度等，往往采用统计法、实验法等实证调查方式。

问题 15： 品牌传播效果评估有哪些评估指标？

不同的品牌传播活动的具体效果评估方式各有差异，但就品牌传播本身来说，存在以下几个核心评估指标，见表 2-2。

表 2-2　品牌传播效果的核心评估指标

指　标	说　明
传播干扰度	受众在接触品牌传播活动时受其他因素干扰的程度
传播环境	承载品牌信息的媒体其整体的信息接收环境，包括媒体自身形象、影响力、同期其他品牌的品质等
媒介针对性	品牌传播活动的对象与媒体目标受众的一致性
媒介卷入度	受众将通过媒体发布的说服、刺激内容与个人生活内容相对照的程度
品牌发展指数	某品牌在某地区的销售表现与全国平均状况的比较
品类发展指数	某品类在某地区的销售表现与全国平均状况的比较
品牌知名度	品牌传播活动前后知晓某品牌的人群的比例
品牌偏好度	品牌传播活动前后消费者对某品牌的偏好程度比例
品牌态度	消费者对品牌正面或反面的态度
品牌忠诚度	消费者对品牌重复购买的意图和行为
品牌吸引力	品牌包容性、亲和力、诚信实力、试用指数、转换指数等

本章小结

品牌传播就是指品牌所有者通过广告、营销活动、公共关系、人际沟通等多种传播策略及各种传播工具，与内外部目标受众进行的一系列关于品牌信息的交流活动。其目的既包括促进销售，又包括建立并维持品牌。具体而言，品牌传播有三个层次的目标：建立品牌的基础认知；建立品牌较深层次的识别以及建立并强化品牌和目标受众的关系。从营销的角度看，营销的过程本身就是一种传播行为，而传播早已不再是销售的辅助工具和产品政策的陪衬，而成为独立的、专业的和现代化的企业管理工具。尤其是品牌传播，能够成功地帮助企业区别于其竞争对手，正逐渐成为战略性的成功要素。从品牌管理的角度看，品牌传播是品牌营销的核心工作，它将已经制订好的品牌规划付诸实践，是建立品牌与消费者关系的关键桥梁，在品牌的整体建设与维护过程中具有重要的战略意义。

　　传播学奠基人之一哈罗德·拉斯维尔曾提出传播过程的五个基本组成要素，即5W模式：传播者、传播内容、传播媒介、接收者及传播效果。对于传播过程中这五个基本要素的详细分析和准确把握是品牌能否得以有效传播的关键。人类对品牌传播工具的使用大致经历了三个发展阶段：口碑成就品牌阶段、广告造就品牌阶段以及网络推动品牌阶段。不同的品牌传播阶段虽然在传播工具以及具体策略的选择上各有不同，但对五个基本要素的准确把握有助于品牌的准确定位、传播内容的合理制定和精准传播以及传播效果的合理评估。

知识扩展
★★★★

品牌营销

　　品牌营销是指企业通过利用消费者的品牌需求，创造品牌价值，最终形成品牌效益的营销策略和过程。是通过市场营销运用各种营销策略使目标客户形成对企业品牌和产品、服务的认知过程。品牌营销从高层次上就是把企业的形象、知名度、良好的信誉等展示给消费者或者顾客，从而在顾客和消费者的心目中形成对企业的产品或者服务的品牌形象，这就是品牌营销。"品牌营销说得简单些就是把企业的品牌深刻地印入消费者的心中。"

　　1. 品牌的传统营销

　　在市场营销中，营销组合框架已经由4P、4C发展到4R，这反映了营销理论在新的条件下不断深入整合的变革趋势。4P是营销中最关键的组合因素，要求企业如何满足客户需要；4C让企业忘掉产品，研究客户的需要和欲望；4R让企业与客户建立紧密的联系，提高客户忠诚度。品牌营销时代，消费者对品牌的满意度是企业发展的重要环节，当消费者满意时，就会对品牌保持长时间的忠诚，这种忠诚度一旦形成，就很难接受其他品牌的产品。

2. 品牌的网络营销

网络营销是指企业以电子技术为基础，以计算机网络为媒介和手段，进行各种营销活动的总称。网络营销的职能有：网站推广、网络品牌、信息发布、在线调研、顾客关系、顾客服务、销售渠道、销售促进等。

答案

★★★★

一、引导案例参考答案：

1. 首先，柯达公司通过开展摄影比赛吸引摄影爱好者，即柯达产品的目标消费者的参与，比赛的过程中，柯达公司可以利用提供产品、提示品牌识别等方式进行品牌传播。其次，柯达公司通过开展相关活动，将品牌同与其密切相关的摄影领域紧密结合，在传达与活动相关的信息的同时也将品牌讯息成功地传播给了目标消费者。

2. 柯达公司首先传播的是品牌的视觉识别，包括品牌的名称、品牌形象标志等。其次，柯达公司在摄影展中展出的作品将其品牌形象同优质的照片成像相联系，将高质量的品牌信息传递给消费者，使消费者相信柯达确实能为他们提供其他品牌没有的独特利益，对柯达产生认同。而在此后的活动中，柯达传递的品牌内容与优美的风景点相结合，传达给其消费者"优美的风景应使用柯达拍摄"这样的品牌印象，从而将传播重点集中于品牌核心价值，建立起品牌同消费者的牢固关系。

3. 从柯达公司成功传播其品牌的经历可以得到这样的启示：品牌的传播活动是一个动态的过程，需要企业做好品牌战略规划，并保持一定的连续性，持之以恒地向目标受众传达品牌信息；同时根据市场变化及时对品牌做出调整，以使品牌保持活力。

二、案例部分参考答案：

案例一：

1. "都一处"变得红火的原因一方面是自身产品的质量高，服务周到；另一方面是乾隆为其品牌提名，使小店有了品牌标识，便于消费者记忆，加上乾隆赐字的名人效应，促进了"都一处"的口碑传播。

2. "都一处"凭借优质的产品和服务得到了乾隆皇帝的认可，并得到了"都一处"这一品牌名称，而乾隆皇帝提名"都一处"的故事最终促成了其品牌口碑传播的成功。

3. 在传播的第一阶段，传播者为店主，传播内容为乾隆为小店提名"都一处"的故事，传播渠道为口口相传，传播对象是小店的老顾客或是碰巧光顾小店的新顾客，传播效果为"都一处"的故事为一部分人所知，这部分人可以被看做舆论领袖，他们在品牌传播的第二阶段担任了传播者的角色，他们将品牌讯息进行重新编码，根据自己的解读再次通过口碑传播传递给更为广泛的潜在消费群体。传播的效果就是乾隆帝提名"都一处"的轶事也在民间传开，并且家喻户晓，从此以后生意十分红火。

案例二：

1. "统一润滑油"是借助广告这一传播工具，通过在央视黄金段播放其产品广告成功传播其品牌讯息的。

2. 在"统一润滑油"的品牌传播过程中，传播者为"统一润滑油"的生产者，也可以是广告代理商，他们是品牌讯息的来源，承担着对品牌讯息进行编码及转化为可视的广告作品的任务。传播内容即播放的广告作品，传播过程的第三个 W 即传播媒介为中央电视台。传播对象包括收看中央电视台黄金段的电视观众及对"统一润滑油"具有使用需求的所有消费者和潜在消费者。通过前四个 W 完成的品牌传播，第五个 W 传播效果为公司网站的日均访问量从平时的日均 300 人次升至 1500 多人次；3 月下旬的出货量比去年同期增加了100% 以上，且当月销售额突破亿元大关。

案例三：

1. 沃尔沃利用互联网作为品牌传播工具的原因可以从两方面阐述。一方面传统媒体效果衰减、成本高的劣势在网络媒体相比之下凸显；另一方面，从沃尔沃主要面对的消费群体同以往的主要消费群发生了变化。同时，互联网的互动性可以使消费者从被动的信息接受转向和品牌的积极互动，为品牌注入了活力。因此，通过互联网进行品牌传播也成为沃尔沃的最佳选择。

2. 沃尔沃在进行互联网品牌传播时运用了以下的具体方式和途径：SNS（社会性网络服务）、通过 Viral video 在 Youku 网上的视频传播、XC60 博客、名人博客、电子杂志等。

3. ①借助 SNS 的深入传播，使消费者能够大规模参与到网络互动中，帮助顾客查找并安排相关的信息，为用户提供最大化的信息沟通，同时用户之间的相互交流进一步提高了品牌信息的可信度和信息的广泛传播。②通过 Viral video 在 Youku 网上的视频传播，深度沟通产品卖点。③创建 XC60 博客改变了品牌同消费者的对话环境，整合了更为全面的品牌信息。④借助名人博客，借力热点强化了品牌基因，使品牌得到更高的关注度。⑤创办品牌的电子杂志实现了全方位讯息的沟通深度，给潜在消费群最充分的行动理由。而内置游戏更是实现了同消费者的互动，建立起了同消费者的密切联系。

第三章

广告传播

学习目标
★★★★

知识要求 通过本章的学习，掌握：

● 广告的定义及其分类
● 广告传播品牌具有的特征
● 广告在品牌传播中的价值

技能要求 通过本章的学习，能够：

● 正确运用广告创意及表现策略
● 在进行广告传播过程中避免可能存在的问题

学习指导
★★★★

1. 本章内容包括：广告概述、广告的品牌传播特征、广告的品牌传播价值、广告创意及表现策略、品牌的广告传播策略。

2. 学习方法：独立思考，抓住重点；与同学讨论广告传播的案例；对经典广告传播案例进行分析，进行广告策划的实践训练。

3. 建议学时：2 学时。

引导案例

招商银行广告的品牌形象传播

中国金融服务品牌曾经承受着外资品牌强大的压力，招商银行（以下简称招行）在这一形势下，注重品牌建设，在品牌宣传的道路上不断探索，特别是对广告的使用。2000 年，招行开始在中央电视台黄金时段投放广告，这在当时的全国金融行业中尚属首创。招行广告语"招商银行，因您而变"随之深入人心。2007 年 4 月，在成立 20 周年之际，招行推出了策划已久的品牌营销活动，并推 3 分多钟的广告片，对其成长和成绩作出了介绍和总结，起到了很好的传播效果。近年来，招行连续被境内外媒体授予"中国本土最佳银行"、"中国最佳零售银行"、"最具社会责任感企业"等多项殊荣。广告对招行的品牌形象建设起到了重要作用。

资料来源：丹苏策划.金融传播研究：2004 中国银行业广告投放分析报告.人民网，2005-07-06.

➲ **思考题：**

请结合上述案例，试探讨广告为品牌传播所作出的贡献。

第一节　广告概述

一、广告的定义

广告是企业目前最为惯用的品牌传播工具。它通过在特定媒体上发布的影音、图片、文字或实物，向目标受众进行品牌名称、品牌标识、品牌定位以及品牌活动等各种品牌信息的传播。通过这种传播方式，与消费者进行情感沟通，进而在消费者心理上形成强大的品牌影响力——建立品牌认知、培养品牌意向或者改变对品牌的态度。基于广告在提高品牌知名度、信任度、忠诚度和塑造品牌形象方面所具有的显著作用，它通常被视为品牌传播的重心所在。

问题 1： 广告的定义是什么？

美国广告协会（American Association of Advertising Agencies）将广告定义为：广告是付费的大众传播，其最终目的是为了传递信息，改变人们对于广告的商品的态度，诱发其行动而使广告主获得利益。中国广告法对广告的定义为："广告，是指商品经营者或者服务提供者承担费用，通过一定媒介和形式直接或者间接地介绍自己所推销的商品或者所提供的服务的商业广告。"

二、广告的分类

问题 2：广告可以怎样分类？

根据不同标准，广告可以划分为多种类型，如表 3-1 所示。

表 3-1　广告的分类[①]

划分标准	广告类型		
性质	商业广告		
	非商业广告	社会广告	社会信息布告
			公益广告
		政治广告	政府公告
			竞选广告
内容	产品广告		
	公共关系广告		
对象	大众广告		
	目标广告	消费者广告	
		行业广告	
目的	倡导广告		
	竞争广告		
	提示广告		
形式	图片广告		
	文字广告		
	表演广告		
	说词广告		
	综合性广告		

---

① 何辉. 当代广告学教程. 北京：中国传媒大学出版社，2004：31-34.

划分标准	广告类型		
传播媒介	电子类广告	广播广告	
		影视广告	电视广告
			电影广告
		户外电子屏幕广告	固定式屏幕广告
			移动类电子屏幕广告
		互联网广告	动画式广告
			横幅式广告
			跳出窗式广告
			文字式广告
			邮件式广告
			插播式广告
	印刷类广告	印刷品广告	报纸广告
			杂志广告
			图书广告
			招贴广告
			传单广告
		印刷绘制广告	墙壁广告
			路牌广告
			包装广告
			挂历广告
	实体广告	实物广告	
		橱窗广告	
		赠品广告	
地点	非售点广告		
	售点广告	橱窗广告	
		货架陈列广告	
		室内外彩旗广告	
		卡通式广告	
		巨型商品广告	

资料来源：http://jpkc.nwu.edu.cn/ggx/index.htm.

第二节　品牌广告传播的特征

一、品牌广告传播的特征

广告主可以选择不同的方式向消费者传递品牌信息，本小节旨在让大家正确了解广告，摆正广告在品牌传播中的角色。

问题 3：广告有哪些传播特征？

1. 广告在品牌传播过程中的位置是处于品牌和消费者之间

品牌是消费者对产品的重要认知，它是以消费者为中心的概念，联系产品与消费者，并体现消费者的某种生活方式。而广告则处在消费者与品牌之间，传达品牌个性信息，塑造品牌独特形象，使品牌满足消费者的需求并进行信息反馈，进一步完善品牌建设。所以，广告在品牌传播中的位置便是消费者与品牌之间的桥梁，起着传递品牌信息，让消费者知晓、了解、认同、购买的作用。

图 3-1　品牌、广告与消费者的关系

2. 传播主线是品牌的核心价值

成功的广告宣传都会围绕着某一条主线，这条主线就是品牌的核心价值。这是广告为品牌服务的中心点，通过它来体现品牌的个性，塑造与众不同而又独具魅力的品牌形象。唯有围绕核心价值进行广告诉求，才能形成该品牌区别于其他品牌的差异。

3. 定位和创意是塑造品牌的重要元素

成功品牌的广告在传播其品牌核心价值时，会运用一定的策划和技巧，不能一味地喊口号打标语。在广告运用方面，两个重要的因素即定位和创意。有效的广告通常会明确产品和品牌的定位，正确传达与定位一致的信息，以在消费者心目中形成特定的品牌认知。同时，好的广告创意有助于形成并强化品牌认知，比如幽默、悬念等，能够使得消费者更好地接受品牌信息。所以，明确一致的定位和有效的创意是广告进行品牌塑造的重要手段。

案例

"红牛"的品牌广告定位

饮料品牌红牛，定位明确，强调其体能补充的功能作用，例如其产品"牛磺酸强化型红牛维生素功能饮料"的广告语为"……提供更多营养，补充更多能量，更适合年轻一族、上班族和健身运动人士。特别适合高强度学习、工作的脑力劳动者。饮用牛磺酸强化型红牛，可以让头脑更灵活，精力更充沛！"该广告紧紧围绕补充能量这一定位，突出红牛饮料在运动、工作、学习时增强身体能量的功效，在众多的饮料品牌中个性十分鲜明。

资料来源：张树庭，吕艳丹.有效的品牌传播.中国传媒大学出版社，2008.

4. 广告语表达品牌精髓

广告在传播品牌时可以使用到的元素有声音、图像、文字等，但是其中最有力、最能够表达品牌精髓的往往是一句精彩的广告语。广告语大多采用高度凝练的语言，结合品牌核心价值，传达品牌最重要的精髓所在，并在消费者的

表 3-2　著名广告语

耐克	Just do it
Addidas	Impossible is nothing
诺基亚	科技以人为本
戴比尔斯钻石	钻石恒久远，一颗永流传
麦斯威尔咖啡	滴滴香浓，意犹未尽
IBM	四海一家的解决之道
柯达	串起生活每一刻
麦氏咖啡	好东西要与好朋友分享
人头马 XO	人头马一开，好事自然来
鹿牌威士忌	自在，则无所不在
德芙巧克力	牛奶香浓，丝般感受
可口可乐	永远的可口可乐，独一无二好味道
丰田	车到山前必有路，有路必有丰田车
沱牌曲酒	悠悠岁月酒，滴滴沱牌情
李宁	一切皆有可能

资料来源：由作者整理采编.

心中打下烙印，持久影响消费者的行为。

5. 不同的广告形态在品牌传播过程中的特性

作为品牌传播过程中的信息，广告的形式有很多种，而不同种类的广告对于传递品牌信息的作用和效果是不一样的。表 3-3 简要概括了各种形式的广告在品牌传播过程中的特性。

表 3-3　不同形式广告在品牌传播中的特性

广告种类	品牌传播价值
售点广告	展示商品，促进销售，直接刺激消费者的购买欲望
实体广告	展示商品，促进销售，吸引眼球，直接刺激消费者的购买欲望
印刷类广告	提供商品信息，推销产品和服务，配合特定区域营销，针对特定目标消费群宣传品牌
互联网广告	提供商品信息，推销产品和服务，针对特定目标消费群传播品牌
广播广告	及时提供商品信息，推销产品和服务，配合促销，有效针对不同地区营销
影视广告	全方位展示商品信息，推销产品和服务，配合全国性和地方性铺货，增强经销商信心，建立强有力的品牌形象
户外电子屏幕广告	提示商品和品牌信息，提高消费者认知，树立品牌形象，促进销售
倡导广告	开辟新市场，配合新产品和新概念的导入，扩大品牌知晓度
竞争广告	显示商品优点，突出品牌特性，引导公众认知，促进产品销售
提示广告	在商品销售达到一定阶段并已经成为大众熟悉的商品后，经常提示商品和品牌信息，维持消费者记忆度，促进产品销售
公益广告	倡导公共利益，树立良好企业形象，维护品牌声誉
公共关系广告	树立良好企业形象，维持和公众的良好关系，预防和化解企业危机，增加社会公众对企业的信心，以树立品牌卓著声誉
产品广告	传播商品信息，介绍产品特性，直接推销产品，以打开销路、提高市场占有率

资料来源：由作者根据有关材料整理.

6. 广告信息在品牌传播过程中也会遇到噪音

传播学意义上的噪音，是泛指阻挠歪曲信息本来面目的各种因素。噪音可以分为三类：环境噪音，指信源和受众之间交换信息时的外部干扰；设备噪音，指交流过程中由装置不良等问题引起的干扰；心理噪音，指由信源和受众的编码、译码错误或疑问而引起的干扰。噪音是传播过程中不可避免的因素，广告在传播品牌信息的过程中也不例外。比如，在报纸的分类广告栏目中，其他同类广告的干扰就是一种很严重的噪音；电视广告中，广告片如果同相邻的节目不相配也是广告传播中的噪音；此外，受众接受广告信息的设备、受众所处的广告接受环境都会为广告的传播带来噪音。

如何解决噪音是广告界探讨已久的课题，近年来随着科技的发展和广告市场环境的变化，出现了许多减少噪音的办法，主要是进一步细分市场，更精准地针对受众，比如手机广告、基于 Web2.0 的互联网广告等。

案例

图 3-2　互联网搜索广告的噪音

图片来源：百度网页搜索.

这是某搜索引擎网站的页面，其中页面右侧为广告栏。首先，对于广告投放企业来说，页面左边的搜索资讯首先构成了对广告的噪音，因为咨询才是受众主要阅读的部分。其次，该广告栏中的五条广告又互为彼此的噪音，不论受众阅读哪一条广告，都不可避免地会看到其他广告，尤其是相同性质的广告，这在一定程度上也构成了竞争，制造了噪音。

资料来源：作者根据网络资料整理.

二、广告传播的作用

广告对于品牌非常重要，品牌是产品与消费者之间联系的载体，而广告正是建立这种联系的因素。广告能够使一个品牌由陌生到知晓，由知晓到偏好，进而形成品牌忠诚。可以说，广告在提升产品的知名度、美誉度及忠诚度方面起着重要的作用。

问题 4：广告传播有哪些作用？

1. 传递信息，扩大品牌知名度、促进品牌认知

首先，在较短时间内迅速扩大品牌知名度。这是广告的一个基本功能，人们在知晓一个新品牌的时候，往往是通过广告获得信息。品牌的知名度能够在一定程度上代表企业的实力、产品的品质、服务的质量，从而让消费者感到熟悉、安心，在购买时列入被选范围。

图 3-3 "统一"润滑油广告

案例

"统一"央视广告提升品牌知名度

2003 年 1 月 1 日开始，统一润滑油的广告片第一次出现在中央电视台《新闻联播》后的黄金广告时段，揭开了统一润滑油迅速完成品牌突围的序幕。从此，"统一"名声大振！2007 年 11 月 18 日，作为壳牌控股企业，合资后的"统一"润滑油在中央电视台黄金时段广告招标活动中，以 7260 万元购得央视多个广告时段。"统一"的品牌战略正在延续，以强势姿态为 2007 年销售增长及"二次腾飞"计划的顺利开展保驾护航。

资料来源：统一润滑油官方网站，www.tybj.com.

其次，形成差异，强化品牌认知度。如今，商品经济发达，商品数量众多，同质化问题已经出现。在同质化的市场中，广告有助于帮助品牌进行市场细分，锁定并吸引特定的消费人群，是打造品牌差异的重要传播手段。以纯净

水市场为例，各品牌之间的差异并不大，但是通过不同的广告诉求，使得品牌之间形成了一定的差异，比如乐百氏"二十七层净化"、农夫山泉"农夫山泉有点儿甜"、娃哈哈"我的眼里只有你"。当某品牌形成了有别于其他品牌的感知差异，就会进一步巩固消费者对该品牌的认知，使其在知晓品牌名称的基础上，更加明确品牌的识别、定位以及品质。

案例

"五谷道场"的差异化广告定位

2005 年 11 月，五谷道场在央视一套打出了"拒绝油炸，留住健康"的广告，后来为避免与其他方便面厂家之间的矛盾，五谷道场调整了广告策略，将广告词改为"非油炸，更健康"。差异化，是使五谷道场成为方便面行业黑马的主要动力，当众多方便面厂家争相在更多口味上下工夫的时候，五谷道场抛出了"非油炸"的概念，迅速吸引了消费者的关注，在方便面市场激起了层层浪花。虽然在一定程度上引起了其他方便面厂家的不满与抵制，但同时也使五谷道场成为新闻的中心，成为最大的受益者。

资料来源：作者根据新闻资料整理.

42

2. 承诺产品品质，建立正面联想，提高品牌美誉度

广告所传递的品牌信息承诺了产品的品质，表现了品牌的性能以及品牌使用中的愉悦感，迎合了消费者自我表现与自我认同的心理。通过广告传播，能够将品牌在消费者脑海中从简单的品牌名称及标志扩展成丰富的品牌联想，构建品牌形象。正面的品牌联想有助于消费者在形成认知之后，对品牌产生喜欢、偏爱、追崇和信赖的情感，从而增强品牌的美誉度。

3. 促进持续购买，培育品牌忠诚度

对于成功的品牌来说，消费者的忠诚度非常重要，其销售的很大一部分来自于忠诚的消费者。品牌忠诚，或者说消费者对于某一品牌的持续性需求，在很大程度上来自于其对品牌的心理依赖或者信任。而广告恰恰是强化这种品牌信任的重要手段之一。消费心理学认为，消费者为了寻求购买后平衡的心理，往往会更多地关心他们使用过或正在使用的品牌的广告，将他们已有的关于品质认知的体验与广告中的承诺进行对比和联系。如果相互吻合，则会加深原有的好感度和信任度，增加重复购买和使用的可能性，最终培养消费者的品牌忠诚。

三、广告在不同媒体中的传播特征

广告的传播的成功与否不仅与内容本身有关系，还和广告选择的媒体渠道传播方式有很大的关系，因此需要正确理解和把握不同媒体的传播特征。

问题 5：不同媒体广告的品牌传播有哪些特征？

广告传播品牌信息是一个过程，在这个过程中涉及很多环节，其中广告媒介的选择就是非常重要的一个。广告信息只有通过媒介才能够到达消费者，针对不同的消费者，只有恰当地选择相应的媒体才能够使得广告效果达到最大化。

不同的媒体具有不同的特点，对广告信息的传播效果也是不一样的，概括地展示了不同媒介的广告传播特性。

表 3-4　不同媒体广告的品牌传播特征

类型	优势	劣势
电视广告	覆盖面广，在扩大品牌知名度方面，电视广告的作用是比较明显的，同时，由于覆盖面积广，电视广告的单位成本则大大降低，成本效益较高。此外，电视是视听媒介，能够同时传播声音、文字以及动态画面，在品牌的视觉展示方面有很大的优势	电视广告的时间通常较短，很难深入阐释品牌，同时，观众对于电视广告在一定程度上具有抵触情绪，遇到广告往往转台，较难吸引其注意力
广播广告	灵活性强，能够有效配合品牌的整合营销传播。同时，广播广告的受众相对明确，可以更准确地针对该品牌的目标群体。此外，广播广告的费用相对较低，是小品牌和地方品牌宣传的较好选择	听觉媒介，缺乏视觉刺激，不能够全方位展示品牌，单纯依靠听觉，品牌信息的记忆度也相对较低
报纸广告	覆盖能力很强，针对不同地理的传播也较为灵活，有助于全国品牌和地方品牌知名度的建立。同时，报纸的公信度高、说服力强，可以使品牌获得信赖，建立良好的品牌形象。由于报纸广告的文字优势，可以较为深入地传递品牌信息	属于静态视觉媒介，缺乏动感的画面和冲击力的声音配合，在展示品牌方面不够生动全面，此外，由于某些原因，一些报纸中夹杂不良内容的小广告大大降低了报纸的品位，不利于优质品牌形象的建立
杂志广告	细分化程度较高，杂志广告对于地理、受众的选择性较强，因此，可以使品牌宣传更加精准地针对目标受众，在特定目标人群中建立知名度。同时，杂志的生命周期较长，品牌信息的持续时间更加长久，再加上杂志广告印刷往往比较精美，有助于品牌认知的深化。此外，杂志是配合品牌促销的有效媒介，也是商品试用装或者折价券的良好载体	缺乏时效性，预约时间、发行周期和递送时间较长，同时，杂志广告成本较高，各市场发行量不平衡，这些都给品牌传播造成一定的困扰

续表

类型	优势	劣势
户外广告	广告位置选择的灵活性强，所接触的人群范围较广，接触频率高，消费者可以多次看到，因此成本也相对较低，有利于品牌信息的传播，同时由于技术的进步，户外广告的形式也越来越新颖，如大型实物广告、户外真人广告、LED楼体广告等，视觉冲击力强，品牌记忆度深刻	受到距离限制，传播内容有限，在展示品牌方面不够全面，同时，受众接触户外广告多为瞬间性，需要反复刺激才能形成一定的信息记忆度
以互联网为基础的新媒体广告	主要包括以电脑为终端的互联网广告和以手机为代表的移动终端广告，新媒体广告在品牌传播方面最大的优势是能够较为精确地针对细分化目标受众，可以针对特定人群设计广告内容，所以能灵活快捷地传达品牌信息，同时，由于互联网的互动性强，创新的设计可以大大提高消费者的参与度，有利于品牌及时获得反馈信息	新媒体广告也在一定程度上受到了消费者的抵触，页面弹出广告和未经允许入侵移动终端的广告往往被视为打扰。同时，网络的信用度不高，广告效果的测量尚不够准确，这些都是网络广告在品牌传播方面的缺陷

资料来源：作者根据有关材料整理.

第三节 品牌广告传播策略制定方法

一、根据现实需求制定品牌广告传播策略

广告策略的制定不是随意随便的，而是根据一套具体的方法来操作的，包括考虑广告本身的目的、所处环境、产品周期、创意和表现方式以及媒体的选择等。

问题6：根据营销目的该怎样制定广告策略？

企业在制定广告策略之前，应明确其营销目的是提高销售量还是扩大影响力？是增加营业额还是为了扩大市场占有率？与此同时，企业的营销目的可能还会涉及推广新的产品、改良品种延长生命周期、调整既有价格、开发新的营销渠道、打击竞争对手、争取品牌转换、扩大消费群体、增加新的市场机会、短线促销，等等。不同的营销目标会使得广告所承担的责任和扮演的角色有所不同，明确营销目的，有针对性地制定广告策略，能够增进广告的影响力和有效性，更好地传播品牌信息。

问题 7：根据商品所处行业特征该怎样制定广告策略？

不同行业的产品各有不同，各种商品的特征也是千差万别。广告策略的制定应重点考虑商品的特性，包括性能、功用、价格、需要程度、科技含量、使用频率、使用范围、使用方法、购买人群等，结合各种因素形成广告内容，参考各种指标制定诉求方式，才能使广告与产品相吻合。比如，笔记本电脑属于高科技类 IT 产品，近年来市场占有率逐步上升，销售量逐步增大，品牌数目也进一步增多，可见人们的需求渐渐上升。但是，对于大部分人来说，笔记本电脑并非是生活的必需品，台式机和很多 IT 终端都是笔记本电脑的替代者，笔记本电脑的消费人群主要集中在商业办公领域、移动办公领域和部分有需要的消费者，其优势是体积小、重量轻、方便移动，而缺点则是价格高、寿命短、升级困难。综合考虑之后，笔记本电脑的广告诉求、目标人群、媒体选择等的确定就有了一个初步轮廓。

问题 8：根据产品生命周期及品牌发展阶段该怎样制定广告策略？

现代市场营销学认为，产品从进入市场到最后退出市场，有一个进入、成长、成熟到衰老的过程，这一发展过程称为产品生命周期。按照产品生命周期学说，绝大多数商品都有其生命周期，从产品进入市场开始，经推广、发展到成熟，在不同阶段，消费者的心理状况、对产品的需求程度都不同，呈周期性变化。现代营销学权威菲利浦·科特勒曾建议按产品重创周期阶段拟定广告目标，即在产品导入期的目标是告知产品信息，成长期应劝导消费者使用特定品牌，成熟期则提醒消费者继续选用某个品牌。

1. 导入期的特征和广告策略

导入期是新产品刚刚上市之初，市场竞争不激烈。但是，因为消费者对新产品尚未具备足够的认识，所以，销售量比较小，营销成本高。此阶段的广告策略重点在于建立新产品的知名度，加快其扩散速度，缩短导入期的时间。

2. 成长期的特征和广告策略

处于成长期的产品，大部分已为消费者所熟悉，销售量增长加快，竞争者不断进入，市场竞争加剧。此阶段广告策略的重点为建立品牌美誉度，持续宣传产品利益点，维持高速增长状态，延长成长期。

3. 成熟期的特征和广告策略

处于成熟期的产品，销售增长渐趋减缓，行业由一定的竞争者组成，市场状况稳定，此阶段的广告策略应以创新诉求为重点，建立品牌忠诚度，尽可能地扩大市场份额，延长产品的寿命。

表 3–5　产品生命周期与广告策略

营销阶段	开发期	导入期	成长期	成熟期	衰退期
战略目标	设计低生产成本与消费成本的产品	销售量增长	销售量增长	丰厚的利润	维持市场地位
销售量	无	增长但速度缓慢	高速增长	维持稳定增长	销售逐渐下降
利润	零	负，但保持增长	增长快速且同市场占有率成正比	逐渐达到高峰而后下降	持续下降
广告策略	可不做广告	建立新产品的知名度，加快其扩散速度，缩短导入期的时间	建立品牌美誉度，持续宣传产品利益点，维持高速增长状态，延长成长期	建立品牌忠诚度，尽可能地扩大市场份额，延长产品的寿命	减少广告投放，逐渐将投入转向新的替代品牌

　　不同的广告形式在不同的行业、不同的品牌发展阶段，针对不同的营销目的的广告策略，可以概括为表 3–6。

表 3–6

	适合的行业	品牌阶段	营销目的
售点广告	快速消费品、咨询、设计/装潢、耐用消费品、计算机/互联网、生物/保健/医药	导入期、成长期	展示商品，促进销售，直接刺激消费者的购买欲望
实体广告	快速消费品、耐用消费品、计算机/互联网	导入期	展示商品，促进销售，吸引眼球，直接刺激消费者的购买欲望
印刷类广告	快速消费品、咨询、广告/公关/会展、设计/装潢、运输/物流、酒店/餐饮/旅游、媒体/出版、教育/培训、金融、娱乐/体育、学术/科研、法律、环保、印刷/包装、批发和零售、耐用消费品、工业仪表仪器、机械/重工、房地产/建筑/物业、农林牧渔、加工/制造、计算机/互联网、通讯/电信、电子技术、生物/保健/医药	导入期、成长期、成熟期	提供商品信息，推销产品和服务，配合特定区域营销，针对特定目标消费群宣传品牌
互联网广告	快速消费品、咨询、广告/公关/会展、设计/装潢、运输/物流、酒店/餐饮/旅游、媒体/出版、教育/培训、金融、娱乐/体育、学术/科研、法律、环保、印刷/包装、批发和零售、耐用消费品、工业仪表仪器、消费品、机械/重工、房地产/建筑/物业、农林牧渔、加工/制造、计算机/互联网、通讯/电信、电子技术、生物/保健/医药	导入期、成长期、成熟期	提供商品信息，推销产品和服务，针对特定目标消费群传播品牌

	适合的行业	品牌阶段	营销目的
广播广告	快速消费品、咨询、广告/公关/会展、设计/装潢、运输/物流、酒店/餐饮/旅游、教育/培训、金融、娱乐/体育、法律、印刷/包装、耐用消费品、房地产/建筑/物业、农林牧渔、加工/制造、计算机/互联网、通讯/电信、生物/保健/医药	导入期、成长期、成熟期	及时提供商品信息，推销产品和服务，配合促销，有效针对不同地区营销
影视广告	快速消费品、酒店/餐饮/旅游、教育/培训、耐用消费品、农林牧渔、计算机/互联网、通讯/电信、生物/保健/医药	导入期、成长期、成熟期	全方位展示商品信息，推销产品和服务，配合全国性和地方性铺货，增强经销商信心，建立强有力的品牌形象
户外电子屏幕广告	快速消费品、教育/培训、耐用消费品、计算机/互联网、通讯/电信、生物/保健/医药	导入期、成长期、成熟期	提示商品和品牌信息，提高消费者认知，树立品牌形象，促进销售
倡导广告	快速消费品、咨询、设计/装潢、运输/物流、酒店/餐饮/旅游、教育/培训、金融、娱乐/体育、法律、印刷/包装、耐用消费品、工业仪表仪器、房地产/建筑/物业、农林牧渔、化工/原材料、计算机/互联网、通讯/电信、生物/保健/医药	导入期、成长期	开辟新市场，配合新产品和新概念的导入，扩大品牌知晓度
竞争广告	快速消费品、酒店/餐饮/旅游、金融、法律、耐用消费品、房地产/建筑/物业、计算机/互联网、通讯/电信、生物/保健/医药	导入期、成长期	显示商品优点，突出品牌特性，引导公众认知，促进产品销售
提示广告	快速消费品、咨询、广告/公关/会展、酒店/餐饮/旅游、教育/培训、金融、娱乐/体育、法律、印刷/包装、耐用消费品、工业仪表仪器、机械/重工、房地产/建筑/物业、农林牧渔、加工/制造、化工/原材料、计算机/互联网、通讯/电信、生物/保健/医药	成熟期	在商品销售达到一定阶段并已经成为大众熟悉的商品后，经常提示商品和品牌信息，维持消费者记忆度，促进产品销售
公益广告	快速消费品、媒体/出版、教育/培训、金融、环保、耐用消费品、电力/能源、农林牧渔、化工/原材料、计算机/互联网、通讯/电信、生物/保健/医药	成长期、成熟期	倡导公共利益，树立良好企业形象，维护品牌声誉

续表

	适合的行业	品牌阶段	营销目的
公共关系广告	快速消费品、咨询、广告/公关/会展、酒店/餐饮/旅游、媒体/出版、教育/培训、金融、娱乐/体育、法律、环保、耐用消费品、机械/重工、房地产/建筑/物业、电力/能源、农林牧渔、加工/制造、化工/原材料、计算机/互联网、通讯/电信、电子技术、生物/保健/医药	成长期、成熟期	树立良好企业形象，维持和公众的良好关系，预防和化解企业危机，增强社会公众对企业的信心，以树立品牌卓著声誉
产品广告	快速消费品、金融、学术/科研、印刷/包装、耐用消费品、工业仪表仪器、机械/重工、房地产/建筑/物业、农林牧渔、化工/原材料、计算机/互联网、通讯/电信、电子技术、生物/保健/医药	导入期、成长期、成熟期	传播商品信息，介绍产品特性，直接推销产品，以打开销路、提高市场占有率

二、广告创意及媒介传播策略的制定方法

问题 9： 怎样制定广告创意策略？

广告创意，是介于广告策划与广告表现制作之间的艺术构思活动，即根据广告主题，经过精心思考和策划，运用艺术手段，把所掌握的材料进行创造性的组合，以塑造一个意象的过程，简而言之，即广告主题意念的意象化。[1]

表 3-7 广告创意策略

目标策略	一个广告只能针对一个品牌，一定范围内的消费者群，才能做到目标明确，针对性强。目标过多，过奢的广告往往会失败
传达策略	广告的文字、图形避免含糊与过分抽象，否则不利于信息的传达。要讲究广告创意的有效传达
诉求策略	在有限的版面空间、时间中传播无限多的信息是不可能的，广告创意要诉求的是该商品的主要特征，把主要特征通过简洁、明确、感人的视觉形象表现出来，使其强化，以达到有效传达的目的
个性策略	赋予企业品牌个性。使品牌与众不同，以求在消费者的头脑中留下深刻的印象
品牌策略	把商品品牌的认知列入重要的位置，并强化商品的名称、牌号，对于瞬间即逝的视听媒体广告，可以通过多样的方式强化，适时出现、适当重复，以强化公众对其品牌的深刻印象

资料来源：http://www.apoints.com/idea/cydz/cycl.htm.

---

[1] 广告理论与实务. http://jpkc.nxu.edu.cn/ggx/Html/Zzhs/183746324.html.

案例

图 3-4　极地纯净水的创意表现

　　图 3-4 为极地纯净水的广告图片，三幅图片传递了一个共同的信息"水——生命之源"。这句话的表现方法可以有很多，可以以纯粹的文字或者话语来表达，也可以通过各种画面来展现，而这则广告则运用了独特的表达品牌诉求的策略，借用三种生命对水的需求——植物、动物、婴儿，在有限的空间中简洁、明确地传达出了品牌诉求，给人以深刻的印象，达到了有效传播的目的。

　　资料来源：作者据极地官方网站资料整理.

　　问题 10：广告的媒介应用有哪些具体策略？

　　各种媒体的特征已在前文中有所概述，这一部分主要谈一下广告在品牌传播过程中的媒介应用策略。

　　传统媒介的应用，相关的探讨已有很多，主要是尽可能地将媒介评价的各项指标达到最优，即到达率、频次、有效频次、持续性、总印象数、毛评点、千人成本、目标千人成本、每点成本等。

　　随着受众的细分化程度加强和科技的发展，在一定程度上，传统媒介在各项指标的到达中已逐渐显示出不足。比如，电视的到达率和普及率很高，但是由于电视收看场所的固定性和互联网的出现，人们对于电视的需求已不像过去那么强烈。此外，电视广告的成本居高不下，也使得很多企业望而却步。所以，新媒体的应用越来越受到关注。

新媒体的特点是科技含量高，互动娱乐性强，这是传统媒体的弱势所在。传统媒体扮演着传播者的角色，而在以互联网为基础的新媒体环境下，受众既是传播者，也是娱乐的制造者。

可以这样理解：

传统媒体 = 广告 + 广告 + 广告……

新媒体 = 广告 + 科技 + 娱乐

同样一则广告，在传统媒体中很可能是不断地重复，依靠频次的增多达到较好的广告效果；而在新媒体形式下，依靠科技的应用，广告则具备了更强的娱乐性，三者相互融合的力量很可能远远大于传统媒体中广告的重复。

当然，传统媒体的地位在当下仍然是不可动摇的，有着新媒体所不可替代的优势，所以，企业在制定广告媒体策略时，要能够结合多种媒体，全方位传递品牌信息。

众多新老媒介组成了复杂的媒介环境，分散着消费者的注意力，这也给品牌传播和广告投放造成了难度。单纯依靠一种媒体已经很难实现覆盖目标消费者的作用，多种媒介之间配合得不好也会使品牌传播效果打折扣。因此企业在做广告时要注意各种媒介的组合运用，在选择媒体时要充分把握媒体的特性，了解消费者的媒介接触习惯，同时各种媒体之间要相互配合、相互补充，传达同一个声音，保持传递信息的一致性。

第四节　品牌广告传播应注意的问题

有些广告主或许会认为只要有钱做广告，就好像吃了定心丸一样。其实不然，品牌的建立是一个复杂且需要小心谨慎的过程，以下列举了在进行品牌的广告传播时应该注意的问题。

问题 11：品牌广告传播时应注意哪些问题？

1. 广告不是万能的

有一些企业可能认为广告无所不能，只要做了广告就能够建立起品牌，只要在某电视台打广告，销售量就一定能上去。殊不知，广告产生作用是需要一定条件的，比如产品质量要优，产品要适销对路，广告的定位和诉求要与品牌保持一致，广告内容及刊播媒体所针对的人群正是该品牌的目标受众等，只有当所需的条件一一具备，广告才能发挥其应有的功效。

同时，产品和品牌是两个概念，知名产品不等于知名品牌，产品是一种物理概念，品牌则更接近于精神层面，广告或许使得产品被大众所喜爱，但是该产品的品牌却未必深入人心。比如绿茶饮料是消费者所喜爱的解暑饮料之一，生产瓶装绿茶饮料的品牌很多，许多企业也都做了广告，但是消费者能够说得出的绿茶品牌却也只是康师傅、统一、娃哈哈等少数几个。

此外，企业传播品牌也不能仅仅依靠打广告，广告的功能毕竟有限，其他营销手段的配合也非常重要，比如公关、促销、赞助、人员推销等，只有恰当运用各种广告媒介，才能够大大有效传播品牌。

2. 低品质的广告有可能破坏品牌形象

品牌形象是需要点滴塑造的，任何一个品牌传播的行为都是品牌塑造的一部分，广告尤其如此。好的广告可以增加品牌价值，树立品牌形象，广告策略不当则有可能破坏品牌形象。品牌是消费者的一种认知，其中很多认知信息的获取都是通过广告。假如某一品牌的广告一直以来都是温馨、美好的，那么消费者自然会把这种认知附加在品牌之上，反之，如果一个品牌的广告一向低俗或者虚假，很可能在大众眼中这个品牌的形象也是如此。比如某些医药广告非常粗糙，用语低俗不堪，功效夸大其词，这样的产品是无法赢得消费者的信赖和认同，无法建立起良好品牌形象的。

3. 铺天盖地的广告撒网造成资源浪费

有些企业对于做广告没有规划和重点，一味靠巨额广告费来宣传品牌，铺天盖地地在各大媒体上做广告，同一时间内其品牌同时出现在电视、报纸、广播、杂志、网络、户外等媒体上面，企图通过对消费者的狂轰滥炸使之接受品牌。这样做虽然能够在短时间内迅速扩大品牌知名度，但是投入巨大，造成了资源的浪费，同时，大规模强行向消费者灌输品牌信息，也未必会获得消费者的心理认同。

广告投放的排期策略和媒体选择非常重要，在不同的时期要有所侧重地选择不同的媒体，其投放要体现出一定的规划，能够体现品牌发展的不同时期。同时，媒体之间各有分工，要充分发挥不同媒体的长处，而不是不加思考地全部选择，在正确的时间，配合正确的媒体，采用正确的战略，广告才能有效传播品牌。

4. 无整合观的媒介策略

不仅每一种媒体有自己的特性，媒体与媒体之间也是相互作用的。企业在做广告时也不能仅仅按照媒体自身的特点进行选择，在选择媒体时也要考虑到不同媒体之间的联系和促进作用。如果没有整合传播的媒介观念，就不能有效地将品牌信息传达给目标受众群，无视媒介之间的联系，就容易造成各自出击，力量分散的结果。

比如夏季某品牌饮料要进行促销，就要考虑到线上广告对线下促销的推进，考虑到电视广告和报纸广告之间的配合，如果依旧按照各自为政、互不联系的广告传播方式，促销活动就得不到有效的广告配合，不利于产品的销售和品牌建设。

活动： 广告品牌传播活动练习

假设需要为一家自主品牌中、低档次的家庭用车品牌制定一个电视广告传播方案，要求 3~5 人为一组执行操作。

案例分析

金六福广告案例分析

广告创意一：金六福企业十周年——婚庆篇（2006）

这是一则 15 秒钟的广告，广告以敲打布满花瓣的锣鼓为开篇，以红色为基调，而后陆续出现几对新人结婚的欢庆画面，充满喜气、欢乐。整个广告由 10 个慢镜头组成，画面优美，音乐婉转悠扬，画外音贯穿始终：

每年，中国有 100 万对新人选择金六福；10 年来，金六福见证了 1000 万对新人的美好姻缘。金六福，中国人的福酒。金六福企业十周年。

（广告片结尾标板广告语为"十年举酒天下福"）

广告创意二：金六福——结婚对歌篇（2006）

（45 秒）

男：接新娘喽！

女：哎——什么不怕火来炼，呀呀啰？

男：金！

女：什么当头事事顺咧，呀呀啰？

男：六！

女：什么过年贴门面，呀呀啰？

男：福！

女：什么有喜更吉祥咧？

男：金六福酒！

女：金六福酒更吉祥！金六福酒更吉祥！

画外音：我有喜事，金六福酒。

案例中的两则广告是金六福 2006 年婚庆酒广告的代表，结婚用酒是金六

52

福的重要市场，金六福也一直很注意这个市场的广告宣传。比如 2002 年金六福酒——结婚篇、2005 年我有喜事——婚礼篇等。

资料来源：作者根据相关材料整理采编.

➡ **思考题：**

分析此案例中的广告传播的目标、广告定位、广告主题分别是什么。

本章小结

★★★★

广告，是指商品经营者或者服务提供者承担费用，通过一定媒介和形式直接或者间接地介绍自己所推销的商品或者所提供的服务的商业广告。根据不同标准广告可以划分为多种类型。例如，根据广告的性质，可分为商业广告和非商业广告。广告在品牌传播中处于品牌和消费者之间，其传播主线是品牌的核心价值，定位和创意是塑造品牌的重要元素，广告语应该表达品牌的精髓。不同种类的广告对于传递品牌信息的作用和效果是不一样的，因此不同形态广告业具有不同的特性。需注意到，广告信息在品牌传播过程中会遇到噪声的干扰。

广告对于品牌非常重要，成功的广告能够扩大品牌知名度，建立起积极的品牌联想，提高品牌美誉度，并培养其顾客对品牌的忠诚度。企业在制定广告策略之前，应明确其营销目的，有针对性地制定广告策略。广告策略的制定应结合各种因素形成广告内容，参考各种指标制定诉求方式。在进行品牌的广告传播时应认识到，广告不是万能的，只有恰当运用广告，才能够大大有效传播品牌。低品质的广告有可能破坏品牌形象。一味靠巨额广告费来宣传品牌虽然能够在短时间内迅速扩大品牌知名度，但是投入巨大，造成了资源的浪费。同时，在选择媒体之时也要考虑到不同媒体之间的联系和促进作用。

知识扩展

★★★★

广告的任务

广告之所以存在是有其特殊意义的，它可以传达出平面的信息、品牌、形象从而吸引消费。具体主要包括下列几个方面：

1. 准确表达广告信息

广告设计是一门实用性很强的学科，有明确的目的性，准确传达广告信息是广告设计的首要任务。现代商业社会中，商品和服务信息绝大多数都是通过广告传递的，平面广告通过文字、色彩、图形将信息准确表达出来；而二维广告则通过声音、动态效果表达信息，通过以上各种方式，商品和服务才能被消费者接受和认识。由于文化水平、个人经历、受教育程度、理解能力的不同，消费者对信息的感受和反应也会不一样，所以设计时需仔细把握。

2. 树立品牌形象

企业的形象和品牌决定了企业和产品在消费者心中的地位，这一地位通常靠企业的实力和广告策略来维护和塑造。在平面广告中，报纸广告、杂志广告由于受众广、发行量大、可信度高而具有很强的品牌塑造能力。如果同时结合二维广告，则可以使塑造力大大增强。

3. 引导消费

平面广告一般可以直接到达消费者手中，而且信息详细具体，因此如购物指南、房产广告、商品信息等都可以引导消费者去购买产品。二维广告则可以通过动态效果的影响，促使消费者消费。

4. 满足消费者的审美要求

一幅色彩绚丽、形象生动的广告作品，能以其非同凡响的美感力量增强广告的感染力，使消费者沉浸在商品和服务形象给予的愉悦中，使其自觉接受广告的引导。因此广告设计是物质文化和生活方式的审美再创造，通过夸张、联想、象征、比喻、诙谐、幽默等手法对画面进行美化处理，使之符合人们的审美需求，可以激发消费者的审美情趣，可有效地引导其在物质文化和生活方式上的消费观念。

资料来源：http://baike.baidu.com/view/2324.htm.

答案

★★★★

一、引导案例参考答案：

广告对于品牌非常重要，品牌是产品与消费者之间联系的载体，而广告正是建立这种联系的因素。广告能够使一个品牌由陌生到知晓，由知晓到偏好，进而形成品牌忠诚。可以说，广告在提升产品的知名度、美誉度及忠诚度方面起着重要的作用。

1. 传递信息，扩大品牌知名度、促进品牌认知

首先，在较短时间内迅速扩大品牌知名度。品牌的知名度能够在一定程度上代表企业的实力、产品的品质、服务的质量，从而让消费者感到熟悉、安

心，在购买时列入被选范围。其次，形成差异，强化品牌认知度。

2. 承诺产品品质，建立正面联想，提高品牌美誉度

通过广告传播，能够将品牌在消费者脑海中从简单的品牌名称及标志扩展成丰富的品牌联想，构建品牌形象。正面的品牌联想有助于消费者在形成认知之后，对品牌产生喜欢、偏爱、追崇和信赖的情感，从而增强品牌的美誉度。

3. 促进持续购买，培育品牌忠诚度

对于成功的品牌来说，消费者的忠诚度非常重要，其销售的很大一部分来自于忠诚的消费者。品牌忠诚，或者说消费者对于某一品牌的持续性需求，在很大程度上来自于其对品牌的心理依赖或者信任。而广告恰恰是强化这种品牌信任的重要手段之一。

二、案例分析参考答案：

1. 广告目标——打造品牌福运形象

一个品牌之所以能够被消费者记住，被消费者喜欢，其根本原因就是因为其品牌形象，即品牌所具有的精神品质。金六福所有的广告都是围绕着这样一个品牌核心，在消费者心目中形成"福酒"、"吉祥酒"的品牌形象。

2. 广告定位——福文化

打文化牌是白酒营销的一个常用手段，以文化作为广告定位也使白酒的品牌形象在一定程度上有所提升。金六福酒便以福文化作为其品牌承载，寓意着深厚的民俗文化积淀，是福文化的典型代表。

3. 广告主题——金六福，结婚福酒

金六福酒之所以受到结婚新人的喜爱正是因为其吉祥、福运的品牌定位，结婚图个好彩头、喝福酒，天长地久也就成了金六福酒的广告主题。

第四章

包装传播

学习目标
★★★★

知识要求 通过本章的学习，掌握：

● 包装的定义及其基本作用
● 包装在品牌传播中的价值
● 品牌包装传播具有的特征

技能要求 通过本章的学习，能够：

● 在实践中对影响传播效果的因素能考虑周全
● 在进行品牌包装传播过程中避免可能存在的问题

57

学习指导
★★★★

1. 本章内容包括：包装概述、品牌包装传播特征、品牌包装传播的价值、品牌包装传播的应用策略。

2. 学习方法：独立思考，抓住重点；在熟练掌握品牌包装传播相关概念的基础上，用理论知识对包装案例进行全面分析。

3. 建议学时：2 学时。

引导案例

百事可乐的"变脸"

百事可乐宣布从 2007 年 2 月开始将通过全球品牌重塑实现与消费者的交

流。除了品牌的全球标志和名称字体不变，百事每几周将更换一次全新包装图案，以体现出与青少年心理相贴近的主题，如运动、音乐、时尚和汽车，让消费者通过设计独特的网站获得独家在线内容。仅 2007 年，百事可乐就经历了超过 35 次的"变脸"。

春节是中国人一年中最重要的节日，2010 年春节即将到来，饮料市场上各大品牌自然不会放过这个"讨好"国人的机会，在"新春包装"上纷纷投入大手笔、各显神通。而在超市的新春货架上，一款非常亮眼的包装引起了消费者的注意，这便是百事可乐的新春金色包装。

纵览此款包装，百事可乐将经典的蓝色换成象征着中华富贵吉庆的"金色"，并且百事可乐首次运用了复合镭射膜技术，使原本亮眼的金色更加炫目，夺人眼球，使这款专为新春佳节而设计的百事可乐包装在货架上十分抢眼。而更令人欣喜的是，今年百事可乐采用结合品牌 LOGO 玩转新春吉祥字的设计理念，充分体现了喜福同享的佳节气氛，让人耳目一新。

图 4-1　百事可乐品牌产品

资料来源：网易娱乐频道，http://ent.163.com/07/0430/16/3DBFMR5K00031H2L_2.html.

➡ **思考题：**

结合所学知识，分析百事可乐包装的本土化"变脸"策略是基于怎样的考虑。

第一节　包装概述

一、包装的概念

包装基本上是所有品牌产品都需要的部分，包装是一种免费的广告，因此广告主应当利用好包装资源，以求做到传播效果最大化。

问题 1： 包装的定义是什么？

品牌通过与之相关的多种元素进行传播，关系到品牌塑造的作用力也有很多。从外部因素来看，包装是一个重要方面，作为品牌识别系统的一部分，包装体现着品牌属性、利益、价值、文化、个性等特征。许多营销人员把包装化（Packaging）称为营销的第五个 P（见图 4-2），[①] 强调包装能够以直接、物化的方式促进品牌与消费者的沟通，在与产品特性、价格、广告和其他市场营销要素相互协调的基础上，直观展示品牌形象，有效传达品牌的内涵和价值，是企业整合营销传播、建构品牌的强有力的营销手段。

简单地说，包装就是充分利用技术，以一种或多种物质材料将另一种物质或产品包起来的形式。包装设计通常包含四个要素：包装材料的设计、包装结构的设计、包装造型的设计以及包装装潢的设计。[②]

包装最基本的作用就是保护商品，避免商品在储存、运输过程中受到损坏、污染，随着现代社会价值的多元化和审美要求的提高，包装也成为传递品牌信息的一种媒介，影响消费者的认知和选择。

59

---

① 前面四个 P 分别为价格（Price）、产品（Product）、地点（Place）和促销（Promotion），引自菲利普·科特勒. 营销管理. 第 9 版. 上海：上海人民出版社，2000.

② 朱莉莉. 品牌传播之设计观. CNKI 中国知网，2005.5.

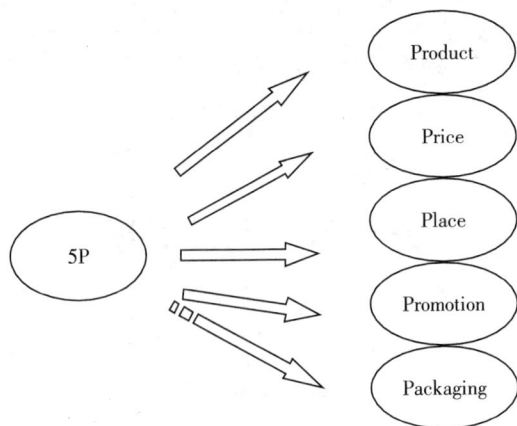

图 4-2 5P 组合

资料来源：由作者整理采编.

二、品牌包装传播的价值

问题 2：品牌的包装传播价值有哪些?

1. 吸引消费者注意，建立品牌识别

富有特点和个性的包装是最容易为消费者所辨认的。通过包装设计中的色彩、形象、文字、材料等可以打造独特的属于本品牌的包装造型和款式，并综合作用于消费者的视觉、触觉，乃至嗅觉等多种感官，吸引消费者的注意，在其心目中逐步建立起相对稳定的品牌识别。

比如，可口可乐和百事可乐，一红一蓝在消费者心目中建立了显著的差别，独特而又具有延续性的设计也使得两者的品牌识别度非常高。

同时，随着科技的发展与技术的进步，同类产品之间的差别越来越小，在竞争中脱颖而出则要依靠更多的无形因素，易于辨识、精美独特、亲和力强的包装设计，有助于使消费者感受到产品的差异点，影响其消费选择，从而增强品牌竞争能力。

2. 强化品牌体验，丰富品牌形象

包装设计是品牌重要的视觉表达，它具有丰富的表现形式和强大的创意承载能力。能够在与消费者直接接触的过程中，长期持续地传递商品信息和品牌的核心理念，帮助构建和强化品牌定位，形成独特的、不同于其他品牌的个性形象。而包装这种独特的传播形式，能够强化消费者的品牌体验，有助于加深消费者对于信息的理解和记忆，促进消费群体的形成和商品的销售。

3. 促进品牌建设，增加无形价值

商品的价值由有形价值和无形价值两部分组成，有形价值即商品的使用价值，是其物理属性，而无形价值则是消费者对于商品的心理感知，是精神层面的概念。现代社会物质极大丰富，商品趋于同质化，仅仅具有功用性的商品在市场中很难具有强大的竞争力，这就需要商品进一步增加其无形价值，以此获得与其他品牌之间的差异，形成差别利益，以吸引消费者的购买。

包装是品牌无形价值的重要方面，能够在一定程度上体现品牌的属性、个性、价值、文化，同时，包装设计结合了美学、文学、材料科学等学科元素，在阐释品牌内涵、打造品牌形象方面有着不可替代的优势。新型的材料和精美的包装可以传递出商品的质感、功用、档次，特定的包装针对特定的人群，表达出不同消费群体的价值、特性与品质，形成特殊的消费氛围。

三、包装传播特征

若要能够充分利用包装的功能，必须了解包装有哪些传播特征，这对于广告主十分重要，下面将系统地介绍包装具有的传播特征。

问题 3：包装传播有哪些特征？

1. 针对性强，能产生即时传播效应

包装通常与商品同时出现在售点，传播针对性强，信息接收者就是目标消费者。数据表明，在越来越多的产品在超级市场上和折扣店里以自助形式销售的背景下，一个普通规模的超市一般存储了 15000 种商品的品目，典型的购买者每分钟会经过 300 个品目，其中 53% 的顾客是即兴购买。此时，有效的包装就像"5 秒商业广告"[1] 一样，能够迅速吸引注意力，并导致立即购买行为，因此有人称为"高效的陈列媒体"。

2. 为广告信息提供有益补充

广告是品牌信息的形象体现，而包装则是产品信息的直接表达。包装是无偿性的、服务性的媒体，带给消费者的利益更加具体，能够与广告形成相互补充、相互促进的效果。此外，包装中所含有的广告信息更易于被消费者接受，消费者可能会反感电视插播广告或者网页弹出广告，但是却不太会排斥包装这种广告形式。

3. 易于产生流动传播效果

由于产品包装可以被人们所携带、保存，因此包装作为一种流动的户外媒

61

---

[1] 菲利普·科特勒. 营销管理. 第 9 版. 上海：上海人民出版社，2000：3.

体形式，能够深入人们的生活之中，被产品购买者以及更多的人所接触，成就另一种形式的"传阅率"，持续地影响人们的意识，潜移默化地树立品牌。

4. 传播成本相对较低，且灵活易变

对于企业而言，变换包装的投资金额相对要比广告或促销来得低，通过适当调整包装可以为品牌增添新的特性，注入新的活力，进而大幅提升品牌的销售业绩。

第二节　品牌包装传播的应用策略

品牌包装的使用不仅要清晰独特，能够表达广告主想表达的信息，还需要照顾和迎合消费者的品位，因为包装是直接和消费者"面对面"的广告，因此也承载着桥梁的作用。

问题 4：品牌包装传播时需考虑哪些因素？

1. 消费者心理

包装设计是产品外观的视觉形象设计，是产品形象的美化，同时起到传递产品及品牌信息的作用。包装设计是消费者与产品的一个密切接触点，因此，设计师在包装设计时必须要了解顾客对于包装的需求和要求，根据消费者的购买行为和反馈信息，不断对包装进行创新和完善，正确运用包装策略吸引消费者的注意，满足消费者的需求。

消费者对于包装的需求主要分为功用性和审美性两部分，前者是包装的物理属性，起到保护商品、便于携带的作用，因此，在功用方面消费者对包装设计的要求就是方便、实用、有质感；而在审美方面顾客对于包装的需求则是美观、新颖、有价值感，能够激起消费者心理上的共鸣，使之产生精神上的愉悦，这样才能给消费者带来产品以外的精神享受，使得他们对于产品记忆深刻，同时对品牌形成好的联想，使企业在竞争中能够保持优势。

2. 品牌发展的不同阶段

（1）品牌初创时期。在品牌刚刚建立起的全新阶段，消费者对于品牌的大部分印象是停留在表层的，也就是包装设计的部分。因此，产品的包装首先要能够吸引消费者的眼球，具有视觉上的冲击力，让消费者记忆深刻，形成对品牌的良好印象。在这个时期，品牌的标志、包装材料、色调、图案、创意要相互协调，确定基本风格和规格，同时应当与品牌核心价值保持一致，准确反映品牌个性，传达给消费者明确的品牌信息。此外，也要站在消费者的立场上考虑到包装设计的审美和实用性，不能单纯从艺术感出发，应与社会和环境相协调。

（2）品牌成长阶段。在品牌成长阶段，消费者对于品牌及其产品已经具有了一定的认识和了解，或者对品牌产生了偏好和忠诚，此时，产品的包装设计也在不断地摸索尝试中根据消费者的喜好确定了自己的风格，同其他品牌相比具有了一定的区分度。

因此，在品牌发展的这个阶段，产品包装设计要继续突出和延续已有的风格，巩固其市场地位，进一步增强消费者对于品牌的认知度和辨识度。同时，品牌成长阶段也是品牌新产品不断出现的一个时期，对于新产品的包装设计，既要与品牌原有的包装相一致，又要在此基础上有所创新，增强传播效果，给顾客以新鲜多样的感觉，更好地满足消费者多方面的需求。

（3）品牌成熟阶段。处在成熟阶段的品牌已经被消费者所熟知并广泛接受，具有较高的知名度和认知度，形成了稳定的消费群体。但是，这个时期的品牌可能在产品上种类更加繁多，形成一条或者多条产品线，又有一系列副品牌，因此，要注意产品线之间、副品牌之间包装设计的整合性，既要协调一致、反映共同的品牌核心理念，又要有所差别，可以使消费者很容易地辨别出同一品牌的不同产品系列。

同时，此时期的品牌包装设计要更加注重品牌的精神价值传递，形成品牌与消费者之间的情感联系。在消费者熟悉的基础上要增加品牌的文化性，充分认识和利用文化元素的使用，形成既能够满足消费者物质需求，又能够满足消费者精神需求的个性化包装，与竞争对手形成视觉上的整体差异，使企业的品牌形象更加鲜明，赢得了市场的青睐。

3. 不同的行业也有所差别

品牌代表着企业的品质，而包装塑造品牌，作为与消费者更加直接的营销沟通，包装的最终目的是帮助建立一定的产品和品牌形象。透过包装，消费者可以获得有关产品和品牌的信息，判断产品品质的优劣。但是，包装设计也不是随意而为的，它受到很多因素的影响和制约，其中之一就是，包装设计受到行业属性的影响，在不同的行业中也有所差别。

在耐用消费品行业，比如电冰箱、和面机、按摩椅等，代表品牌形象的主要是其品质和性能，包装主要起到在运送过程中保护产品的功能。因此，这些行业的产品包装设计要以坚固、便携为主，同时在设计上注意与高品质的品牌保持形象一致。

而对于快速消费品行业，比如食品、日化用品等，则要注重包装设计。比如食品行业，其包装设计既要考虑到对食品的卫生保护，又要能够引起人们的食欲。牛奶的包装设计主要以柔和的白色为主，以突出牛奶香甜润滑的属性，而矿泉水则以蓝色为主，表现水质的纯净与清凉。日化用品行业，通常定位大众市场，更接近广大消费者，因而包装设计要表达亲切之感，体现商品的质量，同时要易于辨识，在众多的同类商品中更加醒目。

奢侈品是一个比较特殊的行业，其包装设计对于品牌的传播至关重要。比如女士用的高档香水、钻石，男性消费的酒类、名表，其商品的尊贵需要用独特的外在包装来展现。因此，奢侈品行业的包装设计要别具匠心，无论是色彩、质感还是造型上都要具有神秘感、名贵感、高价值感。

案例

图 4-3 "香奈尔"独特的瓶身设计

著名香水品牌 CHANEL，很注重包装对于品牌价值的作用，其香水的瓶身由著名设计师设计，本身就具有很高的价值，外包装也格外华丽精致，流露出典雅的气质。比如 CHANEL 的 ALLURE 香水，瓶身设计以简洁典雅的造型为主，简单自然却独具韵味，而 ALLURE 男性香水在简单帅气的同时又十分醒目，采用简单的长方形瓶身，金属瓶盖，深褐色包装纸盒，将 CHANEL 的男性魅力融入其中。

资料来源：www.chanel.com.cn.

活动：广告品牌传播活动练习

为自己中意的品牌产品设想一款包装图案和文案构思。要求不加以具体限制，尽可能地大胆想象和创新。

案例分析

白沙"和系列"包装设计分析

1. 白沙"和系列"之"和天下"

产品特点：手工选叶、专线制造、逐支检验、烟科所出品。

品牌传播语：礼之用，和为贵。

品牌定位：取意"和成天下"。中华文化之品格，人生事业之格调，其根本者，和。天行健，致中和，天地君子，会通和合。宁静致远，淡泊明志，和而不同，有容乃大，和成天下。

产品外形：和天下条包，采用市面少见的竖式结构。包装纹饰的设计灵感源自长沙马王堆出土的汉皇室极品丝帛。丝帛所展现的乘云绣，2000多年来一直是湖湘文化的象征。经过名家设计勾绘，呈现"鹤翔吉云"图，优雅、独特、简单而极具汉皇家特色。条包内部采用上下翻盖的形式，包装内部佐以"百家姓"的饰纹，这是对"和天下"的品牌内涵的更具体、更生动的表达。

图 4-4

65

2. 白沙"和系列"之"极品和"

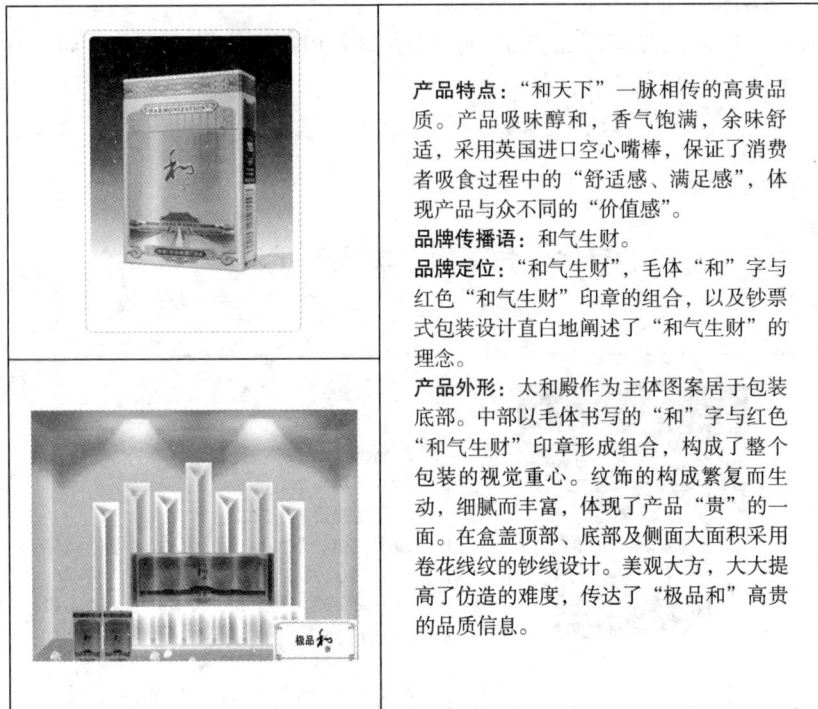

产品特点: "和天下"一脉相传的高贵品质。产品吸味醇和,香气饱满,余味舒适,采用英国进口空心嘴棒,保证了消费者吸食过程中的"舒适感、满足感",体现产品与众不同的"价值感"。

品牌传播语: 和气生财。

品牌定位: "和气生财",毛体"和"字与红色"和气生财"印章的组合,以及钞票式包装设计直白地阐述了"和气生财"的理念。

产品外形: 太和殿作为主体图案居于包装底部。中部以毛体书写的"和"字与红色"和气生财"印章形成组合,构成了整个包装的视觉重心。纹饰的构成繁复而生动,细腻而丰富,体现了产品"贵"的一面。在盒盖顶部、底部及侧面大面积采用卷花线纹的钞线设计。美观大方,大大提高了仿造的难度,传达了"极品和"高贵的品质信息。

图 4-5

66

3. 白沙"和系列"之"紫和"

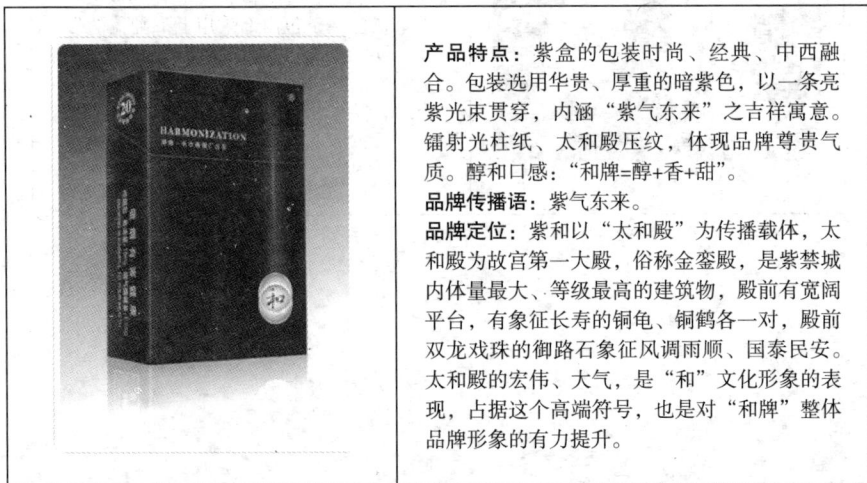

产品特点: 紫盒的包装时尚、经典、中西融合。包装选用华贵、厚重的暗紫色,以一条亮紫光束贯穿,内涵"紫气东来"之吉祥寓意。镭射光柱纸、太和殿压纹,体现品牌尊贵气质。醇和口感:"和牌=醇+香+甜"。

品牌传播语: 紫气东来。

品牌定位: 紫和以"太和殿"为传播载体,太和殿为故宫第一大殿,俗称金銮殿,是紫禁城内体量最大、等级最高的建筑物,殿前有宽阔平台,有象征长寿的铜龟、铜鹤各一对,殿前双龙戏珠的御路石象征风调雨顺、国泰民安。太和殿的宏伟、大气,是"和"文化形象的表现,占据这个高端符号,也是对"和牌"整体品牌形象的有力提升。

图 4-6

"和系列"是白沙烟的高端品牌，整个系列包括"和天下"、"极品和"、"紫和"三个品种。三者共同围绕"和"这一主题，分别从"和成天下"、"和气生财"、太和殿"紫气东来"三个方面阐释"和"的内涵，形象地表达了"和"文化这一主题。白沙"和系列"的包装设计美观、大气，对于"和"文化的品牌内涵起到了关键的推动作用。

资料来源：www.baisha.com.

➡ **思考题：**

试讨论分析此产品包装传播的优势。

本章小结
★★★★

包装是充分利用技术，以一种或多种物质材料将另一种物质或产品包起来的形式。包装设计通常包含四个要素：包装材料的设计、包装结构的设计、包装造型的设计以及包装装潢的设计。富有特点和个性的包装能吸引消费者注意、丰富品牌形象，增加品牌的无形价值。利用包装进行品牌传播针对性强，能直接表达产品信息，而包装作为一种流动的户外媒体形式，易于产生流动传播效果，同时，传播成本较低。

包装设计是消费者与产品的一个密切接触点。因此，设计师在包装设计时必须要对消费者在功用性和审美性两个方面的心理需求有充分的了解。包装的品牌传播策略还应根据品牌发展阶段的不同、行业的不同而有所差别。此外，包装设计还要遵循一定的原则和商业规律，这样才能达到更好的品牌传播效果。

知识扩展
★★★★

有效品牌包装传播的设计规律

包装设计是品牌形象塑造的重要方面，合理的包装设计能够起到广告宣传的作用，同时可以推动品牌的发展。此外，包装设计还要遵循一定的原则和商业规律，这样才能达到更好的品牌传播效果。

1. 包装设计要与品牌定位相一致

包装是某个品牌产品的包装，代表着其品牌形象。因此，包装设计的形应该和产品的诉求相一致，与品牌风格相协调，能够充分展示商品，强调商品的特点。产品的包装设计不仅要美观吸引人，还要考虑到商品的定位，以此为中心，才能有效地传达品牌信息，帮助品牌树立起独特的形象。

2. 包装设计要有独特性

任何一种包装设计都应该具有其独特性，尤其是同质化商品的包装，其设计是区别于其他品牌、形成产品差异化的重要方面。所以，包装在设计时就要利用各种元素进行塑造，展示个性的品牌特征，传达与众不同的视觉信息，使得消费者易于辨识，记忆深刻，从而达到树立品牌、促进销售的效果。同时，品牌在创新包装设计上与流行设计时尚一致的同时，要有所突破，保持自己的风格和特色，对于一个品牌旗下的所有产品都要形成自己统一的风格，既形成系列，又区别于其他品牌。

3. 满足考虑消费者物质和精神双重层面的需求

包装在设计时要能够使消费者使用起来方便、愉快，同时要注意环境保护、节约资源，让消费者用得放心、舒心。此外，还要研究消费者的购买心理，挖掘其内心世界的需求。同时也应考虑到使用者的身份、地位、阶层等，不同的使用者采用能够彰显其特性的包装设计，使消费者获得心理上的愉悦和满足。

4. 避免过度包装，忽视产品本质

有些企业片面追求商品的"包装效果"，忽视产品质量；还有的企业包装过度，耗用材料过多、分量过重、内部容积过大、体积过大、装潢过于奢华、成本过高等，大大超过了保护、美化商品的要求，不仅给消费者造成一种品牌名不副实的感觉，而且也增加了消费者在实际购买中的负担和消费成本。

资料来源：http://baike.baidu.com/view/49001.htm.

答案
★★★★

一、引导案例参考答案：

在这款包装上，"百事"大胆地集合了传统、时尚、网络等多重元素，尤其创新结合了"中国传统造字艺术"与当下流行的"网络造字热潮"，"百事"将经典LOGO嵌入"春"、"福"、"喜"、"吉"等中文字样中，以此来祝福所有消费者百事可乐，非常具有时尚感与节日感。正是基于中国传统与现代的网络文化，"百事"通过充满创意的方式巧妙地将两者结合在一起，并展现给广大年轻消费群体，让更多紧随时尚又热衷于传统文化的年轻人有所收获，充分体现了百事的"我创"精神。

二、案例分析参考答案:

1. 包装设计表达了品牌定位

白沙"和系列"的包装设计始终围绕"和"这一核心进行,同产品的诉求相一致,形成了品牌的风格。

2. 包装体现了使用者的品位和地位

对香烟的选择在一定程度上反映了吸烟者的身份和品位,白沙"和系列"不仅使消费者获得了香烟的使用价值,更使顾客获得了白沙品牌本身所代表的精神价值,采用能够彰显其属性的包装设计以满足消费者的心理需求。

第五章

终端传播

学习目标
★★★★

知识要求 通过本章的学习，掌握：

● 终端的定义
● 终端的分类及类型
● 了解品牌终端传播的特征
● 终端在品牌传播中的作用
● 正确选择终端传播的对象

技能要求 通过本章的学习，能够：

● 根据品牌终端传播的基本原则进行策划并实施
● 针对不同的终端业态消费者运用不同的终端传播手段

学习指导
★★★★

1.本章内容包括：终端概述、品牌终端传播的特性、品牌终端传播的适用对象、品牌终端传播的应用策略。

2.学习方法：独立思考，抓住重点；与同学讨论终端传播的案例；观察身边的品牌终端传播行为等。

3.建议学时：2 学时。

引导案例

苹果公司的终端体验与传播

苹果公司目前在全球电脑市场占有率为8.3%。在苹果的发展战略中，除了其产品功能强大、外观设计时尚外，更多地应归于其品牌传播策略的成功，尤其是产品终端传播策略的运用。苹果公司除了技术领先、以创新和设计见长外，还非常注意客户对公司产品的体验。苹果公司在纽约SOHO区自行设计了自己的终端体验店。顾客不仅可以与这些产品实现互动，而且还能感受到一种轻松有趣的欢乐气氛。产品被井然有序地陈列在枫木桌子上，这样购买者便可以舒适地使用先前在其他电脑上可能从未试过的各种产品。精通业务的销售人员在"天才吧"（Genius Bar）里等候顾客咨询。苹果公司的终端体验店无疑提供了一个良好的"接触点"，让客户在亲自体验苹果产品的同时，也加深了对苹果公司文化的理解。

资料来源：黄林.哈佛商业评论网，2010年10月30日.

思考题：

1. 苹果公司是怎样进行品牌终端传播的？
2. 苹果公司的品牌终端传播会产生怎样的作用？

72

第一节 终端概述

一、终端的概念

问题1： 终端的定义是什么？

什么是终端？物美价廉的超级大卖场，街头社区的便利小店，笑脸相迎的推销人员，眼花缭乱的电子产品体验厅……这些都是终端的具体表现形式。最早的终端含义指的是计算机显示终端，是计算机系统的输入、输出设备。在市场营销中，狭义的"终端"通常指的是"商品零售卖场，即指商场、超市、零售店等出售消费品的场所"。从广义上看，"终端"可定义为"商品从生产厂家到真正购买者手中的最后一环，是销售渠道的最末端，也包括生产厂家直接与消费者接触的环节"。"在这一意义上，终端可以是零售卖场，也可以是人员直销、厂家直销、邮购、展览会等"。① 所谓的终端宣传便是利用终端的具体表现形式进行商品和企业形象的告知工作，向人讲解、说明、传播并宣扬。我们在这里讨论的终端是广义上的终端。

二、终端及终端传播的类型

问题 2：终端可以怎样分类？

根据不同分类标准，终端的类型有很多种：

从有无店铺方面来看，终端一般包括有形和无形两种：一是便利店、折扣店、超市、大型超市、仓储会员店、百货店、专业店、旗舰店、专卖店、购物中心、厂家直销中心、店中店、专柜、自动售货亭等有形业态；另一种是电视购物、邮购、网上商店、电话购物等无形业态。②

按存在形式，终端可以分为间接终端、直接终端和多元化混合终端三种。间接终端是通过中间商、批发商间接管理维护终端的营销管理方式；直接终端是由厂家派人员直接管理维护终端的营销管理方式，根据直接终端所有权形式又分为自有终端和他有终端。③ 多元化混合终端则兼而有之。

按组成要素，终端可以分为软终端和硬终端。

硬终端主要指终端的硬件设施，如商品，包装，配件，附件，VI 表现，售卖形式（隔柜售卖、开架自选、体验销售、人员直销），陈列位置与陈列方式，宣传品（说明书、DM、POP、小报等），促销物，辅助展示物（展柜、冷柜、专用货架等），整洁度，等等。

软终端主要指终端软件，如人员着装、容貌与举止，人员素养与谈话方式，待客态度，对企业情况及产品知识的了解，对行业及竞争品牌的了解，察言观色与随机应变的能力，与竞争品牌导购人员的区别，等等。

按终端在营销活动中的作用，有人把终端分为广告型终端、促销型终端、竞争型终端。广告型终端是指注重展示产品、宣传品牌和企业形象的终端。促销型终端是指阶段性的、跟随企业的经营计划开展的各类促销活动的终端。竞争型终端是指对竞争品牌具有拦截作用的终端。

73

① 李光斗.决胜终端：抓不到本·拉登的启示.经济观察报，2003-03-31.
② 中华人民共和国商务部市场体系建设司.零售业态分类和基本特点.国家标准（2004年初修订版）[2004-08-10].scjss.mofcom.gov.cn/table/2004_390.pdf.
③ 李传江.日用消费品终端营销.中国管理传播网 [2005-08-06].http：//www.371888.com/Article/lb-sc/scyx/200508/23795.html.

问题 3：品牌终端传播的类型有哪些？

一切与消费者发生直接接触的环节都可以作为品牌传播的渠道。在此，我们把品牌终端传播分为商超型、连锁型、展示型三类。

商超型主要是指企业通过各种规模的商场超市进行品牌推广活动。连锁型则侧重于企业运用自建连锁销售渠道而开展营销传播。

与前两种不同的是，展示型终端传播所借助的渠道本身即具有很强的品牌营销特性，甚至是专门为了品牌传播而建立。如品牌的旗舰店、体验店、主题展馆等。此外，企业的总部、生产场地等也逐渐被企业开发成一种具有独特展示和体验功能的传播终端。企业通过组织顾客参观制造场地和生产过程，激发消费者的兴趣，让消费者深入了解商品的研发和生产，对产品有全新的认识，更容易增进企业在消费者心目中的感情。对于企业来说，消费者的参与还有利于监督企业的生产，增强企业的社会责任感。另外，参观活动后顾客之间的口碑传播，尤其是意见领袖对自身所在团体的辐射作用也是不容忽视的。

总之，终端是连接企业与消费者的中介，真正实现与消费者的零距离接触，真正了解顾客需求，及时完成信息反馈，能够展示产品、品牌和企业形象的理想舞台。好的终端让消费者现场体验到产品带来的利益，使顾客对产品及企业产生信任感、满足感；企业还能获取珍贵的第一手市场信息（消费者及经销商的意见、竞争者的动态），为新产品的开发、营销策略的调整等提供直接依据。

74

第二节　品牌终端传播特征

终端作为企业销售和品牌传播的环节，同时肩负着商品流通与品牌传播这两大任务，构成了企业营销传播活动的重要一环。通过终端宣传，消费者接触或者购买商品，同时也在传递品牌和商品的信息。这两个环节同时也是传递品牌信息的过程（见图5-1），商品流通和信息传播同时完成。

问题 4：品牌终端传播有哪些优势、劣势？

（一）品牌终端传播优势

1. 传播过程生动化

品牌终端传播都是与消费者直接接触的。眼见为实，现场的表现直接把企业宣传的信息活生生地摆放在消费者眼前，互动和体验让顾客成为参与者，引

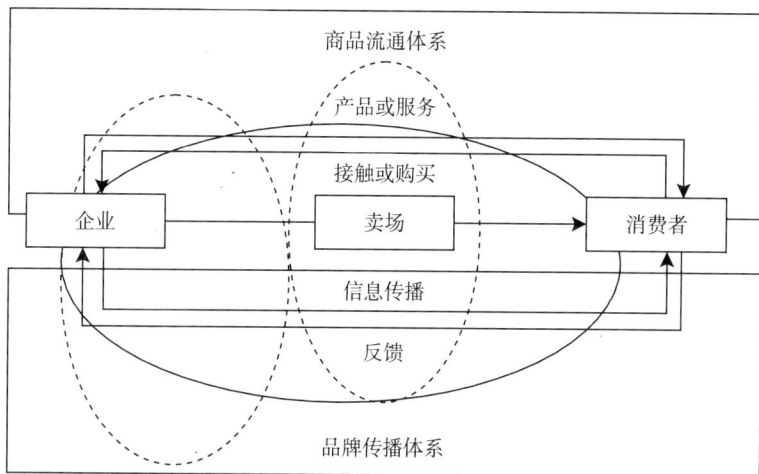

图 5-1　商品流通体系和品牌传播体系

起受众共鸣。终端的品牌传播以其形象性、新颖性和生动性来加强与消费者的沟通。这种生动性体现在各个方面，它把传统的点对点的线性传播变成了立体传播，在一个整体氛围中完成对消费者个人的全方位传播。比如，百事可乐的蓝色、让炸鸡的香味飘满街的肯德基、索尼的数码体验厅等，颜色、声音、嗅觉、味觉、触觉都是增加信息传播的元素。

2. 积极调动受众的参与性，感召力强

赫伯特·凯尔曼把传播的信源属性归为三大类：可靠性、吸引力和感染力。各类属性对受众态度或者行为的影响过程不同。凯尔曼分类体系的最后一项是感染力，信源的感染力一旦被察觉到，就会通过依从过程对受众产生影响。受众接受信源的劝服，默认它的观点，以期博得欢心或免受惩罚[1]（参见图 5-2）。

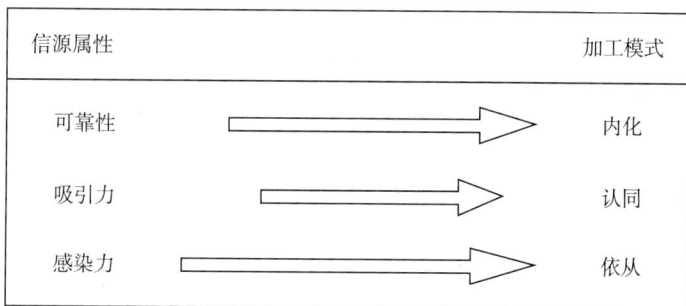

图 5-2　信源属性和接受者加工模式

---

[1] 乔治·贝尔奇，迈克尔·贝尔奇著. 张红霞，庞隽译. 广告促销——整个营销传播视角. 2006：197，211.

品牌的核心价值应当具备强大的感召力，体现对消费者的终极关怀，拉近品牌与消费者之间的距离。

终端与消费者直接接触，直接经验来自于消费者亲自参与的体验，除了对产品"需求性满足"还附加了体验带来的"情感性满足"的层面。这种情感性的满足是一种内心的交流，消费者对于接触到的信息有自己的评价。如果传播策略得当，那么品牌与消费者产生情感上的共鸣，强化了品牌的忠诚度。描述一种独特的心理需求和精神快感，比单纯叫卖产品能产生更深远的影响。

3. 互动性强，人性化、针对性地提供信息和服务

根据消费者的不同需求，终端的硬件设施在尽力营造一种人文关怀，良好轻松的购物环境让消费者在购物时得到心理的满足。不仅终端的硬件设施如广告牌、标语、装饰向消费者源源不断地传达着品牌和商品信息，而且在场的销售人员也在传递着信息。面对面营销是一种信息双向交流的营销传播战略。企业能够充分利用各种传播工具，与消费者进行面对面的交流。经营场所传播通过场馆参观、终端展示、终端体验等娱乐化的传播方式，有效规避了受众对传统广告信息的排斥心理。这种双向传播方式令消费者在消费过程中积极主动获取信息，而不是企业一味地推销商品。

4. 信息传播和使用媒介的整合性

终端的整合性表现在使用媒介的整合和传播信息的整合。由于终端场所与消费者面对面直接接触，为了调动消费者的积极性，品牌的传播需要整合多种媒介和活动方式，例如，现场的 POP 广告、LED 播放产品信息、现场演示等，这些在一个单独的销售终端都不是独立存在的。媒介组合是为了整体的传播效果，目的是保持品牌传播的一致性和系统性。活动不同，宣传的重点不同，形式可以呈现出多种表达方式，但是总体的传播策略是一致的。

5. 传递信息的延展性、补充性

终端的信息传播是对企业的其他传播手段的有益补充。一方面，终端通过现场互动和沟通，刺激消费者的购买欲，弥补线上广告无反馈、滞后性的不足。通过不同时间、不同地点的传播强化受众对品牌的印象，有效阻截了消费者不接触传统媒体的时间空白。根据不同时期的企业的竞争策略调整多种宣传手段的组合，这种资源的整合与配置，提高了企业品牌宣传的资金利用率，节省了资源。另一方面，终端品牌传播把传统媒体的品牌传播延伸至线下，渗透至生活中，形成不同时空的持续性刺激，把消费者对传统媒体广告的回忆在生活中再现，唤起品牌记忆和联想，最终达到刺激购买、强化品牌记忆的目的。这种延续是在空间和时间上同时进行的，品牌的传播呈现动态的前后相继，一个传播主题将通过各种各样的渠道传递给消费者。

（二）品牌终端传播劣势

传统意义上的终端场所在根本上承担的职责是生产、流通及服务，营销传播只是其附带功能，因此在用于品牌传播时难免存在一些缺陷。

就生产厂家与消费者直接接触的层面而言：一方面，有些行业因安全、保密等原因不便于对外公开，或者生产过程本身不容易引起消费者兴趣，不适合采用这种传播方式；另一方面，组织相关传播活动需要花费企业较多的精力和成本，一旦操作不当，还有可能适得其反，产生负面传播效果。

就销售产品的终端而言：首先，在传播活动的创意和执行上都受到来自渠道商、中间商、零售商等多方面的限制；其次，在终端现场同时存在大量来自相关品种和品类的竞争品牌的信息，而消费者所能接受和理解的信息量是有限的，过多信息源会对其品牌认知造成干扰；最后，终端的很多活动往往只有即时促销效应，而缺乏长期的品牌影响力，一旦过度使用容易给消费者带来品质低劣的品牌印象。

第三节 品牌终端传播策略

问题 5：如何选择与品牌相适应的终端传播策略？

终端品牌接触点包括终端布局、品牌形象、产品展示、顾客服务等与消费者关联的各个方面。这些都与品牌传播有密切的关系，每一个接触点都是传递品牌信息的节点，应当在传播过程中为消费者提供更多机会接触信息和品牌，并发挥作用。

（一）选择和整合商超终端传播工具

商超终端货品琳琅满目，如何在第一时间让消费者在选购商品时注意你的商品，在众多商品中脱颖而出，终端商品陈列是非常重要的。产品陈列也是无声的广告，是企业产品品牌和形象最直观的表现，也是导致冲动型顾客购买的最主要原因。产品陈列直接表现了企业的综合管理水平和总体实力，同时也影响企业在消费者心目中的印象。

1. 陈列位置

货品在货架的陈列位置与目标消费群体的视线范围及触手可及的高度相适应，配备内容清晰全面的商品价格卡，方便顾客仔细查看、对比和购买。

2. 商品布局

充分利用已获得的陈列空间，排列整齐美观、规格齐全，达到充实和谐的整体效果。根据不同的销售目的和产品特点适当地运用新颖的陈列手段，把消费者吸引到货架前。

3. 整洁的商品外观

整齐卫生的商品外观也直接影响到消费者的购买情绪，尤其是食品类的商品更应该如此。如果商品包装上面存在尘土或者污点，就会引起顾客内心的反感情绪，损坏企业的美誉度和品牌形象。另外，还要密切关注产品的保质期限。

（二）企业与零售终端联合开展品牌传播活动

在零售商掌握营销生态链话语权的时代，终端媒体成为稀缺传播资源，并且越来越不受企业控制。在这一情境下，广告主与终端的关系对其终端品牌传播活动的顺利展开显得至关重要。

广告主迫切需要构筑新型的厂商关系，与零售终端联合展开品牌传播活动，使资源配置达到最优化和最大化，借助品牌联动效应实现"双赢"。企业通过与零售商结盟，使自己的销售队伍从"会说话的产品说明书"变成战略合作伙伴的"市场顾问"，会对零售商的竞争能力作出贡献；零售商也会为企业提供最佳的终端服务。而制造商与零售商合作结盟，不但能为双方节省成本，增加赢利，而且还有利于双方合力对付各自的竞争对手。

强生公司即提出"合作性的顾客管理关系"：在销售终端，将"生产商对消费者的知识"与"零售商对购物者的知识"二者"糅合在一起"。①

（三）善用专卖店、体验店、旗舰店的传播手段

终端的另外一种形式就是专卖店、体验店、旗舰店、专柜等专门售卖企业自己品牌产品的店铺。越来越多的企业开始重视自己建立终端网络，直接掌控终端。顾客通过在旗舰店、专卖店、专营店的消费体验品牌传达的各种信息；标准化的操作和统一的店面风格传达系统有序的品牌概念，有利于企业树立品牌形象，传播企业文化，反馈市场信息，在企业品牌建设中发挥着重要作用。那么，如何利用好这些终端的店面进行品牌传播呢？

1. 店面的整体设计

终端店面的整体风格具有统一性、延续性。店面有很多，企业要做到时间不同、地域不同的情况下保持整个店铺的风格一致，这种一致是整体品牌传播的保证，在整个店面的装潢设计上应该体现出企业的特征，展示出品牌的形

---

① 马克·奥斯丁，吉姆·艾吉森. 还有人看广告吗？——消费者产生营销抗体，营销该如何面对?. 北京：高等教育出版社，2005：106.

象。整体店面形象是吸引消费者光临的前提。

2. 合理安置设施，营造轻松的购物环境

店铺的基础设施也是非常重要的，大到商品的布置陈列、小到接待处的茶水。店面设施的目的是为了营造人性化的购物环境，如何更有利于顾客选购商品是安排这些设施的依据。这些安排不仅是要引起消费者的感情共鸣，而且是为加强品牌印象服务。细节决定一切，从小处、细处着眼。

3. 员工形象与品牌形象的统一

这里的员工指的是终端的销售服务人员。员工的个人形象应该与品牌整体形象相符。除了应该具备的基本素质，如亲和力强、良好的精神面貌和沟通能力之外，针对不同的产品性能，员工的专业素质要求也是不同的。另外，统一的员工服饰则可以传达出统一的品牌信息，同时也便于消费者辨认。例如动感地带的服务人员服装都是颜色鲜艳的休闲服，这种贴近目标消费群的装扮更容易让年轻消费者产生亲切感。

4. 人性化的贴心服务，增加品牌情感

除了提供产品、促进销售外，服务也是店铺销售的一个重点，旗舰店、专卖店、专营店要提供的服务包括：售后服务、配送、结算、维修等综合的、多样化、专业化的服务。可以说，旗舰店、专卖店、专营店既是形象店又是区域的配送中心和结算中心，以及售后维修中心。他们不仅肩负着销售的任务，还承担着售后与消费者的感情维系。对于初次购买的顾客，这直接影响到其是否进行继续消费或者成为固定客户群。对于忠诚的消费者，这直接影响到他是否向所在的群体传播，比如，向亲朋好友推荐产品。

5. 借助多种传播手段深化品牌宣传

广告、销售促进、事件营销、公共关系这些传播手段都可以和商铺终端联系起来，综合利用各种手段宣传企业品牌形象。例如，利用节假日举办活动，宣传造势；利用店铺开业、店庆、企业纪念日等重大日子，借助媒体的宣传力量扩大影响；定期的促销活动结合广告的宣传拉动店铺的销售等。例如，乔治·阿玛尼在上海开设第一家旗舰店时，专门请来明星助阵，吸引各大媒体关注，迅速扩大了旗舰店的影响力和知名度。

6. 和其他行业的专卖店联合推广

对于目标群体相似的不同行业的店铺可以异业联盟宣传销售，这样不仅可以节省推广的费用，还能增加品牌的联想度。当顾客莅临与企业联盟营销的店铺时，他也会想起本品牌。例如苹果与品牌形象相似、目标消费者相近的"宜家"合作，在"宜家"设立专柜，形成市场资源共享。但是要注意的是，切忌不要喧宾夺主，还要注意行业的关联性，有选择地联合。

活动： 终端品牌传播活动练习

指定两个学生自己选择一种终端传播的类型，针对选择的产业类型进行终端品牌传播的策划。由老师或者是第三者对两名学生的表现进行评价。

案例分析

"美的"家用中央空调——用传播与体验，决胜终端

家用中央空调集节能性、环保性、整体性、舒适性、美观性于一体，已从欧美渐渐进入了中国寻常百姓家。美的作为国内空调巨头，率先开发了中央空调系列产品。面对市场，美的需要从终端传播与体验开始，承担起了领导市场和改变认知的艰巨任务。

1. 经典的角色营销

美的中央空调的推广，找到了极具象征性的"企鹅"，再次进行角色营销，让消费者在了解、接受、喜爱特定角色的同时，把感受转嫁到产品及品牌上，从而形成产品的附加值，更可以实现品牌的长久形象区隔。

2. 终端体验与线下传播

"M-Home 体验中心"，是美的中央空调为用户提供的集家庭中央空调、中央热水系统的"展示、咨询设计、销售、服务"一体式的体验场所。在这里，美的中央空调将完成消费者体验过程，还可以直观地看到中央空调的安装特点和效果。MYC 将美的小企鹅引入"M-Home 体验中心"视觉系统，让小企鹅的角色营销更具生动性和互动性。同时，为让更多的消费者知道"M-Home体验中心"，MYC 更为其量身定做了车身广告，让这一告知走遍城市的每一个角落。中央空调属在中国市场仍处于市场认知阶段，其具备的节能型、环保性、美观性、智能性等优势仍未被市场认知。在此情况下，MYC 从品牌战略和市场需求出发，制作了大批海报进行市场教育和引导。

3. 导购物料、决胜终端

越来越多的电器企业开始认识到"终端临门一脚"的重要性，但如何实施和执行却是很多企业的心病。MYC 认为，终端是最好的传播场所，无论是产品说明书、产品手册、导购手册，还是各种终端物料都是最好的传播载体，只要合理、充分利用，其促成销售的能力是无法估量的。

在美的中央空调的终端建设过程中，MYC 为其完善了从概念到执行的每一个细节，建立了一套标准的终端物料系统。哪怕是一张产品说明书，都能将品牌策略和产品概念贯穿其中，从每一处细节体现概念的执行力。

资料来源：MCM 名影课漫网 ［2010-05-24］. http: //mcmtech.com.cn/CaseShow2.aspx? id=23.

➡ 思考题：

1. 美的在其中央空调的品牌终端传播中运用了哪些策略？

2. 美的的终端战略会发挥怎样的作用？

本章小结
★★★★

"终端"是"商品从生产厂家到真正购买者手中的最后一环，是销售渠道的最末端，也包括生产厂家直接与消费者接触的环节"。品牌终端传播包括商超型、连锁型、展示型三类。

终端的品牌传播能够使传播过程生动化、积极调动受众的参与性，通过互动有针对性地为受众提供人性化的信息和服务。同时，终端传播还能将不同媒体进行整合使用，通过线上、线下信息的同时传递对其他传播手段发挥其补充的作用。但由于终端这一传播工具自身的限制，营销人员在进行终端的品牌传播的过程中可能会遇到阻碍和困难。因此，营销人员应遵循终端传播的基本原则，采用适当的终端传播的具体策略。

知识扩展
★★★★

终端传播的五要素

1. 产品是终端第一传播要素

对于品牌而言，产品是最好的传播载体，特别是在终端，产品就是"首席品牌推广员"，向消费者传播着足够的品牌信息。首先，各种各样的产品陈列形式，包括堆码、专柜，可以给消费者一种整体的品牌形象。另外，产品的包装，包括外包装、标签、背签，也是天然的产品传播载体。

2. 终端广告是媒体传播的延续

终端广告是终端传播的主要形式。终端广告是媒体传播在终端的延续，通过与传统大众媒体的呼应，其主要目的在于唤起消费者的媒体广告记忆，持续加深消费者印象，并通过终端的最后一击，对消费者的消费决策起到关键性的作用。

3. 知识营销是终端传播的润滑剂

知识营销是新兴的营销概念，其目的在于充分传播产品知识，在实现信息对称基础上帮助消费者决策，从而促进商品销售、树立品牌形象、开拓市场。终端知识营销的对象是终端从业人员和消费者。首先通过培训终端从业人员，让其充分了解产品知识；然后再通过终端销售过程中的现场沟通，经由终端从业人员之口，向消费者传播更充分的产品知识，从而帮助消费者决策。

4. 专卖店、样板店是终端的形象传播

对终端的激烈争夺，催生了专卖店、样板店。一些知名品牌，已经不满足于终端的局部展示。而是通过对终端的垄断式包装，达到终端的形象展示效果。各式各样的专卖店、样板店的建设，通过综合运用产品陈列、终端广告和知识营销，实现整个终端的集中传播，让消费者不但充分获取了产品信息，更可以感受到产品的整体形象，从而提高美誉度。

5. 终端促销是终端的整合传播

但凡某品牌开展终端促销，就会综合应用到多种终端传播形式，达到整合式的终端传播效果。通过给予终端或目标消费者一定的促销政策或服务，来促成产品与终端或消费者的沟通，利用终端本身的传播，达到加乘传播的效果。

资料来源：覃文钊. 终端传播五要素. 市场观察·广告主，2009（5）.

答案

一、引导案例参考答案：

1. 苹果公司在纽约 SOHO 区自行设计了自己的体验店。通过产品展示、顾客与产品的互动，以及销售人员提供的咨询服务，提供了一个良好的"接触点"，让客户在亲自体验苹果产品的同时，也加深了对苹果公司文化的理解。

2. 苹果公司通过旗舰店进行品牌的终端传播能够直接而感性地面向消费者宣传自身的品牌主张，传达企业形象；有助于企业收集一手目标群体信息，及时调整品牌传播策略；整合企业线上、线下活动，是其他传播手段的有效补充。

二、案例分析参考答案：

1. 首先，美的找到具有象征性的"企鹅"进行角色营销，把消费者对其的感受转嫁到产品及品牌上，形成产品的附加价值。其次，美的为用户提供一体式的体验场所。在这里，美的中央空调将完成消费者体验过程，还可以直观地看到中央空调的安装特点和效果。最后，美的将产品说明书、产品手册等终端物料作为传播载体，将品牌策略和产品概念贯穿其中。

2. 美的通过创建体验店与消费者亲密接触，能够直接而感性地面向消费者宣传自身的品牌主张，传达企业形象，对消费者产生更为直接、迅速的影响。另外，美的利用受人欢迎的"企鹅"形象进行角色营销，更为其量身定做了车身广告，让这一告知走遍城市的每一个角落。线上、线下活动的有效整合，能够在消费者可以直接接触的范围内把各种手段进行整合，通过广告宣传有效提高品牌知名度、美誉度，通过促销、路演等线下活动传播品牌形象，以刺激顾客购买的紧迫感，促进产品销售。

第六章

促销传播

学习目标
★★★★

知识要求 通过本章的学习，掌握：

● 促销的定义及其分类
● 促销在品牌传播中的价值
● 品牌促销传播具有的特征

技能要求 通过本章的学习，能够：

● 在实践中从不同角度全面考虑，选择最适合促销战略的时机
● 在进行促销传播过程中避免可能存在的问题

学习指导
★★★★

1. 本章内容包括：促销概述、品牌促销传播特征、品牌促销传播价值、品牌促销传播的应用策略。

2. 学习方法：熟识重点知识，结合实践。

3. 建议学时：2 学时。

引导案例

联想奥运促销

2007 年暑期，联想举行"联想邀您亲临奥运现场"的抽奖促销活动，即从 2007 年 7 月 1 日起至 8 月 31 日止，凡购买联想指定产品并登录 www.lenovoad.

com 注册相关信息的消费者，均有机会获取北京 2008 年奥运会比赛门票。此次抽奖活动联想欲送出 2008 张门票，在呼应了 2008 年奥运会的同时，也引起了消费者对于联想品牌的关注，在一定程度上提升了联想的品牌知名度。

图 6-1 联想网站首页

资料来源：作者据联想官方网站相关资料整理.

思考题：

结合案例概括联想此次品牌促销活动中的传播亮点。

第一节 促销概述

一、促销的概念及意义

在所有的传播工具中，促销所带来的销售成绩是最明显的，即使在委靡不振的市场大环境中，促销也能给广告主带来营业额和希望，因此促销的运用是十分必要的。

问题 1： 促销的定义是什么？

美国著名营销学者特伦斯·A.辛普认为，促销是指商家用以诱使批发商、零售商和消费者购买一个品牌的产品，以及鼓励销售人员积极销售这种产品的激励措施。

促销是市场营销活动的一部分，其任务就是配合分销，采取一定的策略来促进产品的销售，好的促销方案在增加销售量的同时，还可以扩大品牌知名度，帮助树立品牌形象，增加品牌的价值。

表 6-1　促销的分类

针对消费者的促销	价格促销	折扣	折扣就是在销售商品时对商品的价格进行打折，消费者在购买商品时付出的价格为商品原有价格乘以折扣，如某品牌服装原价 200 元，促销时打七折，那么此时消费者购买服装的价格即为 140 元。折扣根据企业的促销策略不同，其幅度也有所不同
		降价	降价就是降低商品的售价以吸引消费者的购买或者增加购买量
		优惠券	优惠券又分为代金券和价格优惠券两种，代金券的券面上标有一定的金额，可以充当现金使用。价格优惠券面上标有一定的减价金额或减价率，消费者可按照其优惠后的价格购买商品。通常优惠券都是企业针对特定商品或服务发放的，在使用的时间、地点和购买范围上会作出相应的限制
		特惠包装	即企业将多种商品或者几个同种商品捆绑在一起出售，其总体价格比每件商品的单价累计要低，既吸引了消费者的购买，又能够增加商品的销售
		促销返款	即在消费者累计购买商品后，企业会返给消费者一定的现金作为奖励。一般情况下，返款都不会在消费者购买商品后立即实现，通常是消费者先将返款的证明（带有标志的商标、物品或者购买发票等）提交给企业相关负责部门，而后再由企业将现金返还给消费者。如酒类促销，往往会将返款标志套在瓶口，消费者将这些标志出示给促销企业或者经销商，方可获得返款
		累计奖励	即在消费者累计购买一定数量的商品后，企业会赠送给消费者一定的奖金或者奖励物品，比如消费满 100 元送 20 元（现金或抵用券），买四赠一，或者累计消费达 1000 元即可赠送某物品等
	实物促销	赠品	当顾客购买某特定产品时，企业有时会免费赠送另一产品，或者以极低的价格出售另一产品，目的是鼓励消费者购买。比如吃套餐加 10 元可获得玩偶一个，或者买书可获赠精美书签一枚等
		样品派送	企业在新产品上市之时向消费者免费提供产品的试用装，目的是使消费者通过使用来了解产品，从而达到促进销售的目的。样品派送可以采取人员递送、随商品附送、邮寄赠送、消费者索取等方式
		以旧换新	即消费者在购买商品并使用了一段时间后，可以将产品返还给厂商，交纳一定的金额后换取新的产品，厂商会对以旧换新的产品作出一定的限制。一般多见于科技电子类耐用消费品。比如，有些家电厂商会回收消费者使用了几年的普通电视机，在消费者交纳一定的金额后可以换取一台高清电视，厂家这样做的目的主要是为了推销产品，占领市场，扩大品牌的知名度
	活动促销	抽奖	抽奖促销即企业会举办一些活动，使消费者有机会可以通过抽奖来获得一些奖励，比如奖金、奖品、旅游机会等，抽奖的主办单位通常会请公证机关对抽奖进行监督，以保证抽奖的公正性。比如饮料企业推出的瓶盖内号码抽奖，食品包装内的刮卡中奖等
		竞赛	竞赛就是企业通过举办有奖竞赛吸引消费者的参与，精彩的内容通常跟企业、品牌或者产品相关，其奖品为现金、实物，或者免费旅游等。竞赛的举办地点可以是销售地，比如卖场，也可以通过媒体，比如电台、电视台、网络等，策划优秀的竞赛可以起到广告的作用，以达到宣传企业品牌的目的

针对消费者的促销	活动促销	现场演示	这种促销方法即在产品的销售地点，促销人员现场演示产品的使用方法及功能，目的是让消费者迅速了解产品的功效和特点，激发消费者的购买欲望。如促销员在超市中向顾客现场讲解新型不粘锅的卓越性能，使消费者亲身感受到产品的特性，对品牌产生好印象甚至当场购买
		协同促销	协同促销就是两个企业面向共同的消费群体进行合作促销，类似于协同营销，集合两个产品的人员、资金、物力等优势，协同产生促销效果。如在饭店消费满一定金额，白酒厂商提供某品牌白酒一瓶
针对经销商的促销	贸易促销		即企业对经销商的激励，鼓励经销商多销售企业的产品。一般包括批量折扣、提成、费用补贴、销售竞赛奖励等

二、品牌促销传播的价值

问题 2： 品牌促销传播价值有哪些？

出色的促销策略不但能够带动销售、引发市场的积极反应，还能够提高品牌知名度。具体来说，促销对品牌的促进作用主要有以下几个方面：

1. 引起消费者关注，提升品牌知名度

企业在进行促销活动时，往往能够吸引更多消费者的注意，如果促销活动策划得好，还有可能吸引目标受众广泛的关注和参与，获得消费者的好感。在品牌受到高度关注的时候，企业适时宣传品牌信息，借助促销活动将企业的理念和品牌核心价值传达给受众，就有可能产生很好的传播效果，使更多的人了解品牌，起到提高品牌知名度的作用。

2. 强化品牌定位，传播品牌核心价值

品牌定位是品牌价值的重要方面，是品牌核心价值的体现。在促销活动中，更多的消费者关注品牌，企业便可以借此机会进一步向目标受众明确其品牌定位，在消费者头脑中形成有利于自己品牌的品牌识别。同时，促销活动有利于消费者直接接触品牌，亲身感受到品牌的核心利益，对品牌的定位具有更加深刻的印象。

同时，品牌的核心价值是品牌传播过程中最重要的部分。品牌的核心价值是一个抽象概念，需要一系列具象化的手段来表达，促销便是其中之一。促销是能够使消费者比较近距离接触品牌的传播手段之一，在此过程中，消费者可以清晰地感觉到品牌的核心信息，明确了解品牌的核心价值。同时，在促销过程中，如果品牌努力增加与消费者之间的情感沟通，就会使消费者形成良好的品牌联想，进一步强化其对于品牌核心价值的认识。

3. 为品牌的整合营销传播服务

随着促销的内涵有所扩展，越来越多的广告主从品牌维护的角度去考虑促销活动，在其中附加了品牌的内容。企业会精心策划促销活动，从促销主题、赠品、活动方式等各个环节为品牌的整体营销推广战略服务，使终端促销与品牌建设紧密地结合在一起。

4. 提高经销商协助品牌推广的积极性

促销提高品牌忠诚度主要指的是品牌的经销商，适当的刺激和奖励有利于带动经销商的积极性和忠诚度，使经销商获得一定的物质和心理满足，更加忠实于品牌的销售。与此同时，经销商获得奖励和刺激后会更加有利于品牌的经营与销售，从而形成品牌传播的良性循环。

5. 短时间内就能产生较好的销售反映

促销是一种短期行为，是企业在一定时期内为了达到促进销售量增加、获得品牌知名度的一种营销方式，一般采用价格或者实物奖励的形式，刺激消费者的购买欲望，短时间内达到促进销售增长的目的。因此，促销一般都在短时间内有效，很少有长久的效益。

6. 容易吸引消费者的注意力

企业的促销活动往往具有一定的趣味性和刺激性，能够获得消费者的关注，好的促销策划能够吸引消费者的广泛参与，形成一定的社会影响。因此说，促销活动可以较为广泛地吸引消费者的注意力。

7. 沟通渠道简化，与目标受众直接接触

在促销过程中，企业的促销活动由消费者直接参与，品牌与消费者直接接触，少了诸如广告、公关之类的传播渠道，可以与目标受众直接接触。因此，沟通会更加直接、顺畅。

8. 互动性强，易于获得消费者信息和反馈

促销可以拉近品牌与消费者之间的距离，可以直接与消费者进行沟通，因此也比较容易获得消费者的信息和反馈意见，如企业可以利用抽奖活动、会员卡、促销券来获取消费者的信息，同时可以根据折扣券累计、用户回访、促销销售表现、促销后消费者电话投诉等获得消费者的反馈信息，这些对于企业营销活动来说非常重要，对于营销战略的规划和品牌传播的策略都是很有用的参考。

第二节　品牌促销传播的应用策略

一、促销传播的时机策略

促销虽是很普遍的一种传播方式，但是并不是任何时候进行促销都是明智的行为，选择合适的时机对于促销来说十分关键。

问题3：怎样选择合适的时机进行品牌促销传播？

1. 从消费者角度看

不同的消费者对于促销的反应是不一样的，企业做促销一定要考虑其目标消费群体。一般来讲，企业促销所针对的顾客群应该有这样的特征：经常购物的女性或者对购物有较强决定权的男性，有充裕的购物时间关注商品信息，对价格、优惠比较敏感等。只有了解了消费者的消费心理和购买习惯，企业才能根据自身行业的属性和产品的特性决定是否进行促销以及采取哪种促销方式。

2. 从行业角度看

不是所有的行业都适合做促销，一般情况下适合做促销的都是大众产品行业。如生活类快速消费品、汽车、家用电子类行业等，在这些行业中，适合采用促销这种营销方式的又有这样几类，即主流大众消费品、新产品、需要推广和引导使用的产品、清仓处理品。

3. 从品牌发展阶段的角度看

品牌发展的各个阶段中，初创时期和成长期是促销使用较多的时期。

在一个品牌的初创时期，最迫切需要的就是希望更多的消费者知道、了解品牌。因此，这个阶段的企业多会采用促销来扩大品牌知名度和认知度。促销手段可以为实物促销、现场演示等，以刺激消费者尝试使用新品牌，教育消费者接受新产品，达到扩大品牌知名度的目的。

品牌成长期由于要推出新产品线与对手竞争，企业会采取战略性促销手段。此时，企业促销时的出发点就不仅仅限于扩大知名度或者增加销售量，而是要结合品牌的核心价值，突出品牌与竞争品牌的差别点，考虑到与广告活动的配合以及与下一次促销形成战略呼应等，树立品牌形象。

4. 从营销目标角度看

促销是短时间内获得销售增长的有效手段。因此，以销售增长为营销目标时企业多会采用促销方式。此外，当企业希望抑制竞争对手、保护既有市场、拓展新市场时，也可以采取促销。适当的促销可以起到保护品牌、战略攻击的作用。

案例

"索尼"的捆绑促销

2007 年 7 月，索尼举行《大众高尔夫 5》和 PS3 主机的捆绑促销活动，推出《大众高尔夫 5》分别搭配 PS320GB 和 60GB 版主机的两款套装产品，其中 20GB 版主机的官方售价为 49980 日元，而《大众高尔夫 5》的单独售价为 5980 日元，套装可节省 3980 日元。索尼的此次促销活动并不仅仅为了推销其产品，更重要的是帮助建立其平台，以提高 PS3 主机的市场覆盖，保护品牌。

资料来源：www.agwcn.com.

二、促销传播的应用策略

促销虽然能够刺激销售，但是若使用不当，反而会有损品牌整体的传播效果，所以在品牌传播中需要注意以下问题。

问题 4： 品牌促销传播时需注意哪些问题？

91

1. 仅仅为了促销而促销

有些企业一看到销售量下降就采取促销的手段，希望以此刺激销售，这就是典型的为了促销而促销。此外，可能有一些企业会认为促销主要就是靠降低价格来吸引消费者的购买。的确，价格手段是促销的一个重要方面，在刺激销售上也有很明显的效果。但是，促销绝不意味着仅仅是在价格上做文章，不同的产品、不同的品牌发展时期、不同的消费者和市场环境需要不同的促销方式。

如果促销的出发点和落脚点都只是销量的上升，那么企业在设计促销时就不会考虑到品牌的长远利益，是一种短视行为。促销如果做不好就会导致与品牌建设相背离，破坏品牌在消费者心目中的良好形象。因此，单纯为了提高销售量而进行促销，对于品牌的伤害是巨大的。

2. 活动形式一成不变

活动形式一成不变也是一些企业在促销活动设计时会出现的问题。有些企业已经形成了某种惯性，每到某个促销时节就会采取某种促销手段，而且活动方案在长时间之内变化不大，这样就会让消费者产生厌倦。在竞争激烈的市场环境下，新生事物增多，企业创新能力增强，企业一成不变地促销很难激起消费者的兴趣，同时会让消费者觉得企业缺乏活力和创新意识。

比如，在一个品牌的初创时期，可以采用赠品、样品派送等实物促销手段，还可以采取现场演示或者价格优惠等形式，刺激消费者尝试使用新品牌，加深对品牌的认识和了解。在品牌发展阶段，则可以用抽奖、竞赛、优惠券、累计奖励的方式等，具有一定的可延续性和发挥性，巧妙地将促销活动整合进企业的品牌建设当中。而在品牌的成熟阶段，则可以引进文化促销，打文化牌，将文化元素融于品牌的血液中，降低品牌的商业化形象，增加品牌的文化价值，有助于树立品牌良好的社会形象。

3. 促销时让利幅度过大或者过小

促销的让利幅度是一个比较敏感而又十分重要的部分，让利幅度的大小会在很大程度上影响促销活动的效果。让利幅度太小就不能有效刺激消费者的兴趣，很难吸引消费者的购买，达不到促销的效果；而让利幅度太大则会增加企业的负担，使消费者质疑产品的利润空间，此外还会诱使一部分经销商投机收购倒卖。因此，在促销时对于让利空间的设定企业一定要把握好度。

4. 促销要以维护品牌利益为前提

促销也是品牌传播的一部分，促销的目的不仅仅是提高销售量，更重要的是为品牌发展助力。成功的促销一定要以品牌的长远利益为前提，将品牌的规划和促销活动本身相结合，通过促销起到提高品牌知名度、认知度、忠诚度的目的，强化消费者对于品牌的联想，强化品牌定位和核心价值的传播，树立品牌良好的形象。

5. 促销形式要灵活多样

随着市场营销的发展，单一功能的促销手段已经不能够满足市场的需求，也不利于企业促销成本的利润最大化。同样是花钱搞促销，只有根据不同的市场、不同的竞争环境，充分考虑和迎合消费者的心理，采取灵活多样的促销手段，才能在变化的市场环境中保持竞争的活力，吸引消费者的注意力。

案例

联想的暑期促销

2007 年 7 月 2~22 日，联想 ThinkPad 举行暑期促销活动，凡在此期间购买 ThinkPad R60e 指定机型，并在现场填写客户优惠登记卡的用户，即刻可从以下三款精美大礼中任选其一：ThinkPad 电脑双肩背包+清洁包，市场价值：368 元；罗技套装（摄像头+耳麦），市场价值：358 元；探路者二人三季帐篷，市场价值：306 元（礼品以现场实物为准，数量有限，先到先得，送完即止）。联想的可选赠品式促销更加灵活，能够调动消费者的积极性，增加消费者对于联想品牌的消费，同时赠品也成了联想品牌的宣传物，强化了消费群体对于联想品牌的印象。

图 6-2　联想暑期促销主页

资料来源：www-900.ibm.com/.

6. 合理控制促销力度

根据不同的产品属性和品牌属性，企业应该为产品设定合理的让利范围，有效控制促销的力度，使促销既能够刺激消费者的购买欲望，增加销售量，又能够维护原有零售价格，防止投机行为的出现。此外，价格战对于企业和竞争企业来讲都不是最好的竞争方式，一旦陷入价格战中，将不利于品牌形象的建立和发展。因此，促销力度的把握要以维护品牌和产品利益为前提，给消费者切实而又适度的实惠，同时避免陷入价格战。

7. 在促销中累积消费者信息

促销可以维护品牌，可以促进销售。此外，促销还有一个作用就是能够加强与消费者之间的沟通。在企业的促销活动中，消费者对于品牌和产品的关注都比较密切，某些促销活动还可以使消费者参与其中，形成和品牌之间的互动。因此，促销活动是一个拉近品牌与消费者之间的距离，获得消费者信息的渠道。在促销活动中，企业应该多方面搜集消费者的信息，研究消费者的消费心理，建立和完善企业营销的消费者数据库，有利于企业后续营销活动的进行，也有利于企业品牌更加有效的传播。

8. 促销要有长期规划

促销要有规划，不是越多越好，也不是只有节假日才做促销。企业要能够根据自身状况、竞争状况和品牌属性等因素控制促销的频率和节奏，为促销制定长期的战略步骤。在一定时期内，促销的活动与活动之间要能够相互配合，协调一致，具有一定的传承和延续，形成一个战略整体，而不是将每次促销活动割裂开来。促销活动要围绕品牌的核心价值，同时还要结合其他品牌传播行为，如广告、公关等，相互合作，形成品牌传播的战略整合，共同促进品牌的发展。

活动：广告品牌促销传播活动练习

观察发生在身边的一些简单易见的促销行为，为自己所熟知的品牌产品设计一次促销广告或者活动。可随意大胆构思。

案例分析

伊利2007年暑期奥运促销活动

活动一：伊利冰火，燃情奥运促销活动

表6-2　伊利2007年暑期奥运促销活动

活动时间	2007年4月18日至7月17日
参与活动产品	主推系列产品：巧乐兹、伊利牧场、冰工厂； 其他系列产品：牛奶提子、克力棒、四个圈、玉米香、魔芋香脆等
活动参与方式	消费者购买产品后，登录伊利官方网站ice.yili.com促销活动专区，提交产品包装"飘带"上的编码与手机号，或者将购买产品包装"飘带"上的编码按照要求发送至指定编码9500126即可参与抽奖。伊利公司每日从网络参与者和手机短信发送者中随机抽出5名用户获得珍藏好礼——奥运福娃礼盒，其他参与者获得彩铃或彩信
活动奖品	价值2500元的奥运珍藏好礼——福娃U盘套装； 无限欢乐奖彩铃/彩信送出； 网络疯抢奖品为刘翔签名版联想品牌移动硬盘

资料来源：http://ice.yili.com.

活动二："积健康、赢梦想！换健康好礼，赢奥运大奖"促销活动

一、惊喜第一重：积就兑！

活动细则：2007年4月26日至8月26日，购买伊利纯牛奶/花色奶/功能奶整箱促销装产品，剪下并收集外箱"健康积分赢"标志，即可到伊利兑奖点兑换健康好礼！

奖品设置：如表6-3所示。

表 6-3　伊利 2007 年暑期奥运促销活动奖品设置

销售南区	销售北区	奖品设置
集 4 枚 "健康积分赢" 标志	集 6 枚 "健康积分赢" 标志	价值 30 元的福娃餐具一件或奥运纪念套杯一件（全国共有 498 万件）
集 19 枚 "健康积分赢" 标志	集 21 枚 "健康积分赢" 标志	价值 100 元的苏泊尔多功能汤锅一件或伊利奥运运动套装一件（全国共有 29 万件）

资料来源：http://2008.yili.com.

二、惊喜第二重：兑就抽！

活动细则：消费者兑奖的同时，在伊利梦想收集卡上写下自己的奥运梦想，即可参加伊利公司的抽奖活动，更有机会赢取奥运大奖。

惊喜大奖：奥运圣地——雅典旅游基金，价值 4999 元（全国共 10 名）。

幸运大奖：2008 北京奥运体验游，价值 2600 元（含 2500 元旅游基金及 100 元奥运会门票一张）。

活动三：喝伊利益生菌酸牛奶　奥运门票抢先赢

表 6-4　喝伊利益生菌酸牛奶赢奥运门票活动

活动时间	2007 年 8 月 10 日至 2007 年 10 月 31 日
参与活动产品	复合果粒（四联装、六联装、八联装），单果粒系列（六联杯、八联杯），桶酸系列（1.5kg/桶、1.25kg/桶、特品金冠），八联杯家庭装系列（不包括味浓）
活动参与方式	消费者购买产品后，登录促销活动网站，提交产品包装内活动单页或桶（瓶）盖中的 12 位序列号与手机号，或者将序列号按照要求发送到 9500126 即可参与抽奖。伊利公司每日从网络参与者和手机短信发送者中随机抽取劲爆奖、炫酷奖、万福获得者；其他参与者获得手机铃声或彩信（仅限短信方式参与用户）
活动奖品	劲爆奖（30 名）：奥运赛事门票+星级酒店住宿+梦想金价值 4999 元，更有机会获得体育明星签名 炫酷奖（400 名）：奥运赛事门票+幸运金，价值 600 元 万福奖（1500 名）：一套福娃，价值 300 元 欢乐奖（中奖率 100%）：手机铃声或彩信，价值 2 元，成功发送短信即可获得，通过网络参与抽奖的用户不能获得此奖品

资料来源：大众点评网，www.dianping.com/info/81448.

➡ **思考题：**

通过对以上活动的介绍，分析这三次促销活动对于伊利品牌传播所起的作用。

本章小结

★★★★

促销是指商家以诱使批发商、零售商和消费者购买一个品牌的产品，以及鼓励销售人员积极销售这种产品的激励措施。针对受众群体的不同，促销可以分为不同的种类。出色的促销策略不但能够带动销售、引发市场的积极反应，还能够提高品牌知名度、强化品牌定位，为品牌的整合营销传播服务。

营销人员在进行品牌促销传播时，应根据消费者群体的不同、所属行业的不同、品牌发展阶段的不同以及营销目标的不同选择不同的促销传播战略。应避免将促销仅仅作为短期行为忽略长远利益，促销活动形式单一缺乏活力，促销时让利幅度过大或者过小。只有将促销的前提确立为维护品牌利益，使促销形式多样化，合理控制促销力度，积极积累消费者信息，对促销活动进行长期规划，才能使品牌传播达到事半功倍的效果。

知识扩展

★★★★

促销的 14 个内涵

促销的内涵：

第一，促销是对顾客购买行为的短程激励活动；

第二，促销是一种战术性的营销工具；

第三，促销是利益驱动购买；

第四，促销是追求结果的销售行为；

第五，促销对冲动性购买尤为有效；

第六，促销不以营建品牌为宗旨；

第七，促销是"AIDA 法则"的体现；

第八，促销是在价格杠杆上跳动的芭蕾舞，尽管千姿百态，但离不开价格利益；

第九，促销就是为了扩大销量而使用的方法；

第十，促销是一种市场竞争手段；

第十一，促销不是变相广告；

第十二，促销可以破除"购买习惯"，它是促成第一次购买的好工具；

第十三，促销的目的不是为了提高产品知名度，而是为了让顾客接受产品；

第十四，促销的最高目标是使它自己成为购买首因，基本目标是至少成为购买的一个促动因素。

资料来源：百度百科词条阐释.

<h1 style="text-align:center">答案</h1>

★★★★

一、引导案例参考答案：

首先，促销时间选择得非常适当，7月初至8月底，很多想去奥运但是因为各种原因还没有得到票的消费者会认为一张奥运票是非常有价值的，这样就起到了很好的刺激消费的作用。其次，7月初至8月底也是学生假期的时间，这对于很多学生也是具有相当大的吸引力的，既可以照常购买电脑，又可以得到获得奥运门票的机会。最后，2008张票对应2008奥运会年份，让人印象深刻，过目不忘，加深了新老消费者的品牌印象。

二、案例分析参考答案：

1. 围绕品牌核心——健康、活力

伊利是一个牛奶生产商，其品牌的核心理念就是健康，伊利赞助2008年北京奥运会，与体育结缘也是为了进一步宣传其健康的品牌形象。增进与消费者之间的情感沟通，使消费者形成良好的品牌联想，进一步强化对伊利品牌核心价值的认识。

2. 借力奥运提升品牌形象

2007年暑期的这三大促销活动便是伊利结合奥运主题精心设计的。以奥运为契机，鼓励消费者参与，表达出自己的奥运"梦想"，帮助实现消费者的愿望。伊利以福娃U盘、福娃餐具、奥运体验游、奥运会门票等作为"奥运大奖"，紧密联系奥运，对消费者进行激励。伊利在促进销售的同时也提升了品牌形象，突出了伊利"为梦想创造可能"的品牌理念。

3. 促销活动有规划

伊利2007年暑期的奥运促销活动，从4月18日持续至10月31日，主要分为三个板块，即液态奶促销、冷饮促销以及酸奶促销。这三大品类是伊利的核心产品，也是伊利利润的重要来源。因此，伊利的促销活动具有一定的战略意图和战术效应，相互配合，共同加强。三个品类的促销既不相互冲突，也不会使消费者感到重复，从而达到有效传播的作用。

第七章

直效营销传播

学习目标

★★★★

知识要求 通过本章的学习，掌握：

● 直效营销的起源及其定义

● 直效营销的形式

● 直效营销在品牌传播中的优劣势

● 直效营销的品牌传播具有的特征

技能要求 通过本章的学习，能够：

● 在实践中对影响直效营销传播效果的因素能考虑周全

● 熟练掌握品牌直效营销传播的方法和策略

99

学习指导

★★★★

1. 本章内容包括：直效营销概述、直效营销的品牌传播特征、直效营销在品牌传播中的优劣势、品牌直效营销的应用策略。

2. 学习方法：熟练掌握基础知识，结合案例进行策略制定练习。

3. 建议学时：2学时。

引导案例

哈雷戴维森的会员直效营销

世界著名的摩托车公司——哈雷戴维森主办了哈雷车主俱乐部（HOG），

目前已有60万名会员。第一次购买哈雷戴维森摩托车的客户可以免费获得一年期会员资格。哈雷车主俱乐部提供给会员的好处包括一本杂志《HOG故事》、一本旅游手册、紧急修理服务、特别设计的保险项目、价格优惠的旅馆以及一种飞行和骑车项目，从而使其会员能在度假期间租用哈雷的摩托车。公司还针对HOG开发互联站点，提供俱乐部宪章、事件和仅为会员提供搜索的分类信息。

资料来源：菲力普·科特勒，凯文·莱恩·凯勒. 营销管理. 第12版. 上海：上海人民出版社，2006：177.

思考题：

你认为哈雷戴维森的这些直效营销措施有哪些好处？

第一节　直效营销概述

一、直效营销的概念与形式

说到直效营销（简称直销），大部分读者对其还没有正确的理解和认识，尤其容易将其和传销混淆。此节会详细地介绍直效营销的本质特点。

问题1： 直效营销是怎样兴起的？

DM是英文Direct Mail的简称，又译为直接邮递广告或直投广告，最早起源自美国。20世纪60年代，美国的工商业发展迅速，广告业也迅速活跃起来。随着市场从大众消费向分众市场转变之时，商品生产者和消费者发现仅仅通过大众传媒载体发布广告，是无法有效区分并达到不同需要的目标受众的。大量的广告预算流失在非目标人群中，广告宣传的效果也停滞不前。而通过邮寄形式直接将产品信息传递给目标受众的DM直投广告形式以其特有的针对性强、适用范围广泛、价格低廉、直接性等优点，在解决这个问题上颇为有效，受到众多企业的青睐。

随着营销理念的更新和市场需求的变化，现在的DM则被营销者更广泛地看作是Direct Marketing的简写，英文直译是"直接市场营销"，又称直效营销或直复营销。经过了多年的演进，直效营销逐渐转化为多种形式，也出现了更多的称呼，如资料库营销（Database Marketing）、一对一营销（1on1 Marketing）、个人化营销（Personalized Marketing）、关系营销（Relationship Marketing）、忠诚度营销（Loyalty Marketing），等等。

问题 2: 直效营销的定义是什么?

对于直效营销的定义,目前较为主流的观点主要有以下几种:

美国直销协会对直销的定义是:"为了在任何地方产生可度量的反映和达到交易而使用了一种或多种广告媒体的交互作用的市场体系。其直接的特点就是减少流通的环节,减少中间的层次,降低交易成本,提高交易效益。直销最大的特点是买方和卖方的互动。当然店铺销售也可以体现互动,但直销方式表现得更明显一些。"

台湾 DSA (Direct Selling Associations) 的定义:"是人的事业,所有直销成果与活动的推动,都以人为基点,直销商、供应者、消费者,无一不是由人所组成,直销乃为服务人、满足人的需要和兴趣而存在。"

世界直销协会的定义:"将消费类产品或服务直接销售给顾客的销售方式;直销通常是在顾客本人或是他人的家中发生,也可以在诸如顾客的工作场所等其他非商业店铺的地点开展;直销通常是由直销人员通过产品或是服务的讲解和示范来进行。"

中国国务院 2005 年 9 月份公布的《直销管理条例》中明确提出:"直销是直销企业招募直销员,由直销员在固定营业场所之外直接向最终消费者推销产品的经销方式。"

关于直效营销的定义林林总总,当前无论是学术界还是业界对于现代直销的定义还存在很大的争论,至今也没有一个统一的说法。但总的来看,这些概念反映出直效营销的最大特点就是和消费者直接面对、没有营销场所的销售。

直效营销是直销人员按面对面的说明方式或者运用其他设施(如网络、电话、E-mail、信件等)来进行产品和服务的销售和推广。直效营销的前提是拥有的永久顾客消费群或者说是顾客数据库,这样企业才能通过不同的手段直接而有效地到达目标受众,快速准确地与目标消费者进行沟通交流,有效展开一对一、一对多的营销活动。所以,DM 不单纯只是一种广告形式,它更是一种双向沟通式营销方式,消费者的反馈能够直接到达企业。

问题 3: 直效营销的形式有哪些?

传统意义上的直效营销形式包括商业信函、邮寄广告、企业明信片、拜年卡;随着科学技术的发展,时代赋予 DM 更多的形式,如手机短信广告、互联网邮件广告、俱乐部营销广告、网上论坛、网上网下活动、内刊交流等其他形式。

直效营销可分为六种表现方式,包括:直接邮购(Direct Mail)、目录邮购（Catalogs）、电话营销（Telemarketing）、媒体购物（Media Shopping）、直接销售（Direct Selling）、自动售货（Automatic Vending）等。

1. 直接邮购：卖家将广告、样品、传单、杂志等广告直接邮寄至预先选择好的消费者手中。消费者可以用支票、信用卡等付款方式，直接购买所需物品。

2. 目录邮购：媒介代理商将货品目录寄到预先选定的顾客手中。或请人在街头散发，或将货品目录放置店面门口，或者将目录与其他媒介如杂志、报纸进行捆绑赠与消费者。这些目录所列的商品种类繁多，有专门的代理机构组织印制并发送到消费者手中，是企业和媒介的联合。消费者根据目录所列的信息用邮购、电话或者网络购货。

3. 电话营销：销售商通过电话向消费者推售货品。也有销售商提供免费直拨电话（如美国 800 专线），让消费者直接用电话购货。

4. 媒体购物：用电视、广播、互联网等电子媒介或杂志、报纸等印刷媒体向顾客推销产品，听到或读到有关某种商品信息并想购买商品的顾客可打电话订货。销售商利用媒介直接向消费者推售货品，消费者可以立即拨打免费电话或直接用电脑从自己的账户上划款方式订购货品。

5. 直接销售：包括逐户销售（Door to Door Selling）和家庭聚会销售（Home Party Selling）。逐户销售就是派推销员逐户（或逐个办公室）推销，推销员先取得订单，然后回公司办理送货上门服务。家庭聚会销售是指销售商将自己或友人的家庭布置成为小型货品展示场所，然后邀请亲友或邻居参加，借机会向到会的人介绍和推售货品。

6. 自动售货：用在街头闹市、饭店或办事处附近摆设的投币式的自动售货机来销售货品。自动售货的产品一般是轻便的日用品或零售食品饮品。

二、直效营销传播的特征

直效营销和广告分别是两种差异性很大的传播手段，直效营销又被称为直销。以下介绍直效营销这种传播手段的特征及其优劣势。

问题 4：直效营销中品牌信息的传播有哪些特点？

直效营销时时刻刻渗透在我们的生活中，如你在街头被拦截要求填写调查问卷并被赠送小礼物；你固定购买某个品牌的产品，达到一定金额之后会得到VIP 或者会员卡；新买的杂志中夹页是阅读信息的回执表，要求你填写姓名、电话等信息；超市购物门口摆放的精美印刷的购物目录，方便你带回家细细阅读或者跟亲朋好友分享等。这些都是销售商直接接触消费者并获取顾客信息的手段。"直效营销",从字面上理解就是能够直接与消费者沟通并希望取得直接的营销效果。

简要来说,直效营销的步骤就是"找到潜在顾客群—建立数据库—发生并维持关系—形成一对一、一对多的沟通—购买行为的产生—信息的反馈(见图7-1)。

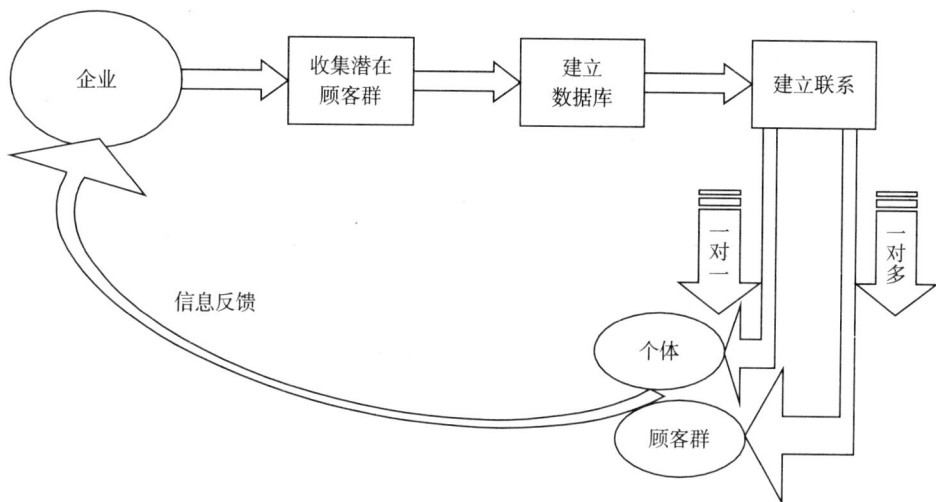

图7-1 直效营销流程表

当今市场竞争的白热化程度要求企业不得不提高品牌的传播效果,进而提升自身品牌的知名度和形象,在这种情况下顾客的忠诚度显得越来越重要。直效营销在国外开展多年并走向成熟,特别是电脑、家电、汽车、银行、保险公司、商超等领域应用得更为广泛,他们都将直效营销作为传统媒体宣传自身产品以外的重要辅助手段(参见图7-2)。

直效营销的迅猛发展是其自身传播优势的结果。直效营销传播特点归纳起来有以下四点:

1. 信息传播的定向性、针对性强

首先,直效营销帮助企业形成强大的顾客纽带,建立消费者和商家之间亲密联系。由于直效营销所使用的数据库记载了顾客群的详细资料,包括固定顾客和潜在顾客的姓名、地址、电话以及相关的人口统计数据。因此,企业能够将商品种类、活动内容、馈赠物品等信息有效地直接传递给客户,避免了因中间环节、人为因素而造成的信息传递失误。另外,企业收集的有关固定客户和潜在客户的资料都是与本企业有着密切关系的群体,将商品信息直接传达给这

(%)
(2002 年 n=226，2003 年 n=140，2004 年 n=150，2005 年 n=187)

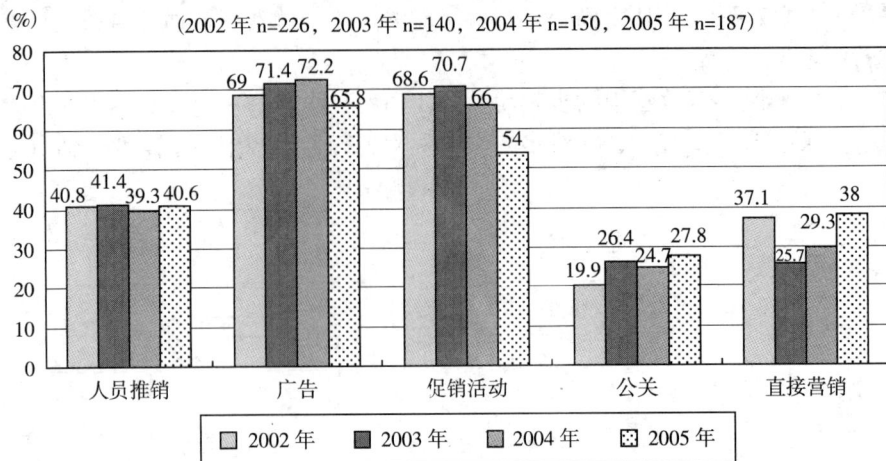

图 7-2　被访广告主偏重使用的营销推广方法

资料来源：中国传媒大学广告主研究所. 广告生态调查广告主研究专项报告.

些客户，避免了资源的浪费，提高了品牌和形象的传播效率。

2. 传递信息内容丰富，传播过程生动化

直效营销的几种方式无论是商业信函、邮寄目录、内刊，还是手机短信、互联网购物等无一例外地综合了传统媒体的综合优势。当顾客拿到图文并茂、印刷精美的购物目录，他可以带回家细细地阅读，之后经过详细考虑来决定是否购买。一本类似于杂志的购物指南所承载的信息量是很大的，文字和图片的说明给顾客提供了更为详细的商品信息；互联网传达消息的方式更是多种多样：小游戏、Flash、聊天室、体验专区等，全方位地把商品信息提供给消费者；街头的自动贩卖机除了提供顾客便利，同时也是一道亮丽的街头风景，无形中传达了企业形象，加深了顾客头脑中的品牌印象。媒介特性与信息的融合让消费者身在其中。

3. 传达信息及时、灵活性大

如果说早期的 DM 只是通过邮寄信函、目录来告知消费者商家信息的话，那么现今科技手段的发达赋予直效营销新的含义。当你走进商场你的手机可能会收到短信告知你今天哪个店铺在打折，当你打开邮箱你会发现又有新的 E-mail 告诉你最近哪个品牌在做促销活动。电话、互联网、手机这些通信工具把消费者与商家紧密地联系在一起。麦克卢汉的"地球村"预言变成了现实，营销领域里这个地球村也是存在的。效率就是金钱，第一时间里把商业信息传达给消费者，就可能促成购买，加强顾客的忠诚度。当顾客进入超级市场，他们对于自己要买的产品大多是迷茫的状态，货架上琳琅满目的商品诱因很多，为了促成顾客购买兴趣的转向，现场的促销活动就成为必要，试用装、试用品刺激消费者的随机购物心理，进而促成冲动消费行为的产生。另外，针对不同顾客群的特点，传递的信息也可以作出相应的调整，个性化地定制信息类别。

4. 可控性强

直效营销中，企业和消费者之间的沟通关系是一对一，传递和反馈的渠道是直接的，企业能把消息直接传递到消费者手上，而消费者的反应也能为企业所掌握。直接沟通使企业掌控市场动态、消费者需求、控制变数变得相对容易，便于衡量传播效果。直效营销丰富了媒体的传播层次，在引导消费方面更为有效。

问题 5：直效营销传播有哪些优势和劣势？

直效营销弥补了广告时间和版面的空白，把信息以一对一的方式传递给目标消费者。在消费者完成第一次尝试购买后，顾客的忠诚度培养是必要的。直效营销与其他销售手段不同的是，在消费者余温未退的消费意识形成后，继续直接而有效地加温。总的来看，直效营销存在以下优点：

1. 增加消费者购前的信息搜集时间，有利于建立并维持长期有效的客户关系

比起店铺式的销售，顾客在直效营销过程中主动性和自由度大大增强。由于直效营销信息量大、易于搜寻、主动性强等传播特点，消费者有时间对商品进行层层筛选，从而决定是否购买。这种从消费者需求和便利考虑的营销方式最大限度满足了顾客"消费者是上帝"的心理需求，有效地激发顾客的购买欲望和积极性。通过直效营销，生产商可根据每位顾客的特殊需要定制产品，从而满足消费者的不同需求。因为直效营销的传播措施针对性强，直效营销满足了顾客个性化需求，企业容易在沟通过程中与消费者建立起感情，也就是所谓的和消费者发生"故事"，当顾客看见这个品牌就自然联想起这个故事并引发感情，进而培养长期的品牌忠诚度。

2. 减少消费者购物信息的搜寻时间和成本

方便消费者购物是现代营销观念的核心。由于现代社会生活节奏的加快，消费者没有时间或者有很少的时间亲临购物现场，直效营销则能够节约消费者大量的时间和精力，足不出户也能够买到称心如意的商品。另外，由于没有了中间商的环节，比起店铺式销售如超市、百货商店等销售方式的商品的价格也会降低，消费者能够买到价格更低的商品。

3. 降低企业的品牌传播成本，增强企业与消费者的对话沟通能力

直效营销这种无店铺营销方式直接面对的是消费者，节省了用于支撑固定

营业场所租用店铺、铺货、存货、雇用工作人员的资金，降低了企业的运营成本，让企业有更多的金钱和精力投入生产、改进产品样式，生产出适销对路的商品，进行产品的宣传推广，从而获得更丰厚的利润。另外，企业能够通过顾客的反馈了解竞争者的信息，便于企业灵活调整自己的经营策略。由于直效营销是企业与消费者直接沟通，这种一对一、一对多的传播方式可以全方位了解顾客对产品的需求，建立有效的顾客数据库，并及时更新和适应市场需求，满足变化多端的消费者的个性需求，始终把握最新的前沿信息。

但是，作为一种新型的营销手段，直效营销也存在它的不足之处：尤其是在中国，被大部分消费者接受还需要一段时间，相对于亲临现场看见实实在在的商品，消费者直销这种营销手段对直效营销的方式购物的不安定感会影响企业的销售；建立全面、详细的顾客数据库还有一定难度，并不是每一个客户都想与公司建立联系；建立顾客数据库也是需要大量成本的，从收集、维持再到更新消费者信息，这一系列工作都需要资金的支持；企业能否对数据进行有效的利用也是一个问题。直效营销中直邮的费用较高，仅邮寄费就很高，再加上广告信息的制作成本，以千人成本计，直邮是所有媒体中最高的。

第二节 直效营销传播的应用策略

一、直效营销的考虑因素

直效营销在使用时也有自己的特点和需要考虑的因素，若无视这些因素，或成为无用功，或被误认为是传销。

问题 6：品牌的直效营销需考虑的因素有哪些？

直效营销的形式多种多样，运用也要考虑多种因素，如果把品牌传播比喻成说话的过程，那么这个说的过程需要注意多种因素，总的归纳为以下几点。

1. 用什么说——直效营销传播手段传播特性的结合

直效营销采用的媒介几乎囊括了现有的所有媒介，无论是传统媒体还是新兴的媒体，只要能够有效地到达目标顾客群的媒体都可以为直效营销所用。因此，企业在传播产品信息、宣传企业形象的时候要衡量目标受众的媒介接触习惯，产品的特点，传递信息的特点、成本，品牌传播策略周期，整体的运营策略等多方面的因素再进行选择。如今，许多企业通过直效营销跟顾客建立起长期的联系，例如，节假日赠送优惠券、俱乐部的活动计划、作为会员享受的定期的特别权利，生日时接到祝福的生日卡。总之，商家利用各种各样的手段对顾客进行理性与感性的包围，人性化的设计向顾客渗透企业的情感、建立并维持忠诚度（见表 7-1）。

表 7-1　直效营销手段的传播特性

直效营销形式	优点	缺点
直接反应①印刷品营销	灵活，本地市场覆盖面大，能被广泛接收，可信并有一定的权威性，复制率高，保存期长，传阅者多	保存性差，复制质量低
电视购物视频信息和双向交互电视	综合视觉、听觉和动作，富有感染力，能引起高度注意，触及面广	成本高，干扰多，瞬间即逝，观众选择性少
直接反应广播销售	大众化宣传，地理和人口方面的选择较强，成本低	只有声音，不如电视那样引人注意，非规范化收费结构，展露瞬息即逝
目录营销、商业信函、企业明信片、拜年卡	灵活性强，能够全面控制，展示戏剧性信息	过量制作使成本不易控制
电话营销	使用人多，有接触每个人的机会	除非有数量限制，否则成本不易控制
互联网邮件广告、俱乐部营销广告、网上论坛、网上网下活动	非常高的选择性，交互机会多，相对成本低	在有些国家，互联网作为新媒体，用户少
电子邮件、邮政	对接收者有选择性、灵活性，在同一媒体内没有广告竞争，人情味较浓	相对来说成本较高，可能产生滥寄"垃圾邮件"的印象
手机短信广告	非常高的选择性，交互机会多	目标顾客模糊，容易造成"垃圾短信"的印象，作为新兴媒体，用户少
自动售贩机、购物亭	灵活，广告展露时间长，费用低，竞争少	受众无选择

注：这里的反应指的是：当消费者通过媒介获取商品信息时采取的立即或延时的行动。例如，接收到商品宣传后，拨打热线电话、上网咨询商品信息或者直接购买商品；或者记录下有关联系方式，事后再采取行动。

资料来源：菲力普·科特勒，凯文·莱恩·凯勒. 营销管理. 第 12 版. 上海：上海人民出版社. 2006：645.

2. 对谁说——目标群体的媒介接触习惯

在运用直效营销手段的时候必须要考虑到的因素就是不同的受众有不同的媒介接触习惯。直效营销的目标是顾客真正的购买行为的发生，因此，准确地到达目标消费者是达到销售目标的前提。年轻时尚的消费者偏爱接触手机、互联网等新兴媒体；而老年人则喜爱报纸、电视、广播等传统媒体。企业在选择不同的直效营销方式时就要考虑到不同的人口统计因素：年龄、地域、地理位置、性别等，这些直接决定了企业传递的信息是不是能有效地到达目标受众。如联通的 UP 新势力直销针对的是年轻人群，因此，在联通新势力的网页我们可以看到新势力的年轻化与活力，图多言少，色彩鲜艳。整个场景是生活化的 Flash 动画，"童话般"虚拟现代都市摩登生活，两个可爱卡通人物带领你进入联通 UP 新势力的服务范围。有虚拟社区、音乐盒、相册等个性项目。极大地满足了年轻人喜欢结交朋友、追求时尚活力的性格特征。

3. 说什么——产品特点

菲力普·科特勒把产品分为非耐用品、耐用品、服务三大类。由于各不同种类的媒体表现力、生动性、色彩、文字、现场示范表演力都是不同的，所以产品特性的不同也决定了企业选择不同的媒体来表现自己产品的特性，最大化自身产品的特色。

非耐用品属于有形产品，这类产品消费快、购买频率快、更新换代也比较快，如香皂、方便面。对于此种产品直效营销应当选择高频次的接触频率到达消费者，在许多地点都能接触到产品更新换代的信息，吸引消费者作出尝试，并建立偏好感。比如服装可以选择直接到达印刷媒体来表现衣服的款式、颜色，在与消费者接触的同时活化产品；食品和饮品可以选择街头的自动售卖机或者购物亭传递更新产品的信息。

耐用品也属于有形产品，消费频次较低、顾客不经常购买，耐用品一般需要较多地采用人员推销和服务的方式。比如，家用电器、办公用具。对于此类产品，企业应当提供产品的详细信息，优质的咨询和售后服务，以便在第一时间解答消费者的疑问。由于耐用品的购买频率低，这样更能与消费者建立长期的顾客关系，获得顾客的详细信息也较为容易。企业可以选择印刷产品、电视购物、电话营销的方式为顾客提供全方位的服务，企业品牌的好感度也在沟通中建立起来。服务是无形产品，无论哪种有形产品都必须由服务提供，服务是整个营销活动的必要条件。

4. 传达什么——传递品牌信息的特点

信息的类型以及媒体传播的时间也是企业选择直效营销手段的依据之一。最新产品的更新或者重要的出售打折信息就要用信息传递及时性好的媒介，如互联网、电子邮件、电视购物、手机短信、自动售贩机、购物亭等这些灵活性强、传递迅速的直销方式；而包含大量详细的、有技术含量的产品说明则需要选择商业信函、内刊、报纸等印刷媒介为传播方式。需要注意的一点是，无论是什么样的信息，企业必须注意提供便利的反馈方式，如免费电话、问卷调查，并提供相应的奖励措施，有利于企业收集顾客的数据，推行人性化的服务。

案例

依云的网站建设

依云和 Nurun 公司合作，建设依云的门户网站，通过这种手段整合依云的线上和线下的营销活动，提供一种低成本的整合依云在全球范围内的品牌传播和建设的有效手段。

依云网站包含七个国家的语言选择，整个网站产品都贯穿始终，网络多媒体的内容丰富，包括动画影视、电子贺卡、在线游戏和论坛专区等，以此来吸引年青一代的消费者。网站还推出以目标消费者为参与对象的公众联谊活动和一些在线媒体链接，加强与消费者的沟通，进一步巩固与他们的联系，培育忠诚度。依云网站制作精良，清透纯净，产品特色与网站风格一致。依云网站的个性和风格时时在昭示着依云的与众不同。

资料来源：依云官方网站，http://www.evian.com.

5. 什么时机说——产品生命周期

在不同的产品生命周期的不同阶段，品牌传播的阶段性策略也是不同的，直效营销工具扮演的角色也不相同。

（1）在产品的导入阶段，企业要让消费者知道你的新产品、建立品牌知名度。这个阶段是品牌建设费用投入最高的阶段。直效营销手段是高成本效益的广告、公关、促销活动等宣传推广工具的配合，持续宣传的热度，补充顾客新产品的信息并提供试用装。

（2）在产品的成长阶段，产品宣传保持较高的势头，提高品牌认知度是这个时期需要完成的任务，直效营销方式仍然作为辅助手段协调产品的增长势头。

（3）在产品的成熟阶段，体验、促销和直效营销变得更为重要，在消费者对传统广告包围变得"审美疲劳"的时候，直效营销可以进一步亲密接近消费者，继续提供商品信息，配合公关公益、赞助活动创建品牌美誉度。

（4）在产品衰退阶段，其他促销手段的成本效益降低，直效营销手段是维持固有顾客群、培养顾客品牌忠诚度的主要方法。例如，建立会员俱乐部、网络社区、优质贴心的售后服务等。

6. 说的代价——企业运营成本

选择的媒体不同相应的花费也不同，企业主应该根据企业自身的发展状况进行媒体的选择和搭配。必须有意识地分配用于品牌传播上的费用，量力而为才不至于得不偿失。

7. 直效营销传播策略应用的共性

总的来看，企业在运用直效营销手段进行品牌传播应当注意到：

（1）在传递顾客产品信息的基础上，销售者需要提供一些额外的物质利益。提供物质利益不能一概而论，首先应当把顾客群区分为固定顾客群和预期顾客群。对于预期顾客群，可以给予一定的试用和优惠，进而鼓励他们发生购买行为。对于经常使用和购买本企业产品的顾客，给予的经济利益应当差异化，不能是通用型的礼品反馈，应该体现出个性化和差异化，认真了解每个顾客的需要，作出回馈决定。个人化可使每一个不同的固定顾客都与企业之间建立起永久的联系。

（2）除了附加的物质利益，销售者也应该向顾客提供附加的社会角色利益。企业的直效营销直接与消费者发生关系，除了更好地了解消费者个人的需要和欲望，让企业提供的产品或服务个性化之外，还要给予消费者心理层面的归属感。例如，对消费者的购买行为表示感谢，当消费者提出有关产品和服务的建议时要给予肯定和奖励；对于消费者提出的问题要耐心解答，勇于承担责任并高效解决；注意企业形象带来的社会影响等。网络社区或者俱乐部是提供社会利益的平台。

（3）企业提供客户一些额外的无偿服务，建立一种人际传播的朋友关系。如根据不同的行业类别，提供顾客需要的有关知识。更准确地说，直效营销的目的是与顾客建立一种关系，而不仅仅是把商品卖出去。抛却买家和卖家之间的利益关系，这种人与人之间的本能沟通是十分必要的。

二、营销人员传播与非营销人员传播的策略区别

营销中的人员传播渠道指两个或者更多的人相互之间进行信息的传播。他们或者面对面，或者通过电话传播信息。人员传播渠道分为提倡者渠道、（Advocate Channels）、专家渠道（Expert Channels）、社会渠道（Social Channels）。

这里的提倡者渠道指的是：由公司的销售人员在目标市场上与购买者接触所构成。[①] 因此，根据提倡者渠道的定义，在此把直效营销的六种方式分为以营销人员为主的传播渠道和非营销人员传播渠道。由于营销人员在直效营销方式中扮演的角色不同，产生的作用也不同，所以企业运用这些方法进行品牌传播的方法和策略也不同。

---

① 菲力普·科特勒，凯文·莱恩·凯勒. 营销管理. 第 12 版. 上海：上海人民出版社，2006：614.

案例

打个电话就可定购海尔产品

海尔自从 2001 年 7 月起就开始实行电话营销，客户服务人员接到电话以后进行导购。2002 年 8 月以来，海尔把电话专卖店在财务上进行分类管理，并搭建切实可行的操作平台和管理平台，使电话专卖店这种新的营销渠道继海尔网上商城之后再次成为业界关注的焦点。

电话专卖店前台的操作非常简单，挑战在于后台的支持。海尔集团自 1998 年以来实施的以订单信息流为核心的业务流程再造锻造了海尔的速度和个性化优势。海尔遍布全国的营销网络、服务网络、配送网络更是别人无法比拟的。

在家电业白热化竞争的情况下，海尔的营销模式革命使其在竞争中具备了更强的独占性和排他性优势。无论是电话专卖店还是网上商城，用户选择这种购物方式的同时，品牌成为决定购买意向的关键因素，品牌决定点击率，品牌决定购物联想。

资料来源：中国电话营销网，http://www.upsales.com.cn.

案例

中邦置业借商函推广市场

中邦置业集团有限公司是具有二级资质的专业房地产开发企业。中邦城市是 2006 年中邦置业在上海浦东地区开发的具有全新理念的中高档楼盘，集别墅区、公寓、景观商业街为一体的城市街区。

自房产实行新政后，上海的房地产业步入低迷状态，市场整体仍呈供大于求的状态，为尽快收回投资，众多房产商利用各种途径、采用各种方法宣传自己开发的楼盘。上海邮政函件公司系统分析了"中邦城市"所处的地理位置、周边配套、人文环境等各类信息，结合当前个人购房需求上升的趋势，选取了该楼盘周边的居住于老公房内的居民住户作为本次房屋展示活动的目标人群，同时保证在承诺时限内按时、准确地将商函寄出。

该项目共下载数据库信息 6.5 万条，寄发商函 5 万件；由于刻意加强了对该批商函投递质量的监控，商函寄发一星期后，全部退信仅为 400 余封，退信率仅为 0.62%，大大低于 5% 的上限。据中邦置业调查，在 4 月 15 日至 22 日举办的"中邦城市样板房展示活动"中，近 40% 左右的参观者是通过本批商函寄发的宣传折页慕名而来的，不少参观者甚至当场预定了住房，看房者定房签约率较开发的其他楼盘大有上升。

资料来源：中国直邮协会网，http://www.cndma.org.

活动： 直效营销传播活动练习

假设自己经营一个化妆品品牌，请为自己的品牌在不同的发展阶段策划不同的直效营销方案。

案例分析

戴尔的互联网直线订购营销

戴尔计算机公司 1984 年由迈克尔·戴尔创立。戴尔公司目前已成为全球领先的计算机系统直销商，跻身于业内主要制造商之列。戴尔公司设计、开发、生产、营销、维修和支持包括外围硬件和计算机软件等在内的广泛产品系列。每一个系列都是根据客户的个别要求量身定制。戴尔公司通过"直线订购模式"，与大型跨国企业、政府部门、教育机构、中小型企业以及个人消费者建立直接联系。戴尔公司是首家向客户提供免费直拨电话技术支持，以及第二个工作日到场服务的计算机供应商。直线订购模式使戴尔公司能够提供高价值的技术方案：系统配置强大而丰富，性能表现物超所值。同时，也使戴尔公司能以更富有竞争力的价格推出最新的相关技术。在每天与众多客户的直接交流中，戴尔公司掌握了客户需要的第一手资料。戴尔公司提供广泛的增值服务，包括安装支持和系统管理，并在技术转换方面为客户提供指导服务。

目前，戴尔公司利用互联网进一步推广其直线订购模式，再次处于业内领先地位。戴尔在 1994 年推出了 www.dell.com 网站，并在 1996 年加入了电子商务功能，推动了商业向互联网方向的发展。今天，基于微软公司 Windows NT 操作系统，戴尔运营着全球最大规模的互联网商务网站。该网站销售额占公司总收益的 40%~50%。戴尔 PowerEdge 服务器运作的 www.dell.com 网址包括 80 个国家的站点，目前每季度有 4000 多万人浏览网站。客户可以评估多种配置，即时获取报价，得到技术支持，订购一个或多个系统。戴尔曾不止一次地宣称过他的"黄金三原则"："坚持直销"、"摒弃库存"、"与客户结盟"。

资料来源：冷振兴.中国营销传播网，2002-07-18.

➲ **思考题：**

1.通过所学的知识并结合对案例的分析，讨论直效营销与传统的销售模式相比有何优势。

2. 这种优势能够为客户带来何种利益？

本章小结
★★★★

直效营销是指直销人员用面对面的说明方式或者运用其他设施（如网络、电话、E-mail、信件等）来进行产品和服务的销售和推广。直效营销可分为：直接邮购、目录邮购、电话营销、媒体购物、直接销售、自动售货等。直效营销具有传播定向性、针对性强；信息内容丰富，过程生动；传达信息及时、灵活；可控性强的特征。

直效营销的优势在于它能够增加消费者购前的信息搜集时间，有利于建立并维持长期有效的客户关系；减少消费者购物信息的搜寻时间和成本；降低企业的品牌传播成本，增强企业与消费者的对话沟通能力。但是，作为一种新型的营销手段，直效营销也存在它的不足之处，如在中国起步晚，发展还不成熟，建立数据库有难度，成本高等。

为了更好地运用直效营销进行品牌传播，在媒介使用上，无论是传统媒体还是新兴的媒体，只要能够有效地到达目标顾客群的媒体都可以为直效营销所用；要根据不同受众的不同媒介接触习惯选择传播媒介；而产品特性的不同也决定了企业选择不同的媒体来表现自己产品的特性，最大化自身产品的特色；同时，信息的类型以及媒体传播的时间也是企业选择直效营销手段的依据之一。在传播策略的制定上，对于人员传播和非人员传播应进行准确合理的区别。

113

知识扩展
★★★★

直销与传销的 10 个界限[1]

胡远江教授在《中国直销立法中 18 个核心问题及其解决思路》一书中指出有关直销和传销的区别：

直销作为国际营销实践中的一种重要模式，它的基础概念尽管界定版本不同，但可以集中表述为"借助一种载体，在任何固定场所以外的地方（包括家庭、办公场所等）所进行的可度量反应的销售行为"。在这个概念中，包括三

---

[1] 文字摘编整理自：胡远江. 中国直销立法中 18 个核心问题及其解决思路. 中国消费者报，2005-08-14.

个要素：其一，它需要借助一定的载体（可以是人，也可以是物）；其二，它的销售行为是发生在固定场所以外的任何地方；其三，它的销售结果是可以度量和预测的。凡是包含以上营销要素的营销模式，都可以统称为直销。所谓直销和传销的区别，实际上指的是如何在理论上和营销实践中把二者的运营形式与运作中的实质内容进行区隔。

具体而言，有如下区别：

第一，在直销活动中，直销商和直销企业通常会以销售产品为导向，其整个销售过程始终将把产品销售给消费者放在第一位。而传销活动通常会以销售投资机会和其他机会为导向，并不关注和推崇产品的销售。

第二，在直销活动中，直销商在获取从业资格时没有被要求交纳高额入门费，或购买与高额入门费价格等量的产品。而在传销活动中，传销商在获取从业资格时，一般会被要求交纳高额入门费或者购买与高额入门费等价的产品。

第三，在直销活动中，通常会有比较公正的价格体系，有优秀的品质保证。而传销活动中，由于其从业人员本身所贩卖的就是一种投资行为，所以对于产品并不关注。

第四，在直销活动中，直销从业人员的主要收入来源有两个方面：一是直销从业人员自己销售产品所得到的销售佣金；二是企业根据直销从业人员的市场拓展情况和营销组织的建设情况所给予的管理奖金。而传销活动中，传销从业人员的收入主要来自于其拓展营销组织（发展下线传销从业人员）时所收取的高额入门费，而不是来自于长期的产品销售所得到的正常佣金。

第五，在直销活动中，直销人员在其从业过程中通常会有岗前、岗中、岗后的系统培训。在传销活动中，传销从业人员虽然也有可能接受在直销活动中所推出的各种教育培训，但是其目的就是诱导听课者赶快埋单从业或者加大从业力量。

第六，在直销活动中，直销从业人员和直销企业通常在其直销系统文化的建设中会坚决强调"按劳分配和勤劳致富"等原则。而在传销活动中，传销从业人员和从事传销活动的企业通常在其传销系统文化的建设中会坚决强调"一劳永逸和一夜暴富"等价值观念和原则。

第七，在直销活动中，直销企业和直销从业人员最终的营销目标就是打造一个越来越多的忠诚客户群体。而在传销活动中，采取的方式往往就是"打一枪换一个地方"的机会贩卖，他们并不强调产品的重复消费和发展、维护忠诚客户，不推广忠诚消费者的理念系统。

第八，在直销活动中，直销从业人员的工作在前期主要是开发消费客户并销售产品给这些客户，但随着消费客户越来越多，其工作重心便逐渐进行了转换：由前期的开发消费客户逐渐转为了管理消费客户，并且在管理消费客户的过程中，及时准确地向各种消费客户提供各种消费资讯产品，售卖服务。而在传销活动中，传销从业人员的工作自始至终不会有什么变化，即老是围绕着"寻找下线、拉取人头"模式发展下线组织的工作重心展开。

第九，在直销活动中，直销企业自觉遵守各种政策法规，合法缴纳各种税金。而在传销活动中，则不然。

第十，在直销活动中，直销企业和直销的从业人员通常会制定和执行良好的消费者利益的保护制度。而在传销活动中，消费者的正当权益是很难得到维护的。

答案

一、引导案例参考答案：

直效营销帮助哈雷戴维森形成强大的顾客纽带，建立消费者特别是忠诚消费者和商家之间的亲密联系。由于直效营销所使用的数据库记载了顾客群的详细资料，包括固定顾客和潜在顾客的姓名、地址、电话以及相关的人口统计数据。因此，企业能够给客户提供更准确、更丰富的增值服务。

二、案例分析参考答案：

1. 直线销售关注的是与顾客建立一种直接的关系，让顾客能够直接与厂家互动。戴尔可以按照客户的订单制造出完全符合顾客需求的订制计算机。有了这样一个直线销售模式，顾客还可以享受到其他好处。每当英特尔公司（Intel）或微软公司（Microsoft）推出新的产品（软件或硬件），戴尔随即可以集成一种新的系统产品卖给顾客。这样，由于顾客与戴尔之间有着一种直接的互动关系，他们可以来找戴尔按订单制造出最新技术的订制计算机。

2. 总体来说，通过直线销售模式，顾客不仅可以直接与戴尔公司互动，可以买到具有很好性价比的电脑，收到很好的投资回报，因为戴尔提供的是最新技术和最完善的服务。

第八章

公共关系传播

学习目标
★★★★

知识要求 通过本章的学习，掌握：

- 公共关系的定义及其起源
- 公共关系涵盖的内容
- 公共关系具有的品牌传播价值
- 公共关系在品牌传播中的优劣势
- 公共关系的品牌传播具有的特征

技能要求 通过本章的学习，能够：

- 根据营销品牌公关传播的因素选择最合适的时机进行品牌传播
- 针对不同的品牌建设阶段选择使用的品牌公关传播战略
- 在品牌公关传播的实践中熟练按照传播的一般程序制定策略
- 选择合适的切入点和传播方式进行公关传播
- 在公关传播中遵循使用原则进行有效传播

学习指导
★★★★

1. 本章内容包括：公共关系概述、公共关系的品牌传播特征、公共关系在品牌传播中的优劣势、公共关系的品牌传播价值、品牌公关传播的一般程序、传播方式及接入点、公关传播的使用原则等。

2. 学习方法：熟练掌握基础知识，结合案例进行策略制定练习。

3. 建议学时：2 学时。

117

引导案例

三鹿奶粉失败的品牌公关传播

"三聚氰胺"事件过程中，三鹿集团在不同阶段的公关反应成为企业品牌公关传播的警示案例。

第一阶段：投诉。2008 年 3 月，三鹿接到消费者投诉后，称送测未发现问题。

第二阶段：致病。6 月，国家质检总局网站接到问题奶粉投诉；甘肃出现省内首例患儿；7 月，长沙、南京、北京多名婴儿家长投诉三鹿；8 月 1 日，三鹿查明不法奶农掺入三聚氰胺，未对外公布消息；9 月 1 日，豫、赣、鄂等多省发现类似病例；9 月 8 日，"某品牌"被怀疑与此事有关；9 月 10 日，陕、甘、宁出现 6 例，南京 10 例结石病例。

第三阶段：承认。9 月 11 日，甘肃 59 名患病婴儿中有 1 人死亡；三鹿上午称奶粉质检合格，晚间承认 700 吨奶粉受污染；卫生部提醒停止使用该品种奶粉。9 月 12 日，三鹿集团辩称不法奶农掺入三聚氰胺。9 月 13 日，三鹿集团发布公告，承认其生产的奶粉受到三聚氰胺污染，集团已停产整顿，对流入市场的婴幼儿配方奶粉全部召回，停止销售。

第四阶段：致歉。9 月 15 日，三鹿集团副总裁张振岭代表三鹿向社会公开道歉。9 月 17 日，三鹿集团原董事长、总经理田文华被刑事拘留。9 月 18 日，三鹿集团新任董事长张振岭代表三鹿再次向社会公开道歉。

资料来源：作者据新闻报道整理.

思考题：

通过对本案例的了解，分析三鹿集团面对品牌危机时的公关传播特点。

第一节　公共关系概述

一、公共关系的概念、内涵及价值

公共关系也称公关，公关和广告有着同样重要的地位，里斯的《公关第一广告第二》更是在一定程度上颠覆了广告万能的传统观念。

问题 1：公共关系是怎样兴起的？

广告影响了几乎整整一个二十世纪，但是随着近年来商业环境，尤其是媒体环境的改变，企业越来越倚重公共关系来塑造品牌。

在我国，人们从对误解公关为请客吃饭拉关系，到慢慢开始认识到公关在企业中的作用，已有 20 年的时间。20 世纪 80 年代，长城饭店利用里根总统访华的答谢晚宴的机会开展公关活动，从而使这个新成立的饭店在世界上一举成名，成为早期中国企业在公关领域里的经典案例。

国际企业中公关已占到市场费用 1/4 的比例，而国内公关仅仅占市场费用的 1/25。[①] 肯德基、红牛、宝洁、雀巢等跨国企业对公关的重视，给予我们国内的企业诸多启发，中国企业对公关在品牌建设中的作用也日益重视起来。

问题 2：公共关系的定义是什么？

公共关系（Public Relations），简称公关，也称 PR。国内外众多公关专家写下公共关系的定义，试图通过这一实践中的主要活动抓住公共关系的本质，其中，美国学者布鲁姆、森特、卡特里普在《有效的公共关系》一书中的定义应用较为广泛，"公共关系是这样一种管理功能，它建立并维护一个组织和决定其成败的各类公众之间的互利互惠关系"。

美国已故公关学者雷克斯·F.哈洛在分析了 472 个定义之后，提出了一个既包括概念性又包括可操作性要素在内的定义："公共关系是一种独特的管理职能，它能帮助建立和维护一个组织与其各类公众之间传播、理解、接受和合作的相互联系；参与问题或事件的管理；帮助管理层及时了解舆论并且作出反应；界定和强调管理层服务于公共利益的责任；帮助管理层及时了解和有效地利用变化，以便作为一个早期警报系统帮助预料发展趋势；并且利用研究和健全的、符合职业道德的传播作为其主要手段。"[②]

我们在此讨论的公共关系，主要是指一个企业或组织为获得内部及社会公众的信任和支持，为自身的生存、发展创造最佳社会关系环境所采取的各种科学的手段与活动。主要是从企业层面，从品牌传播工具角度，探讨公关活动对品牌价值提升的作用。

定义虽然不尽相同，但在公关的主要对象为内部与外部各种社会关系，其主要职能为传播、管理、交际这一点上则是完全一致的。

119

---

① 整合营销传播环境中公关的递进.全球品牌网，2006-05-12.
② ［美］格伦·布鲁姆，艾伦·森特，斯科特·卡特里普. 有效的公共关系. 华夏出版社，2002：6.

问题 3：公关关系涵盖的内容有哪些？

公关关系是企业的一种管理功能，其主体是社会组织，客体是公众，主要活动是传播。很多人把公共关系与另一种管理功能——市场营销相混淆，但是公共关系不同于市场营销，市场营销聚焦于与顾客的交换关系，既满足顾客的需要，又赢得组织的经济目标。与此形成对照的是，公共关系涉及范围广泛的关系和目标以及各类公众——雇员、投资者、邻居、特殊利益集团、政府，等等。[①]

公共关系按其对象的分布可分为内部公共关系和外部公共关系两大类。内部公共关系包括员工关系、干群关系、部门关系、股东关系等；外部公共关系包括顾客关系、消费者关系、媒介关系、社区关系、政府关系、金融关系、竞争者关系、供应者关系、经销商关系 、特殊团体关系、国际社区关系等。

按其模式又可分为进攻型公共关系、防御型公共关系、矫正型公共关系、建设型公共关系、征询型公共关系、宣传型公共关系、服务型公共关系、交际型公共关系，等等。

公共关系从企业层面来讲，可以分为企业形象公关、产品营销公关和资本证券市场公关（简称财经公关）。

从公关性质来划分，可以分为常规公关和重大事件公关。

从公关的职能来说，可划分为媒体通路建设、信息的制造和供应以及公关事件的策划等。

二、公共关系传播的价值意义

问题 4：运用公关关系进行品牌传播有哪些价值？

美国营销学者科特勒将公共关系称之为营销组合 4P 之外的第 5 个 P。在整合营销传播理论中，公关的作用和地位得到了充分肯定。目前，中国企业对品牌建设和塑造的重视达到了前所未有的高度。那么，公关能为企业品牌塑造带来什么呢？

1. 塑造形象，促进品牌传播

企业要想塑造一个良好的品牌，必须要通过提高品牌的知名度、美誉度、关注度、喜好度和忠诚度等来实现。公关通过为企业开展新闻发布以及举办各种符合企业价值观的活动，向公众提供企业的诸多信息，包括其产品特点、企

① [美] 格伦·布鲁姆，艾伦·森特，斯科特·卡特里普. 有效的公共关系. 北京：华夏出版社，2002：9.

业在行业中的地位、企业的社会责任、相关机构对其评价等，从而引起和提高公众对该企业的关注度、喜好度和忠诚度，为企业和产品确立品牌的整体形象。同时，公关担负着品牌宣传的职责，有助于企业推出新品牌和强化品牌，更加营销化的公关能够促进品牌营销。

2. 协调关系，优化品牌营销环境

公关通过建立和保持同消费者、投资者、政府、媒体等公众之间的良好关系，形成一个和谐的外部环境，从而为组织的运行和营销提供支持。大型公司的每一个重要决策都会影响公众，反过来公众的反应也制约着公司决策的效率。公共关系通过为决策者提供反映公众态度、信仰及其背后的原因的信息，影响公司决策。[①] 通过传媒公关、资源整合、事件链接、公益赞助等有效方式，公关活动积极促进品牌与市场的良性互动，不仅为企业提供反馈信息以预测公众舆论，同时还能影响和引导舆论。

3. 化解危机，保护品牌形象

企业在运行过程中，不可避免地会遇到突发事件。可口可乐在欧洲遭污染事件，百事可乐内发现注射器针头所引发的恐慌事件，以及伊利高管被拘留事件等，这些事件的不当处置会减损品牌在公众心目中的形象，带来巨大的经济损失。而通过公关的介入，策略性地与消费者、媒体、员工等公众进行沟通，可以巧妙地处理危机事件，趋利避害，最大限度地挽回损失。

121

第二节　公共关系的传播特征

一、公共关系的传播特点

公共关系是一个组织为了达到一种特定目标，在组织内外部员工之间、组织之间建立起一种良好关系的科学。它是一种有意识的管理活动。组织中建立一种良好的公共关系是需要良好的公共关系活动的策划来实施和实现的。不过现在社会上流行着一种错误的观念，这是极不利于公关这门科学与艺术在中国的发展的，需要全面学习公关，树立正确的公关意识。

---

① 彼得·德鲁克. 公司的概念. 北京: 机械工业出版社, 2009.

问题 5：公共关系在品牌信息传播中有哪些特点？

1. 目的性

社会是由利益关系联结的有机整体，公关关系必然带有实现企业目标的直接或间接的目的性，作为整合营销传播的一部分，为企业的品牌传播服务。

2. 互利性

公关不仅能让主体（企业）受益，而且也能让客体（公众）受益。公共关系从根本上是为企业的商业目标服务的，但是与其他营销手段相比，公关带给公众显而易见的利益。因此，在品牌传播上，公众更易于接受由公关活动所带来的商业信息。

3. 时代性

公共关系以时代为背景，关注民生热点，将品牌传播融入社会的大环境之中，最大限度地提高公众的关注度。

4. 真诚性

以真诚沟通和真诚表现作为信条，这是公关在品牌传播时发挥作用、为品牌带来美誉度的前提。

5. 隐蔽性

传播上淡化商业气息，在公益性与功利性之间实现平衡，与其他传播工具相比，是一种间接的营销手段。

二、公共关系传播的优劣势

问题 6：公共关系作为一种品牌传播工具有哪些优势和劣势？

基于公共关系的品牌传播特性，与其他品牌传播工具相比，公关工具具有明显的优势：

1. 传播成本相对较低

公关宣传的信息在大众媒体上占用的时间和空间一般是不收费的。这使得公关的传播成本比起大众媒体广告和其他大众传播方式而言显得相对低廉。一个品牌经理的调查中反映，"42%的经理认为公关是网络上品牌建设的最好法则，而只有32%的经理更偏向于广告"。①

---

① ［美］汤姆·邓肯. 广告与整合营销传播原理. 第 2 版. 北京：机械工业出版社. 2006：335.

2. 冲破商业信息的杂乱

当所有的信息都在一个杂乱的商业信息环境中争取大众注意力时，公关宣传以一种创新的方式传递信息，冲破这种杂乱，如以名人或官员的个人形象为特征的事件信息。当一个品牌信息拥有新闻价值时，无疑更能吸引人们的注意、兴趣和信任。

3. 接近难以接触的顾客

公共关系能够消除防卫，接触到很多回避推销人员和广告的预期顾客。例如，相比其他顾客群体，高层次的或受过良好教育的受众，在电视、广播和流行杂志上花费较少的时间，因此他们很少关心传统的广告。因为这个群体更倾向于阅读报纸、针对特别兴趣的杂志和行业发行物，公关宣传有助于与他们接触，绕过品牌传播过程中的障碍。

4. 信息传达委婉含蓄

在信息传达和接收上，广告具有强迫性，公关却比较委婉含蓄。公关使品牌的信息成为媒体关注的焦点，而消费者对媒体的关注和信任则会自然而然地转化为对于品牌的关注和信任。

5. 提升品牌信息的可信度

相对于广告的付费宣传，公关宣传采用新闻方式，更易强化品牌信息的可信赖性，带来传统广告所无法企及的美誉度和公信力。美国哈佛大学的列宾教授称为"信赖性的源泉"，认为"信息经由记者或播音员这类第三者传播的时候，显得更有说服力"。近几年声名大噪的成功品牌如星巴克、美体小铺、亚马逊网络书店等品牌不曾花大钱做品牌广告，反而通过第三者媒体的公关报道成为了该产业中家喻户晓的品牌。

6. 潜移默化地影响受众

在操作方式上，广告往往追求立体式轰炸效应，但是这种方式绚丽却难持久，公关则是一种线性的推进方式，随着时间的各种要素逐渐展开，逐渐引起媒体和消费者的关注，虽然信息流动缓慢，但会给公众形成稳定和长久的影响，更多的帮助企业快速的跨越品牌成长的创名和归属阶段走入成熟期。

尽管公关在品牌传播中具有某些独到的优势，但也存在很多不尽完美之处：

1. 传播效果难以量化

比如对公关实际传播效能的评估就像传统的中医一样难以量化，没有像广告一样在业界形成严格统一的评估标准。在公关领域里，常用被提及的次数、专栏的篇幅或者品牌故事在媒体中占用的时间总量来衡量公关的效果。然而，把这些衡量信息与消费者的行为联系起来是很困难的。

2. 信息需要经过媒体的过滤

营销人员能够控制大部分营销传播信息以保证它们的内容、到达方式和对目标受众的影响，但是营销人员很少能控制品牌的公关宣传，因为这些信息都要通过媒体把关人（比如编辑或记者）的过滤。编辑们不会频繁地发表同一个公司或品牌的故事（否则这种媒介也就失去了其自身的可信度），因此，公关活动要在相同的媒介中创造频繁的提及率就更难了。尽管公关可以提供更高的可信度，但广告可以提供更多的控制和通过不断重复产生品牌意识。

第三节　品牌公关传播策略

一、品牌公关传播的对象策略

公关人员对公众进行不同的分类，在于区别公众的不同需求，进而采取措施尽可能满足他们的要求。

问题 7：品牌公关传播面向哪些主要受众？

在此介绍几种企业公关所面对的几种主要公众关系及其工作内容：[①]

1. 员工关系

（1）内部公告、内部通讯、内部小报、宣传小册等；

（2）完善的制度、管理等手册；

（3）研讨会、例会、晨会等；

（4）员工培训；

（5）员工竞赛活动；

（6）文娱休闲活动。

善待员工就是善待顾客，每个员工都是品牌形象的第一线传播者。企业公关必须从内部的公关开始，如果企业不能通过内部公关来让员工认同企业，外部公关更无从谈起。尤其是在企业面临危机遭遇舆论一边倒的情形下，对员工的日常公关就显得尤为重要。优秀的企业实施全员公关战略，灌输全方位公关意识，进行系统公关培训，传授公关技巧，使全体员工都成为"公关员"。

---

① 章锦松. 品牌与公共关系. 中国营销传播网，2002-09-03.

案例

"星巴克"的内部公关

星巴克把员工当成第一层顾客讨好，把广告、行销资源都放在员工身上。给予所有员工广泛的医疗保险与名为"豆股票"的股票选择权；把咖啡店的经营拆解，把每个环节训练成员工的反射动作；通过教育训练和权力下放机制，让大家有能力成为星巴克的咖啡大使；配合思想教育，使得员工建立起了自己是公司股东的想法。星巴克富有成效的内部公关，激励了员工的士气，使得员工与消费者的每一次互动，都成为对星巴克品牌的良好传播。

资料来源：张树庭，吕艳丹. 有效的品牌传播. 北京：中国传媒大学出版社，2008.

2. 消费者关系

（1）消费者档案建立；

（2）收集消费者建议和意见；

（3）及时、妥善处理消费者投诉；

（4）消费者咨询及回访；

（5）关注消费者所关心的热点问题。

消费者是企业公关的关键公众，如果与消费者关系处理不好，企业就直接失去了市场。广告的软肋在于其表达方式只是企业对消费者进行信息的灌输，公共关系则谋求企业与消费者之间充满感情的沟通。

在公共关系中，企业必须把消费者利益放在首位，并且通过有力的行动使消费者感受到。比如海尔树立"真诚到永远"的售后服务理念，及时处理消费者投诉并妥善解决，将消费者的不满意降到最低；众多食品企业倡导绿色营销，满足消费者对健康、安全的生存环境的需求；爱国者等民族企业关注国家热点问题，主打爱国牌、民族牌，在消费者心目中引起共鸣。消费者公关通过持之以恒地向消费者传播企业的社会责任感和诚信，让消费者充分了解企业，从而建立起对品牌的信赖。

3. 投资者关系

投资者关系也称金融关系，是企业公共关系的专门领域，用以建立和维护与股东和在金融界里要使市场价值最大化的其他人之间互惠互利的关系。[1] 对

---

① ［美］格伦·布鲁姆，艾伦·森特，斯科特·卡特里普. 有效的公共关系. 北京：华夏出版社，2002：19.

于上市公司来说，财经公关无疑是十分重要的一环，可以增强投资者的持股信心，使其股票价格能够反映真实价值，是协助企业塑造完美品牌形象，筹措发展基金的重要手段。它需要专业机构协助其树立公司上市形象并提升其价值，使品牌获得良好的口碑和声誉。

针对投资者的公关应该始终让股东保持着信息灵通和对公司的忠诚，以便维护对于公司证券和品牌形象的公正评价。作为上市公司，除了常规的季报、中报和年报这样的信息要及时通过媒体向股民传递外，还应该将市场、产品、技术研发、人力资源等利好的举措及时告诉投资者、证券分析机构、股民等，提升资本市场对企业的信心。

4. 社区关系

（1）参加社区活动；

（2）支持社区组织；

（3）提供（产品）赞助；

（4）组织员工参与社区服务；

（5）主办庆典或特别活动；

（6）关心社区建设，如认养绿地。

所谓社区关系，就是企业与其所处的特定区域的关系，例如街道办事处、居民委员会，以及自己周边的友邻单位等。《品牌经营法则》关于"品牌与企业的结合"一章中有关品牌与社区的关系作了比较简要的概述，通过与社区的关系来加强品牌与消费者的良好关系，最终在市场上获得良好的回报。比如通过重视环境保护，帮助地方上的慈善捐款，参与各种社区活动等方式，来向消费者传达自己的友好形象，从而获得消费者的尊重。

5. 政府关系

（1）关注、收集有关政府决策的资讯；与政府进行合作互惠的计划。

（2）鼓励组织员工参与政府倡议的活动。

对政府资源的利用和把握一直是很多企业头疼的问题，但是，政府的形象是民众最信任的，尤其是企业遇到危机的时候，政府的支持是维护品牌形象的有力武器。在"莫忽视微波炉的危害"这场谣言传播中，格兰仕忍冤站在一个行业的高度发出呼吁——"不正当竞争正在摧毁一个行业，规范竞争环境势在必行"。最终，格兰仕的行为引来了政府的高度重视，谣言的影响也在政府的参与下得到了最终消除。在政府公关方面，跨国企业的做法值得中国企业学习。

案例

安利的政府公关

1998 年中国政府的传销禁令，使以直销为主要模式的美国安利受到严重的打击，每月的亏损额惊人。在这种情况下，安利高层迅速启动政府公关以挽救企业危机。在安利公司游说安排下，美国贸易谈判代表巴尔舍夫斯基借约见国务委员吴仪的机会，提出有关三家美资的直销公司在中国的出路问题。同时，安利借克林顿即将访华的机会，再次就直销转型问题与中国相关部门进行磋商。在安利的努力下，中国相关政府部门迅速成立了专项小组，协助安利等外资直销公司进行转型。不久，安利（中国）以"店铺销售加雇佣推销员"的方式完成了转型经营，出色的政府公关使安利在中国化解了一场灭顶之灾，在中国政府面前树立了良好的企业形象。

资料来源：李林，张波，车强. 中国企业国际化受阻调查：政治劫持经济. IT 时代周刊，总第 107 期，2006 年 7 月 5 日.

6. 媒体关系

（1）举行记者招待会；

（2）安排公司高层人员与记者的访谈；

（3）企业新闻稿的发布；

（4）与新闻记者的紧密联系；

（5）了解不同媒体的特性、新闻作业程序、发稿时间、主编等相关人员的背景等资讯。

媒体公关是品牌传播的新锐器。在公众面前，媒体编辑和记者的一句话，往往举足轻重。大报上一则对企业的正面报道，能有效提升品牌的知名度和美誉度。相反，重要媒体对企业的不利言辞，则可能对企业的品牌形象造成巨大伤害。昔日著名品牌"三株"口服液的失败历历在目，在该企业遭遇危机时，负面消息由于新闻媒体的加入而被迅速传播，虽然三株公司最终获得胜诉，但是由于媒体的大量报道，已经让"三株喝死人"的观念深入人心，最终导致该品牌的彻底消亡。企业如果能够与媒体保持良性的互动沟通，有策略性地主动通过媒体公关解决问题，甚至能够在生死关头化险为夷。

二、品牌公关传播的时机策略

《公关第一，广告第二》的作者阿尔·里斯对公共关系在品牌生命周期中所扮演的角色做了一个生动的比喻："广告合理的地位和作用是在事后，在品牌已经建立起来的时候，当品牌在潜在消费者心目中已有了可信度的时候，你才能用广告来加强和提醒品牌在消费者心中的地位，广告是在空袭中跟在坦克后面的步兵。你绝对不会发动一场只有步兵参加的军事打击，那么你怎么能够发动一场只有广告的营销战争呢？"有些学者认为里斯的观点过分强调了公关的作用。

问题 8： 品牌公关传播适用于品牌建设的哪些阶段？

公共关系在品牌建设的不同阶段，究竟发挥了怎样的作用呢？

1. 品牌塑造

（1）协助新产品上市：对于新上市产品来说，消费者认知度较低，良好的企业形象能为新产品的问世作预先保证，尤其是高科技产品、绿色产品等能引起公众关注的产品，能迅速从公关宣传中得到好处。当一个品牌是一个能抓住媒体注意力的新产品种类时，公关更是威力强大。当宝丽莱引进即时成像技术时，兰德博士和他的新相机登上了《时代》杂志的封面，这个消息在电视网络上公布，而且在其他任何一种重要的媒体上得到了报道，公共宣传在很大程度上造就了宝丽莱这个品牌。[①]

（2）打造新品牌：与广告相比，新品牌更适合通过公共关系这种品牌传播工具推出，公关能使公众更加关注一个新品牌的诞生。微软、沃尔玛、星巴克、谷歌、英特尔等，在这些品牌创始之初，均依靠公关引起受众的注意，从而树立起品牌。

2. 品牌更新

（1）协助成熟期产品再定位：由于顾客偏好的变化或新的竞争者的出现，需要对品牌重新定位。麦当劳的"我就喜欢"推广策略，将品牌形象重新定位在个性的年轻人，为此麦当劳开展各种公关活动，不断拉近与年轻消费者的心理距离，强大厚重的品牌形象逐渐树立起来。

（2）重塑老品牌：当一个品牌有 50 年的历史却在人们心目中毫无地位的时候，老品牌与一个新品牌并没有多大的区别，它们必须在转向广告之前从公共关系出发来建立它们的可信度。即使是一个地位已经树立起来的知名品牌，如果它打算改变其定位的话也需要首先采用公共关系策略，公共关系可以使老品牌焕发出新的生机。

---

① [美] 菲利普·科特勒，凯文·莱恩·凯勒. 营销管理. 第 12 版. 上海：上海人民出版社，2006：666.

3. 品牌维护

广告长于知名度，而公关长于美誉度。在品牌维护阶段，仍然应该继续强化公关的概念，使广告成为公关在另一种方式上的延续，当品牌通过广告建立起广泛的知名度后，利用公关使品牌保持良好的形象就显得至关重要。

另外，当企业遭遇危机时，危机公关的作用就会凸显出来。当前复杂的商业环境使企业发展中"危机"事件的发生频率呈上升趋势，危机公关也被现代企业提上了前所未有的重视高度。能否利用公关化解企业面临的危机，是企业能否很好地维护品牌、提升品牌的关键（危机公关是一种特殊情境下的传播，具体将在本书第四部分中作详细阐述）。

三、品牌公关传播的操作策略

根据美国公共关系学的权威著作《有效的公共关系》中提出的公共关系的四步工作法，品牌公关传播的工作程序基本上也涵盖了四个主要步骤：研究、策划、实施、评价。

问题 9：品牌公关传播的一般程序是怎样的？

第一步，调查研究，界定公关传播的问题。调查的内容包括社会环境、公众及组织自身的品牌形象。调查方法包括文献调查法、观察法、访谈法、抽样调查法、问卷调查法。

第二步，制订传播计划与确定方案。公关传播策划可以分成战略策划和战术策划两个部分。品牌公关传播战略设计主要指组织整体品牌形象的设计，包括形象设计的原则与步骤。公关传播活动的战术安排指策划实现战略目标的具体活动，包括选择公众、公关模式、公关策略、编制预算、确定时间等方面的内容。

第三步，采取行动和传播。公关活动以传播为主，首先是要善于选择传播渠道，使公关活动能够对准目标公众。其次是选择所需传播的品牌信息，以便提高公关活动的传播效果。最后是了解在传播过程中可能出现的传播障碍，并掌握排除障碍的技巧。

第四步，公关传播评估。包括评估公关传播效果的意义、内容及其方法。

问题 10：品牌公关传播有哪些切入点？

1. 公司的重大事件

公司的重大事件是指并非有意造势，但是事实存在的新闻点。企业的许多重大活动，如上市、并购、庆典、获奖、重大决策等，如果能引起新闻媒体的

129

正面报道，将对品牌起到极为有力的传播作用。当有重大活动时，企业也应自主传播利好新闻。

2. 企业高层人物

企业品牌和企业家品牌是相互依存和相互促进的关系。企业品牌的提升对企业家个人的社会声誉产生巨大的推动作用；同时，企业家品牌的提升，给企业形象增添了光环和色彩。公司负责人应经常通过宣传工具圆满地回答各种问题，并在同业公会和销售会议上演说，这些做法有利于树立公司形象。

3. 商业性公关活动

商业性公关活动就是指为了吸引公众注意而特意举办的商业活动。公司可通过安排一些特殊的事件来吸引对其新产品和该公司其他事件的注意。这些事件包括讨论会、郊游、展览会、竞赛和周年庆祝活动，以及运动会和文化赞助等，以接近目标公众。适当的时候，企业也应该制造话题吸引公众与媒体参与讨论，这是品牌与消费者建立情感联系的便利途径。话题公关的成功实施，需要对大众流行文化以及传媒新闻运作机制有充分的了解，所制造的新闻事件一定要以事实为基础，符合新闻传播规律。

4. 公益活动

公司可以通过向某些公益事业捐赠一定的金钱和时间，以提高其公众信誉，这些活动包括慈善事业，兴教助学；爱心捐赠，扶贫济困；赞助文体活动、赛事；参加环保活动等。

在西方，赞助公益已经成为十分有效的公关手段，哈雷摩托车曾通过支持治疗瘫痪疾病的慈善活动取得了正面的形象，成功改变了其是黑帮"官方车"的消极品牌印象。近年来中国企业的公益意识不断加强，联想的"奥运千县行"活动，蒙牛的"捐奶助学"，以及众多企业在 SARS 期间的公益表现，均使这些品牌形象在消费者心中得到了提升。

问题 11： 品牌公关传播有哪些主要方式？

1. 印刷刊物

企业可以通过主办组织内部刊物，制作视听材料，撰写组织宣传材料，去接近和影响其目标市场，组织品牌传播。这些材料包括年度报告、小册子、文章、视听材料、商业信件和杂志。

（1）内部刊物

面向内部员工或顾客的公司内部刊物，能够及时、准确、全面地传播企业的信息。

（2）企业品牌专著

蒙牛副总裁和总裁新闻助理推出合著《蒙牛内幕》，罗列了蒙牛发展中的一些故事，很快成为 2005 年和 2006 年的畅销书，不但营销学者喜欢看，普通读者也喜欢看。这本书的流行，推动了蒙牛品牌文化的建设进程。蒙牛在中国消费者中的形象更加积极向上。这本书的流行可以算得上是蒙牛品牌传播的神来之笔。

2. 新闻宣传

新闻宣传包括新闻报道和新闻发布会。公关专业人员的一个主要任务是：发展或创造对公司和其产品或人员有利的新闻，争取宣传媒体录用新闻稿和参加记者招待会。有两种新闻发布的方法：一是举办记者招待会；二是策划媒介事件。

如果要发布关于品牌的新闻，那么这些公关活动应该在广告和使用其他营销工具之前展开。对于新产品的引进，这一点尤其重要，因为它们的新闻价值只能维持一段很短的时间。

问题 12：品牌公关传播有哪些普适性原则？

成功的品牌懂得如何在品牌与公关活动之间建立最有效的联系，有效的公关必须遵循一些普适性的原则。①

1. 关联性

这是品牌公关的首要原则。精明的企业选择合适的公关载体，力求使公关活动与品牌之间的联系符合逻辑。体育品牌常借助于赛事将其传播开来；时装和化妆品更多的是通过时装发布会、名人享用而拓展市场；富士、柯达提升品牌影响则是通过摄影艺术展览或大赛，其中所建立的联想均不言自明。

2. 适时而动

品牌公关尤其是消费产品的公关，时机的把握非常重要。市场细分进入"碎片化"时代，不可能每一种做法都符合不同消费群体的需求，公关就应根据不同的消费对象、不同的时间，切换多样化的新闻角度，让品牌可以作持续的营销运作，在市场保持不坠的地位。

3. 和谐与协调

虽然公关活动要引人注目，但不能流露出过于明显的商业目的。如果过于突出品牌而使被赞助的社会活动本身失去了应有的意义，就可能会招致公众的反感，成为新闻界的攻击目标，非但不会因赞助而提升品牌形象，还可能会适

131

① 张兵武. 润物细无声：巧用公共关系提升企业品牌. 中国品牌. 2007（3）：40.

得其反。

4. 整合其他传播工具

有效的公关，需要与广告、促销等其他传播工具相整合，才能达到效益最大化。例如，丰田曾连续半年在电视台投放一则广告预告片：张艺谋将为其新推出的威驰新风拍摄一部 5 分钟的广告片。这一预告片一本正经地告知观众：张艺谋导演、吴彦祖主演、明年春季上映，并有字幕"谁与吴彦祖配戏、网上点击票选女主角"，极具传播效应。这种给广告制造新闻效应的方式吸引了消费者对广告的注意力。如今，把一次新的广告活动处理为新闻，已成为很多企业的常用做法。

5. 掌控信息源

信息发布是公关成功的重要一环。如果公关活动在这一环节的执行不到位，导致信息扭曲，往往也会招致不良影响。对企业而言，对信息源的控制不仅能够保证其质量，还将确保品牌名称在整个公关活动中能尽可能多地被提及。

问题 13： 品牌的公关传播应该注意哪些问题？

中国企业在运用公关关系时，容易出现哪些问题呢？迪思传播集团总裁黄小川认为，中国企业仍未建立对公关系统的全面认识，即不清楚如何利用公关塑造品牌，不清楚如何与公关公司合作；在做公关活动时，缺乏对信息的有效选择，认为把所有信息提供给受众才是最好的；过分关注到会领导之间是否得到了平衡，这一点在国有企业中表现得更为明显，也反映了部分企业还不够市场化；把公关当作企业的另一种广告形式，即软文购买，有些软文不符合刊发媒体的版面要求和消费者的需求，因此传播效果差强人意。[1]

公关工作包含复杂的内容，要做好这些工作，企业应当注意到一些常见的问题，并予以改进。

首先，要熟识公众的心理。公关工作要面对政府、员工、消费者、投资者等各种公众关系，无数实例证明公关战即心理战，所以，对公众心态的了解程度，对公众心理规律的掌握程度将直接关系到公关活动的成败。

其次，重视公关传播的质量。公关传播的重点是媒体的信誉和内容的质量，而并非传播的频率，在中央媒体上的一次正面提及要比在一些小型出版物上的大肆赞扬有价值得多。

---

① 根据迪思传播集团总裁黄小川相关"公关关系与品牌塑造"观点摘编整理。

再次，遵循求真务实的原则。公关工作必须是以企业的实际表现和真诚付出为基础的，若是企业本身不关心公益，仅以此作为幌子，其所推动的公共关系活动将不会得到善意的回报。

最后，做好充分的准备工作。准备阶段包括调查研究和详细的计划，比实际执行过程更重要，所以务必准备充分，事无巨细，考虑周全。

活动： 公关品牌传播活动练习

运用以上所学的知识分析 2010 年软件业"360 与 QQ"大战双方的公关手段和技巧。

案例分析

娃哈哈"偷税门"

2007 年 8 月，有人举报娃哈哈公司董事长宗庆后隐瞒巨额境内外收入，未如实申报个人所得税，涉嫌偷漏税数额高达近 3 亿元。自偷漏税事件曝光以来，宗庆后本人并没有直面媒体回答这些疑问。4 月 17 日，和君创业总裁、娃哈哈工会顾问李肃表示，完全是"达能设的陷阱"。娃哈哈与达能矛盾公之于众之后，宗庆后在一封公开信中称，自己是最廉价的 CEO，收入只有 3000 欧元的月薪、10 万欧元的年度补贴，外加合资公司年利润 1%的奖金。而达能则提出要成立逃税调查组，并宣称要告宗庆后三宗罪：国有资产流失、商业贿赂和偷逃个人所得税，让宗庆后"在诉讼中度过余生"。

资料来源：作者根据新闻报道整理.

思考题：

分析娃哈哈、达能在"偷税门"公关处理中的表现。

本章小结

公共关系是指一个企业或组织为获得内部及社会公众的信任和支持，为自身的生存、发展创造最佳社会关系环境所采取的各种科学的手段与活动。公共关系是企业的一种管理功能，其主体是社会组织，客体是公众，主要活动是传播。从不同的角度可以对公共关系进行不同的分类。公关在品牌传播中能塑造品牌形象；协调关系，优化品牌营销环境；化解危机，保护品牌形象。

与其他品牌传播工具相比，公关工具具有明显优势：传播成本相对较低；

信息较为简单，易于引起注意；信息传达委婉含蓄；更易强化品牌信息的可信赖性；能潜移默化地影响受众。但公共关系在传播中仍存在不足之处，如效果难以量化；信息需要经过媒体的过滤。

在品牌公关传播的时机选择上，企业应对公众进行不同的分类，在于区别公众的不同需求，进而采取措施尽可能满足他们的需求。公共关系在品牌建设的不同阶段也发挥着不同的作用。在制定品牌公关传播的应用策略时，应遵循公关传播的使用原则，按照研究、策划、实施、评价的一般程序，选择合适的切入点和传播方式，将有利于品牌发展的信息准确传达至目标受众。

知识扩展

★★★★

新闻公关

新闻公关也称新闻营销，即是以新闻报道的形式行产品或企业宣传之目的，此乃属形而上学层次的软性营销手段。同样是将产品信息传达给消费者，广告的张扬与自夸，可能让人不胜烦扰，而新闻公关的表现方式则显得客观、公正，在不动声色娓娓道来之余"让君自动入瓮"。可以说，新闻公关是公共关系与营销策略之间的一种巧妙组合。

在激烈商战中，新闻公关是一件披着新闻外衣的营销利器。当年史玉柱"重出江湖"，在资源匮乏的情况下，以八篇新闻科技软文一举打开脑白金的全国市场，后来跟进者，以数百万的广告投入仍难以达到脑白金的传播效果，从中可一窥新闻公关之营销威力。

新闻公关的核心在于传播。传播目的在于张扬企业良性信息、提高企业知名度，最后达到促进产品销售或塑造企业品牌的目的。出色的新闻公关有三个层面的应用：思维创新、品牌传播与事件营销。不同层面的新闻公关应用会有不同的效果。

资料来源：作者根据百度百科及相关新闻报道整理.

答案

★★★★

一、引导案例参考答案：

危机公关的原则是"先情后理，然后才是法"，所以三鹿应本着情感第一的原则尽量把这一事件处理完满，让受害家庭在物质及心灵上得到应有的补偿，必须要以为公众生命安全高度负责的态度，公开奶粉污染事件中的关键信息并推进问责，以最诚恳诚信的姿态，勇于担当的责任感来化解危机，缓解民众的愤怒情绪。然而，面对此次危机，三鹿集团的公关行为却存在多处失误：

（1）反应迟钝，错失良机。三鹿在长达近半年的时间里对危机视而不见，这不仅是对自身品牌建设的不负责任，更是置消费者的权益甚至生命安全于不顾。

（2）隐瞒真相，反复无常。面对媒体，三鹿抱着侥幸心理先是隐瞒事实，后又口径不一、自相矛盾，并且将责任推给奶农。

（3）道歉缺乏诚意。企业负责人承担责任的态度不够诚恳，公布事件的处理措施时也不够详尽具体，给公众造成了缺乏诚意的印象。

二、案例分析参考答案：

娃哈哈与达能之间的纷争随着此次"偷税门"事件而进一步升级，毫无疑问，这对于二者而言，都是一次危机。公众或许不会了解，甚至可以原谅这来来去去的大笔资金流失，但这种无休止的类似制造丑闻的互掐手法必然使公众对于娃哈哈和达能双方都逐渐失去耐心。两大企业在斗智斗勇的过程中，如果不正确运用公关传播给公众一个事实层面的交代，最终深深损害的还是各自的品牌形象。

第九章

品牌代言人传播

学习目标

★★★★

知识要求 通过本章的学习，掌握：

● 品牌代言人的定义及其类型
● 利用品牌代言人进行传播的优势和劣势
● 品牌代言人在品牌传播中的价值

技能要求 通过本章的学习，能够：

● 根据品牌特征正确选择合适的品牌代言人
● 在实际操作中正确运用品牌代言人的应用策略

137

学习指导

★★★★

1. 本章内容包括：品牌代言人概述、品牌代言人传播特征、品牌代言人传播的价值、广告品牌传播的应用策略。

2. 学习方法：独立思考，抓住重点；熟练掌握品牌代言人的基础知识，对身边代言人传播的成功及失败案例进行分析。

3. 建议学时：2 学时。

引导案例

陈道明代言"利郎"男装形象

在服装界，企业邀请明星代言品牌已经是个普遍现象。当利郎确立了商务男装的品牌定位之后，开始选择符合其品牌形象的代言人。一开始，利郎方面拟订了很多候选人，在这些人选中，他们一个个研究、排除。当提到陈道明时，大家马上有一种非常吻合的感觉，因为他的知名度和他本身的内涵修养刚好可以传递利郎的品牌内涵：简单、大气、有品位。2002 年 1 月 1 日，利郎正式与陈道明签约，由其出任利郎品牌形象代言人。广告播出后，伴随着陈道明"西服也休闲，简约而不简单"的广告语，消费者领略到了利郎商务男装独特的品牌魅力。很多人都评价说这是利郎和陈道明的完美结合，利郎时装专卖店的经销商也一直对"简约，而不简单"的广告语十分欣赏。大手笔的广告投入和强势媒体宣传，使利郎公司声名鹊起，短短几年时间，公司不仅成功实现了品牌与目标消费者的深层次对接，而且迅速提升了利郎品牌在国内市场的知名度，强劲带动了利郎产品的市场销售，在短短的 3 年时间，利郎的销售额提高了 10 倍。现在，只要一提到陈道明，很容易就会想到利郎。陈道明的加盟，确实给利郎带来了丰厚的市场回报。

资料来源：艺人经纪部. 陈道明代言"利郎"男装蜕变. www.cctvmt.com，2010-9-21.

➲ **思考题：**

结合案例，说明"利郎"是怎样选择品牌代言人的？

第一节 品牌代言人概述

一、品牌代言人的概念

在品牌广告中，品牌代言人是十分常用的一种传播手段和方式，通过代言人的影响力间接影响自己的目标消费者不失为一种非常聪明的做法，但是若不能正确加以运用则会事倍功半。

问题 1：品牌代言人的定义是什么？

广义上讲，品牌代言人是指为企业或组织的营利性或公益性目标而进行信息传播服务的特殊人员，它包括在营销活动中为品牌作宣传的任何形象，如现场促销人员、售后服务人员等。而狭义上的品牌代言人则是指企业在综合分析竞争环境、竞争对手以及消费者心理的基础上，结合自身产品或服务的特点，特意聘请或塑造的可在指定的营销活动中为品牌作宣传的形象或角色。我们通常所说的品牌代言人，都是指狭义上的概念。

品牌代言人的概念可以从两个方面来理解：首先他代表了企业或者组织；其次，他参与到企业或者组织的营销活动中，包括广告、公关、促销以及事件营销等。

品牌代言人的使用可以追溯到一百年前。早在 20 世纪初，美国的智·威·汤普森广告公司率先在力士香皂的印刷广告中呈现影视明星的照片，此后各种化妆用品和洗涤用品的厂商纷纷效仿，使名人真正地参与到广告领域中来。在 1936 年的柏林奥运会上，美国著名的黑人田径名将欧文斯脚穿德国的阿迪达斯牌运动鞋连获四枚金牌，从此阿迪达斯运动鞋也随之名扬天下。[①] 如今，企业的营销手段越来越多样化，品牌代言人不仅仅局限于广告代言，还出现在公关活动、事件营销和促销活动等中。

二、品牌代言人的类型

问题 2：品牌代言人有哪几种类型？

根据品牌代言人的特点，可以分为以下三种类型：

1. 人物代言人

这一类型的代言人被使用得最为广泛。人物代言人又可分为名人、企业或组织代表、普通消费者和专家。

（1）名人。名人是在普通消费者心中具有一定影响力的人物。他们作为品牌代言人可以加深大众对品牌的印象、吸引消费者的注意，具有一定的积极意义。名人在老百姓心中有其独特的气质和个性，有的名人很受追捧，男女老少喜爱，有的却被不少消费者讨厌。因此，在为品牌选择代言人的时候需要考虑的因素很多。总的来说，名人与品牌的结合能为品牌赋予一些新的个性，带来知名度和差异化。不少国际知名的大企业长期采用名人为其代言。如欧莱雅与巩俐、章子怡等的合作。这两位代言人都是在国际上颇有影响力的明星，其时尚、优雅、美丽和充满魅力的形象能够衬托出品牌的内涵。

（2）企业或组织代表。在很多广告里，我们可以看到不少企业员工或者企业的高层领导者披挂上阵。比较经典的例子是万科的老总王石，他是个企业家，同时也因为代言成为企业界的明星。他本身是一位成功人士，领导万科走在了房地产行业的前面，并且他也生活得非常精彩，酷爱户外运动，每年花大量的时间在登山、滑翔运动上。在公众眼中的王石是个积极进取、挑战自我、享受生活的人。其核心价值与很多品牌的定位契合度非常高。所以，他成功代

---

① 闫志仁，盛敏. 形象代言人与手机品牌的发展. http://www.donews.com，2002-10-30.

139

言了旅游卫视、移动全球通、陆风汽车和摩托罗拉手机等知名品牌。

（3）普通消费者。普通消费者大部分以体验者的身份出现，通过描述亲身经历的美好体验来赞美产品或者服务。普通消费者具有亲民的特性。

（4）专家。专家是具有专业知识的人。他在某个领域比较权威，他的观点会让很多人信服。专家对产品的赞美可以使消费者对产品产生好感和信任。例如舒肤佳的广告里一直都有皮肤科医生的身影，通过专家的口，告诉消费者：舒肤佳是一种含有除菌物质——迪保肤，能够洗掉99%的细菌、使皮肤长时间保持干净清爽的香皂。并且，广告还大力宣传舒肤佳是获得"中华医学会"认证的除菌洗涤用品。这些专家代言都让舒肤佳的除菌功效极具说服力。

2. 动物或者虚拟代言人

（1）动物代言人。即塑造一个动物形象，以此作为品牌的代言人。动物代言人可能是真实的，也可能是虚拟的。例如腾讯QQ素来都以可爱憨厚的小企鹅作为标志。小企鹅以各种各样的扮相出现在各个地方，包括QQ聊天工具、QQ宠物、QQ游戏、QQ电台等。另外，腾讯公司还将小企鹅的标志授权给其他公司和单位，如出任珍视明药业公司形象代言人，与三斯达鞋业公司联合打造休闲产品的Q-SPORT计划以及成为深圳"QQ形象税官代言人"。

140

图9-1 手举火炬的QQ公仔形象

图片来源：news.zol.com.cn.

（2）虚拟代言人。这是并不真实存在的代言人。他可能是一个卡通形象，也可以是一个类似人类的生物。例如北京2008奥运会的代言人是奥运福娃。五个福娃分别是贝贝、晶晶、欢欢、迎迎和妮妮。这五个虚拟代言人造型融入了鱼、大熊猫、藏羚羊和燕子以及奥林匹克圣火的形象。北京奥组委希望通过这一组奥运吉祥物表达和传递中国式的祝福和吉祥等象征。

图 9-2　2008 年北京奥运的五个福娃

图片来源：it.21cn.com.

图 9-3　带有"福娃"标志的国航波音 737-800 客机

图片来源：chinaneast.xinhuanet.com.

3. 组织或者团体代言人

即比较有影响力的组织或团队来替品牌代言。这些组织和团队包括专业的团队、公益性的组织等。在 2008 年奥运来临之际，各个公司都摩拳擦掌，希望以此作为品牌宣传的一个契机。不少品牌都同中国国家队签约，如伊利签约中国乒乓球队、中国田径队和中国羽毛球队；可口可乐签约中国男篮、中国女排、中国男女跳水队和中国男女体操队等。

三、品牌代言人在品牌传播中的作用

品牌代言人作为品牌传播的一个工具，拥有得天独厚的优越性。所以众多广告主都争相恐后起用明星代言。

问题 3：品牌代言人在品牌传播中有哪些作用？

归纳起来，品牌代言人的作用主要体现在以下几个方面：

1. 能够吸引受众的注意，迅速提高品牌知名度

在品牌的初创时期，消费者对品牌的认识几乎为零。而品牌代言人所能做的就是吸引公众的注意，并把注意力转移到代言的品牌上来。一般来说，公众人物比普通人更容易引起观众的注意，有利于迅速扩大品牌的知名度。

除此以外，动物或虚拟人物同样也有很强的视觉冲击力。在广告创意过程中，以美女（Beauty）、动物（Beast）和婴儿（Baby）为元素的"3B原则"始终长盛不衰。高露洁牙膏广告里可爱的海狸先生、可口可乐最具代表性的北极熊……这些可爱的形象很容易就吸引住了消费者。

2. 作为识别符号，强化品牌差异

在品牌成长时期，企业面临着一个主要的任务，即创建品牌识别。品牌专家大卫·艾克认为，品牌识别包括核心识别、延伸识别和品牌核心。这些不光代表了品牌的符号、产品是什么，更重要的是需要体现品牌的个性、品牌能带来的情感性利益。简单地讲，品牌需要扩充自己的内涵，让消费者在提及这个品牌的时候能够联想到更多的东西。这些东西就理所当然地成为品牌的附加价值。

在商品越来越同质化的今天，品牌需要为自己制造差异，把自己同其他同类品牌区分开来。而代言人可以成为一种有效的品牌识别符号，强化品牌与竞争者之间的差异，有助于消费者对品牌的认知。例如百威啤酒利用与众不同的代言人——动物代言人，轻易就将自己从种类繁多的啤酒品牌中分隔出来。利用代言人形成品牌差异要注意一点，就是不能与竞争对手采用类似的代言人，否则识别效果会弱化。例如，在竞争异常激烈的运动鞋市场，国内品牌一窝蜂地采用明星做代言人，致使消费者根本无法正确识别品牌，代言人的识别作用无从发挥。

3. 丰富品牌联想，提升品牌价值

在某种意义上，代言人已经成为品牌的一部分，能够赋予品牌更多的个性和特点，扩充了品牌的内涵，使得品牌更加形象、生动、人性化，丰富了消费者的品牌联想。以名人代言人为例，通常明星本身具有鲜明的公众形象：如周杰伦给人留下时尚、年轻、有个性、才华横溢的印象；SHE给人青春亮丽、时尚活泼的感觉；刘翔带给大家勇于挑战自我、时尚个性的印象。而对于名人的代言行为，消费者的直接反应是将代言人和品牌联系在一起，使品牌也带有代言人的某些特质。除了名人代言以外，动物虚拟代言人同样可以为品牌带来独一无二的品牌个性。品牌可以将动物虚拟代言人设计成具有独特形象、丰富品牌内涵的图像标志，采用精彩的广告创意，并将品牌价值融于其中，这样可以在消费者心目中留下深刻的品牌联想。例如中国移动神州行品牌的代言人是葛

优。葛优是个很受欢迎的演员。他演技超群但相貌平平，几乎没有负面新闻，留给很多人的印象是平易近人、德艺双馨。神州行正是面对中低端客户的品牌，其大部分消费者都是普通的老百姓。葛优正好可以成为普通老百姓心中理想的自我形象。当老百姓把对葛优的联想与神州行品牌联系在一起的时候，神州行的品牌形象就丰富了，与其他品牌的差异化就有了。

图9-4　葛优代言神州行品牌广告

图片来源：www.hb.chinamobile.com.

此外，通过代言人为品牌带来的正面联想，有利于提升品牌价值。

马克思认为商品具有两个属性，分别是使用价值和交换价值。法国的社会学家让·鲍德里亚扩展了马克思的商品理论，他认为商品另外还具有一个价值，即符号价值。商品的符号价值有两个层面：一是商品的独特性符号，商品的独特性可以体现为品牌名称、品牌标志、产品的造型和色彩等符号形象；二是商品本身的社会象征性，商品可以使其使用者享有生活品位、社会地位和社会认同感等。比如奢侈品牌：劳力士、奔驰、爱马仕等，这些品牌的商品具有高附加价值，可以给使用者带来更多心理上的满足感。

从符号学的角度来看，使用品牌代言人也是增加其品牌符号价值的一个手段。消费者会将品牌及其品牌代言人联想在一起，并将代言人作为品牌意义的一个解释，延伸品牌的内涵。例如，东芝将中国女子跳水运动员郭晶晶及中国花样游泳队签为广告代言人。郭晶晶和中国花样游泳队一直都活跃于各种世界级大赛中，具有较高的知名度。她们顽强拼搏、努力创造纪录、追求理想等特质为很多人所熟知。将人们对她们的联想衍生到东芝的品牌上来，为东芝带去新的品牌内涵。

图 9-5　郭晶晶和中国花样游泳队为东芝代言

图片来源：http://www.enet.com.cn.

4. 利用移情效应，加强或转变品牌态度

首先，消费者会把对代言人本身的喜爱转移到品牌上，从而强化对品牌的正面观感。一旦"偶像们"成了品牌代言人，由于爱屋及乌，人们很容易就将对"偶像们"的感情扩散到品牌上。比如，崇拜姚明的粉丝们可能会对他代言的各种品牌产生不同程度的好感，在选择产品的时候，这个品牌更有可能会在第一时间浮现在消费者的脑海里。

其次，趋衡心理使消费者能够因对代言人的情感而改变对品牌的负面态度。以刘翔为可口可乐代言为例：大部分消费者对刘翔存在正面的态度，如果消费者同时对可口可乐持正面态度，即处于平衡状态；如果消费者对可口可乐持负面态度，但是对刘翔持正面态度，那此时便处于不平衡状态，出于恢复平衡的压力，消费者会倾向于因为喜欢某个代言人而喜欢这个品牌。

5. 利用代言人号召力，增强消费者参与品牌活动积极性

可以利用代言人的吸引力，设计各种体验、互动的活动吸引消费者参与。比如动感地带经常举办话费充值兑换演唱会门票的活动。更为常见的是各种各样的购买产品即有机会参加的明星见面会、得到明星签名的 CD 等。这些活动无形之中促进了消费者参与品牌各种活动的积极性，使品牌与消费者之间的互动更为容易。

6. 通过授权扩大品牌的影响力

企业可以将品牌代言人形象授权给其他玩具、服装、钱包等厂家。其衍生商品不仅能带来经济回报，还可以进一步扩大品牌形象知名度和影响力。

四、品牌代言人传播的优势

品牌代言人的使用基本上都是利大于弊，只要善于运用品牌代言人，是能够起到四两拨千斤的效果的。

问题 4：品牌代言人传播有哪些优势？

（1）代言人能够迅速提高品牌知名度。此点在前文已经提到过，故不再赘述。

（2）使用品牌代言人形成的传播效应难以被复制。像广告、产品包装设计、公关活动筹划、事件赞助这些品牌传播工具都比较容易被竞争对手复制。而品牌代言人可以说是一种稀缺资源，难以被模仿。同样是超女，李宇春和张靓颖在观众心目中的印象就大不一样。她们各有各的粉丝，生活习惯、打扮、爱好都不一样。

（3）品牌代言人容易使品牌具有独特个性。因为每个品牌代言人都有其独特之处。不管是名人，还是虚拟动物都有其特点。这也是代言人可以带给品牌的珍贵资源。在品牌传播中，可以利用代言人的特点来宣传品牌，渲染品牌特性。

（4）品牌代言人的使用具有兼容性，经常被利用到其他形式的品牌传播中。这样的例子也不胜枚举。传统的广告形式再也难以满足品牌宣传的需要。代言人可以灵活应用于多种传播活动中，形成整合的力量。

（5）有较大的创意空间，容易做出富有创意的品牌传播活动。

问题 5：品牌代言人传播有哪些劣势？

（1）费用高昂。聘请名人做代言的费用不菲，动辄上百万元，尤其是腕儿较大的名人更是如此。

（2）存在代言风险：如丑闻。明星的负面新闻可能会直接影响其代言品牌的形象，并且爆发丑闻的不可控因素极大。百事可乐公司曾经花巨资聘请迈克尔·杰克逊作为其品牌代言人。后来传出其可能涉及娈童事件。百事可乐公司当即终止了同他的合同。这样的事件会对品牌形象造成不小的影响，但又难以控制丑闻的发生。

（3）偶像崇拜的反面——负面联想的产生。任何一个代言人，有其支持者，也必有其厌恶者。产品的实际用户在年龄、性别、职业、兴趣爱好上各有差异，在应用代言人传播时难以涵盖到所有的目标受众。如果选择的代言人无法迎合一些消费者的喜好，则有可能影响其对品牌的好感度。

（4）对于某些购买时需要理性分析的产品品牌可能作用并不大。这些包括：家电、汽车、房子、高科技产品等价值较高的产品。人们在决定购买之前会做充分的调查和准备，经过理性分析和判断，主要根据产品的品质、价格、售后服务等客观因素来做决定。此时，品牌代言人能够发挥的作用较小。

（5）可能会分散受众对品牌的注意力，使受众将注意力集中在代言人身上，而忽略了对品牌的关注。

第二节　品牌代言人传播的应用策略

一、企业使用代言人需要考虑的问题

代言人的使用并不是随心所欲的，广告主应当谨慎而小心，将每一分钱都用在刀刃上，这样才能做到使用有限的资金使传播最有效化。

问题6：使用代言人传播品牌应考虑哪些基本问题？

企业在使用品牌代言人时需要遵循客观规律。首先需要考虑清楚三个方面的问题：

（1）企业自身的定位是什么？产品或者服务的特性是什么？品牌的核心价值是什么？企业整体的战略和广告战略是什么？

（2）了解品牌的目标消费者，他们的需要、爱好、生活方式、价值观和世界观又是怎样的？

（3）计划聘请的品牌代言人的个性和特点是什么？这些特质与品牌的内涵是否符合？他们在公众眼里的知名度和美誉度如何？有无产生负面新闻的可能？

对上面提出的三个方面的问题做出充分考量之后，才可能正确选择品牌代言人。下面将探讨品牌代言人的选择和使用策略。

二、品牌代言人的策略运用

品牌代言人的选择、使用时机以及方式等细节都需要经过重重考虑，否则很可能会出现千里之堤毁于蚁穴的情况。

问题 7：如何选择恰当的品牌代言人？

1. 品牌代言人形象与品牌识别相契合

对于代言人的使用目的是要增强消费者对品牌的识别，在消费者心中制造与同类品牌之间的差异，并且使消费者对品牌产生丰富的联想，帮助品牌建立在消费者心目中的美好形象。鉴于上述目的，品牌代言人形象必须与品牌识别高度契合，才有可能达到效果。

2. 代言人特征与目标受众相符

了解目标消费者的年龄、爱好、收入、职业、消费习惯等特征以后，再选择与之接近的代言人。这样的选择会使代言人和目标消费者产生与生俱来的亲近感。并且代言人能更好地与消费者沟通，不会产生上面所说的形象错位的现象。

3. 品牌代言人的选择与品牌发展阶段的需要相符

前面已经提到品牌发展具有不同的阶段，不同的阶段的特性不同，所以需要采用的品牌策略也有所区别。在品牌创建的阶段，非常需要迅速打开知名度，让消费者知道品牌。在这个阶段，如果预算充足的话，聘请人气较旺的明星来担当品牌代言人是较好的选择。在品牌成长和成熟阶段，可以考虑聘请具有成长潜力的明星来代言。对于这个时期来说，聘请一个潜力股比聘请已经处于顶峰时期的明星要好。聘请后者的费用高昂，而且处于顶峰时期的话难以继续突破，更有可能停滞不前或是下滑。

4. 根据具体传播活动的需要选择恰当的代言人

企业可能会在某个特殊的时期需要安排特殊的品牌传播，如奥运期间企业需要贴合奥运主题来安排宣传活动。很多企业都倾向于请体育明星或者体育团队作代言，以满足奥运宣传的需要。

问题 8：品牌代言人传播策略的应用要点有哪些？

1. 代言人的使用要以突出品牌价值为中心

代言人的使用应以品牌为中心，围绕品牌展开。品牌宣传以突出品牌价值，展示品牌个性为主，不能让代言人抢去品牌的光芒。

2. 与其他品牌传播工具相结合，进行整合品牌传播

品牌代言人具有很好的"附着性"。他可以被利用到各种传播渠道中，使其最大可能地发挥作用。除了广告以外，代言人可以出现在产品包装、POP、公关活动、事件赞助等。

案例

周杰伦代言"动感地带"

中国移动动感地带聘请周杰伦为代言人。他出现的地方包括：广告片、平面海报、店内宣传、歌迷互动活动、演唱会、签售会、动感门户网站、购买动感充值卡兑换演唱会门票的活动中等。这些突破传统的宣传方式对于品牌的提升有很大的帮助，在扩大影响的同时，吸引了很多年轻人参与其中，对于增进与消费者之间的联系，培养忠诚客户是极为有利的。

图 9-6　周杰伦为中国移动动感地带代言的宣传海报

图片来源：http://www.cityigo.com.

3. 区域化策略的使用

简而言之，就是在不同的区域使用不同的品牌代言策略。由于市场不同区域的特点不同，消费者的消费观念、消费习惯以及经济文化等的不同，企业有必要因地制宜，制定出最符合当地目标消费者的营销策略。所以，在不同的区域，可以考虑使用不同的品牌代言人。在跨国传播中，企业在不同的地区使用不同的品牌代言人是司空见惯的现象。例如百事可乐公司在亚洲地区和欧美地区分别采用了不同的品牌代言人。

4. 使用品牌代言人须维持连贯性和一致性

品牌识别是品牌战略者们希望创造和保持的能引起人们对品牌美好印象的联想物。这些联想物暗示着企业成员对消费者的承诺。[①] 如果是承诺，那肯定不能随意地变来变去，随意改变会给品牌带来极大的伤害。所以，品牌需要保持稳定的个性，向消费者展现一致的品牌精髓、品牌核心和延伸识别，等等。在进行品牌传播活动时要有整体的规划，选择代言人要符合规划，只有这样，品牌才能维持稳定的形象。

5. 恪守"一夫一妻制"

现在很多明星同时为几个品牌代言的情况似乎司空见惯了。通常，这样的情况会分散消费者的注意力，甚至有可能发生印象错位。企业可以和明星签订合约，禁止他们代言同类产品。但是要想阻止他们代言其他类产品，似乎比较难。很多明星都靠代言费来创收。走红的明星更是一人身兼多职。比如现在比较走红的明星刘翔、周杰伦、姚明等，都是同时做好几个品牌代言人。他们确实有一定的号召力，也是企业的宠儿，要想约束他们恪守"一夫一妻制"似乎不太现实。所以，在这个问题上，企业需要权衡之后再选择，并且在合约中要明确界定。

6. 创建品牌效果追踪系统

企业花大价钱聘请明星做代言人，但是具体的效果如何呢？这些钱花得值不值，花得到不到位？需要一个客观量化的反馈来回答。所以，企业需要创建品牌效果追踪系统。对于品牌代言人效果的追踪是整个系统工作的一部分。

对营销工作的监测和反馈是非常重要的环节。及时准确的反馈是对之前工作的评估，同时也是下一步工作的依据。好的反馈可以发现不足，获得有用的信息和经验。

活动： 代言人传播活动练习

关注目前的几个全球知名体育名牌的代言广告，并探讨各品牌起用其代言人的原因、优劣势以及效果。

[①] ［美］大卫·艾克. 品牌领导. 北京：新华出版社，2001：51.

案例分析

万科老总王石与中国移动全球通的联姻

2006 年下半年，万科老总王石为中国移动全球通代言所拍的"我能"广告开始在各大媒体播出。很多人都注意到了这个商务精英代言人，对其也充满了好奇。他曾经成功代言过摩托罗拉、旅游卫视和陆风汽车。为什么各个品牌会选择王石作为代言人呢？他除了是万科地产的老总，还是一位登山和滑翔运动的爱好者。据说他曾经被医生预言后半辈子要在轮椅上度过，但是，他却在三年时间以内攀登了 11 座雪山，成功登上了珠穆朗玛峰，并且创造了 6100 米中国滑翔伞最高纪录。这位五十多岁的商界精英做的冒险运动实在是让人叹为观止。

中国移动全球通聘请王石做代言人的策略如下：

攻略一：代言人形象与品牌识别的契合

全球通以"我能"作为品牌理念和宣传符号，强调的是积极勇敢的价值观、生活方式和生活态度。这种价值观和态度与全球通所定位的高端用户有着内在的一致性。"我能"作为全球通品牌的品牌精神，这个概念广而泛。它包含了自我膨胀精神，隐含着自我实现的愿望，能够体现出自信心、成就感、尊严、自豪等。选择合适的代言人恰当地展现这种精神是关键。作为一个业余的登山和滑翔爱好者，王石对于超越极限、超越自我的生活方式的追求可见一斑，正好体现了"我能"精神。

攻略二：代言人特征与目标受众相符

中国移动全球通定位于高端客户，收入相对较高、追求高品质生活的人群，像职业经理人、白领及专业技术人员、高级知识分子等。他们收入高且稳定、人际交往频繁、沟通需要强烈，他们需要稳定优质的服务。王石作为万科地产的老总、高级经理人、成功商界精英人士，其特征与全球通定位的目标受众大致符合。

攻略三：代言人层级与品牌层级对应

中国移动旗下有三个品牌：全球通、动感地带和神州行。全球通是其中定位最高的品牌。它有广泛覆盖的通信网络，稳定清晰的通话品质，能够提供周到细致的客户服务和丰富完善的业务类型。代言人的高端形象与品牌层级完全对应。

攻略四：代言人选择符合品牌发展阶段的定位

全球通是个成熟品牌，已经有十多年的品牌历史。全球通的品牌宣传策略曾经一直强调的是优质的通话品质，提出的口号诸如"关键时刻信赖全球通"、"专家品质信赖全球通"等。从2004年开始，移动对全球通品牌价值进行了重新挖掘。并由此开始，全球通转入了"我能"时代。"我能"体现的是客户主动的精神。这意味着全球通已经将战略由以技术为中心转向以客户为中心，更加重视客户的感受。王石正好代表着大多数的客户形象，而不是移动通信技术专家。

资料来源：张树庭，吕艳丹.有效的品牌传播.北京：中国传媒大学出版社，2008.

图9-7 王石为中国移动全球通代言

图片来源：indomitable-hermit.spaces.live.com.

思考题：

运用以上所学知识分析以上案例中品牌代言人的成效。

151

本章小结

★★★★

品牌代言人是指企业在综合分析竞争环境、竞争对手以及消费者心理的基础上，结合自身产品或服务的特点，特意聘请或塑造的可在指定的营销活动中为品牌作宣传的形象或角色。品牌代言人可分为：人物代言人、动物或者虚拟代言人、组织或者团体代言人。

利用品牌代言人进行品牌传播，能够迅速提高品牌知名度，强化品牌差异，提升品牌价值，还能够加强或转变品牌态度，可以利用代言人的吸引力，设计各种体验、互动的活动吸引消费者参与，通过授权还能扩大品牌的影响力。但是，企业在利用代言人进行品牌传播时也应注意到，聘请代言人费用高昂，且存在代言风险，对于某些购买时需要理性分析的产品品牌可能作用并不大，代言人有时还会分散受众对品牌的注意力。

因此，企业在使用代言人传播品牌时，要进行全面的考虑。在代言人的选择上应与品牌识别相契合，代言人的特征要与目标受众相符，也要与品牌发展阶段、具体传播活动相符。在代言人的使用策略方面，应以品牌为中心，围绕品牌展开；还要与其他品牌传播工具相结合进行整合传播。在不同的区域应根据具体情况使用不同的品牌代言策略；在进行品牌传播活动时要有整体的规划，选择代言人要符合规划。这样，品牌才能维持稳定的形象。

知识扩展
★★★★

品牌代言人的使用原则

原则一："政治正确"

"政治正确"是 20 世纪 90 年代开始在美国流行的新名词，涉及的不是法律上的合法和非法，而是"是非对错"的概念，主要是一种在公共领域反对各种歧视的话语姿态。一旦"政治不正确"，弄不好就要吃官司。

原则二：个性一致

品牌个性是产品存在的灵魂。比如闯爷，其个性是热烈的、勇毅的；白沙，其个性是轻灵的、飘逸的；诺基亚，其个性是人性化的、崇尚科技的；品牌个性一旦形成，就会在传播过程中拥有经久不衰的独特魅力，当它引起消费者的认同后，就会产生持久的忠诚。同时，品牌代言人的社会身份、年龄、外在风格等，也存在着相当的差异。品牌代言人的种种差异，最后都会在一定程度上造成品牌个性的差异。

原则三："门当户对"

企业的实力不同、在行业内所处的地位不同、自身发展阶段不同，其品牌的定位，品牌影响力及品牌内涵都会不同，所聘请的品牌代言人也应该有所区别。要讲究一定程度的对等，双方的不对等，也会产生像婚姻不对等一样的不良后果。

原则四："喜新厌旧"

在企业聘请品牌代言人的过程中，还存在着"喜新厌旧"的问题。实际上，品牌代言人的变换，最根本的原因是品牌自身在变。随着企业的发展，其策略在变，对应的消费者在变，品牌的个性和内涵也在变。而要对应品牌自身发生的变化，品牌代言人也要变，以准确地表达出变化后的品牌内涵和个性。

答案

★★★★

一、引导案例参考答案：

利郎公司把"简约不简单"作为企业的发展战略目标提了出来。现在的中产阶层、白领人士、商务人士和成功人士正在以一种简约方式追求或达到不简单生活方式的结果，作为利郎来说，就是要满足这些不同人群的需求。利郎把"简约不简单"理念贯穿到公司的经营和管理中，从企业愿景、员工行为、产品设计到品牌代言、宣传广告语等，都始终围绕了一个中心理念：利郎商务休闲男装，简约不简单。选择陈道明代言的背后，正是他那种不简单的简约风格：在充满浮躁气息的影视圈中，陈道明是少有的气质淡定从容的大牌明星，与利郎服饰的品牌风格十分匹配。

二、案例分析参考答案：

效用一：吸引公众的关注

品牌代言人中不乏明星，但企业家做代言人并不多，尤其是如此成功，并充满传奇色彩和冒险精神的企业家。

效用二：建立品牌联想，创建品牌差异

从品牌传播的角度来看，王石在商业和挑战极限方面取得的成就以及他展现出来的自信、坚定和意志都与全球通的"我能"精神相契合。通过他的代言，受众可以将他的这些特质同全球通品牌联系在一起。

效用三：提升品牌价值

王石是具有影响力的商界领袖人物。他的代言同样具有象征意义：象征着类似和他同样高端的社会精英人士们也在利用全球通作为通信手段；象征了这类人的生活品味和生活方式，代表着社会认同。这样，无形之中提升了全球通的品牌附加价值。

总结：品牌代言人的选择首先要遵循品牌的核心价值、延伸识别等；其次要与企业的品牌宣传战略保持一致；最后要符合品牌的目标受众的特征。品牌代言人的使用则需要因地制宜，采取合适的策略。

第十章

赞助传播

学习目标
★★★★

知识要求 通过本章的学习，掌握：

- 赞助的定义
- 赞助兴起的背景
- 熟知赞助的种类
- 赞助式品牌传播的优劣势

技能要求 通过本章的学习，能够：

- 正确审核企业现有的资源与实力选择合适的赞助对象
- 将赞助活动与其他的品牌传播手段进行优势互补
- 成功防范竞争对手的隐蔽营销
- 制定出系统、长期的战略规划
- 科学测定出赞助活动的效果

学习指导
★★★★

1. 本章内容包括：赞助概述、赞助在品牌传播中的作用、品牌赞助传播的优劣势分析、品牌赞助传播的应用策略。

2. 学习方法：独立思考，抓住重点；与同学讨论赞助的案例；观察身边品牌的赞助行为等。

3. 建议学时：2学时。

淘宝网品牌赞助活动

淘宝网成立于2003年，由阿里巴巴投资4.5亿元创办。从零做起，到如今占领个人电子商务交易70%以上的市场份额，淘宝网创造了C2C交易市场的神话。如今的淘宝网，已成为一个被人熟知并津津乐道的知名品牌。这与它从2004年开始所从事的众多赞助活动密不可分。淘宝网曾赞助过当红电影，包括《韩城攻略》、《天下无贼》、《头文字D》、《夜宴》等；赞助的各项活动包括GP Moto赛事、加油好男儿、淑女大学堂等。一系列连贯的、全方位的赞助活动大大提高了淘宝网的知名度，受众积极参与其所赞助的活动的同时，也给淘宝网带来了高效的回报。

资料来源：黄珣.原始匹配度与创意匹配度对赞助有效性的影响——以淘宝网的电影赞助营销为例. 中国市场营销网，2007-11-15.

➡ **思考题：**

1. 淘宝网是如何通过赞助让品牌接近受众的？
2. 试分析淘宝网的赞助活动能产生怎样的品牌传播效果。

第一节　赞助传播概述

一、赞助的定义

问题1：赞助的定义和本质是什么？

赞助是指向某一资产（可能是体育活动、娱乐活动、非营利性活动或某一机构）付出一定数额的现金或实物（以货代物，即用捐赠物品或服务的形式代替金钱），作为获准与该资产合伙参与商务开发的回报。

具体来讲，赞助是指通过向某一资产提供金钱、实物、技术及劳务等支持，换取相应的商业回报权利。由此在企业和消费者之间搭建一座桥梁，借以向消费者传递信息，施加影响，达到提升企业品牌形象、扩大产品销售的目的。其中企业所获得的商业回报权利可以分为三大类：冠名权、沟通权、专卖专利权。冠名权是指诸如赞助商、供应商、指定产品等名称的使用权；沟通权是指企业围绕赞助对象展开的广告、公关、促销等权利。

虽然接受赞助的活动或机构有可能是非营利性的，但赞助不同于不带商业动机的慈善行为。企业向慈善事业提供捐助以及不图回报的资助并不能算作是真正意义上的赞助。赞助是商业组织出于实现商业目的而对某一资产给予的资金或等价物的援助。

问题2：赞助是在怎样的背景下兴起的？

1. 特殊行业的引领

对于一些特殊的行业，如烟草和烈酒，赞助曾经是广告主与顾客沟通的主要渠道。从20世纪50年代起，美国的烟草厂商就大举赞助一级方程式赛车及足球等赛事，对改善企业形象、扩大销路效果显著。受此启发，随后金融、保险、软饮料及家电等厂商也加入到赞助体育的行列。

2. 传播渠道的细分

随着社会的发展，不仅传统媒体在数量、种类和规模等方面有了很大变化，互联网、手机等新媒体也加入进来。这不仅使受众分散，也使各类媒体纷纷使出各家招数，建立自身的目标市场，适应受众群的分化。

3. 传统媒介费用上升，但效果下降

由于媒体市场和产品市场竞争日趋激烈，一方面媒体经营成本上升，使得企业的广告费用呈上升趋势；另一方面，由于媒体分流和信息可信度的下降等原因，传统的广告效果反而下降，这也使企业开始把商业赞助作为新的品牌传播工具。

二、赞助的分类

问题3：赞助的种类有哪些？

（一）体育赞助[1]

体育赞助是指企业（体育赞助者）以向体育资源拥有者提供资金、实物、技术或劳务等的支持，从而获得冠名、专利、广告或促销等权利的体育赞助活动为中心，并且围绕赞助展开一系列营销活动，力求同体育组织、赛事、体育

---

[1] 体育赞助的内容根据以下两篇文章改编：李建军. 解读体育赞助营销. 企业研究网，http：//www. chycf.com/Article/ArticleShow.asp？ArticleID=736.

黄柯. 论体育赞助的好处与缺陷. 中华全国体育总会网，http：//www.sport.org.cn/zhuanjia/sheti/2004-02-14/81316.html.

明星等建立联系，借助体育资源的影响力和社会效应，提高企业知名度和美誉度，提升赞助商的品牌形象，以获得社会各界广泛的好感和关注，为赞助商创造有利的生存环境和发展空间。

体育赞助具有效果自然、易于被接受，沟通对象面广量大、有针对性、公益性等特点，有利于提升企业形象；提高企业或其产品的市场知名度；改善企业的公共关系以及增加产品试验或销售的机会。

根据赞助对象的不同，体育赞助可分为：体育赛事赞助、体育明星赞助、体育场馆设施赞助、体育公益事业赞助、体育媒体节目赞助、体育俱乐部赞助等多种类型。

1. 体育赛事赞助

体育赞助的大部分资金（超过 65%）都是花在体育赛事上的。一些大型体育赛事，如世界杯和奥运会，更是因为其全球范围的影响力而受到众多企业的青睐。当然，无论赛事规模大小，只要操作得当，广告主都能从对体育赛事进行赞助中获得丰厚回报。如红牛赞助风靡大学校园的大学生三人篮球赛 TBBA，借助 TBBA 成功进入大学校园。

与传统品牌传播手段相比，赞助体育赛事在弱化商业色彩的同时，可以潜移默化地将赞助商品牌与体育赛事的良好特性联系起来，达到提升品牌形象、促进销售等目的。

2. 体育明星赞助

这里的体育明星既可以是个人，也可以是某一团队。体育明星由于兼具体育与明星的双重特质，不仅受到广大体育迷的虔诚崇拜，作为明星其一举一动自然也会吸引消费大众的目光。企业利用赞助体育明星，开展各种品牌传播活动，使运动员的健康、积极、拼搏的形象融入赞助企业的文化中，提升产品销量与企业形象。

3. 体育场馆设施赞助

不只体育活动能够吸引广大观众，充满动感的体育场馆同样具有无可比拟的广告效应。据广告界专家统计，以 3000 万美元至 1 亿美元购买一个大型体育场馆的命名权 20 年，意味着这家企业的名字将可以通过印刷文字、空中电波和互联网，跟潜在顾客接触超过 10 亿次，其赞助效果可见一斑。通过对体育场馆设施进行赞助，购买体育场馆冠名权的办法，企业不仅可以迅速打响知名度，还可以借此改善公司形象。美国西雅图萨菲科保险公司在 1997 年就是购买了西雅图海军陆战队棒球场的冠名权而一举成名，结果被美国金融服务管理局从地区性公司提升为全国性公司地位。

4. 体育媒体节目赞助

对于各类体育赛事，能够到现场去观看比赛的人毕竟是少数，大多数人只有通过各类媒体如电视、报纸、网络等来了解和欣赏体育比赛的状况。因此，关注体育的人们自然对各类媒体也格外地关注。为此，企业在赞助体育赛事的同时，通常也会积极购买转播赛事时段的电视广告时段。有的赞助商甚至直接冠名转播的体育赛事，通过体育媒介对自身进行宣传推广。赞助的形式包括节目冠名以品牌名特约播出，节目背景的大幅品牌标识宣传等。而报纸媒体较多的形式为"金牌榜"、"特约刊登"等冠名，消费者在关心体育新闻的同时，会反复触及商品品牌，从而放大传播效果。

除了上述四种体育赞助形式之外，企业通常还会用到体育公益事业赞助、体育俱乐部赞助等多种类型。

（二）娱乐赞助

娱乐赞助是除体育赞助之外的第二大赞助形式。主要形式包括巡回音乐会、主题公园、主题活动、主题节庆、赛事以及赞助娱乐影视节目（包括电视剧、电影）等。例如，迪斯尼乐园和迪斯尼世界的众多游乐活动便是由一些大企业赞助的。

2005 年，通过赞助火遍大江南北的"超级女声"，蒙牛酸酸乳实现了创造性突破。2004 年蒙牛未赞助"超级女声"之时，后半年的月最高销售额约4500 万元；2005 年赞助"超级女声"之后，月最高销售额超过了 1.2 亿元，尤其是"超级女声"最火热的 7 月之后有明显的增长；2006 年月最高销售额更是突破了 1.7 亿元。[①]蒙牛的成功引起了一股企业跟风赞助娱乐活动的热潮。

借助娱乐活动，赞助方能够与消费者实现深度互动，使消费者在享受娱乐带来的愉悦感、陶醉感的同时将娱乐因子融入到企业产品或服务之中，从而促进产品或服务取得良好的市场表现。

（三）公益慈善事业赞助

现代企业越来越重视自身同周围环境、社会的关系，努力塑造有社会责任感的优良公民形象，使得投身公益慈善事业赞助成为企业公关的一种主要形式。值得一提的是，企业的公益慈善事业赞助不是一种单纯的慈善行为，企业必须把公益赞助与企业的营销相结合，通过公益赞助行为增加企业的知名度，使消费者对其产品和服务产生偏好。因此，企业的公益赞助行为必须经过设计，使消费者能够感受到企业的品牌，触摸到产品。赞助公益事业，不仅有利

---

① 王艳辉. "后超女时代"的蒙牛酸酸乳. 成功营销. 全球品牌网，http://www.globrand.com/2007/08/13/20070813-171518-1.shtml.

于企业良好社会形象的树立，而且有利于建立同政府以及消费者的良好关系，间接提升企业品牌形象，增强品牌认知度和美誉度。

案例

"天狮"的公益赞助

天狮集团自创立以来始终坚持并积极承担企业的社会责任，将"来源于社会，服务于社会"作为企业公益理念，长期致力于中国乃至世界各地的社会公益事业。把"关注弱势群体、支持教育事业，保护环境、赈灾扶贫"作为自己的"至上责任"，天狮身体力行地为国际社会的和谐发展贡献着自己的力量。12年间，天狮集团向社会慈善、公益事业和海内外捐款捐物累计达10.3亿元，并成立了天狮美景国际爱心基金会，在每年的胡润慈善排行榜上都名列前茅。公益慈善的头衔，提升了天狮的知名度与美誉度，使得天狮在社会上取得了效益与公益的双赢。

资料来源：刘一. 天狮集团，打造全球最佳雇主. 2009-07-15.

（四）文化艺术赞助

文化艺术赞助一般涉及交响乐团、室内音乐小组、艺术馆、剧院等文艺形式。虽然文化艺术涉及的观众面较小，但由于欣赏文化艺术的人群具有相似的特征和爱好，对文艺事件关注度较高，反而有利于一些服务于少数客户的专业品牌发现目标人群，借助赞助活动与目标群体进行有效沟通。相比较而言，文化艺术赞助较少受到企业的重视，尤其是国内企业。在国外，政府采取减免税赋的政策来激励企业赞助文化艺术。

（五）学术科研赞助

学术科研赞助的对象一般有学术性研讨会、科研机构、论坛等，企业通过向它们提供资金、技术、服务等支持，借助学术科研的聚焦效果进行品牌传播。由于学术科研活动的参与者、关注者一般都是某一领域的专家、精英，赞助这类活动可以增进企业与业内专业人士的交流；另外学术科研活动的专业性也有助于企业专业形象的提升，增强消费者对企业的信赖。

第二节　赞助传播的优劣势及价值

一、赞助活动的优劣势分析

问题 4：赞助活动有哪些优劣势？

（一）优势

1. 公众认可度高，传播效果自然

美国一项调查显示，超过三分之二的美国人认为企业赞助是体育事业资金的重要来源，这样高的公众认可度是其他品牌传播手段所不能比拟的。正是由于公众的认可，使得商业色彩相对单纯的赞助活动成为企业与顾客及潜在顾客沟通的有效工具，有效避免了公众对传统广告"厌食症"式的逆反心理对广告效果的影响。

2. 新闻性强

赞助对象通常具有较强的新闻性，能够广泛吸引公众眼球。无论是在企业赞助前，还是赞助中、赞助后，赞助对象都能吸引大量的媒体报道，保证了赞助方的品牌曝光率。

3. 成本相对较低

与传统品牌传播手段相比，利用赞助进行宣传推广的成本相对较低。虽然有的赞助类别需要广告主付出较高的绝对成本，但如果使用得当，无论是在销售还是在品牌塑造等各方面的收益较之传统媒体，赞助活动都占据优势地位。

4. 针对性强，受众参与度高

传统大众传播方式一般是漫天撒网，而赞助活动通常都是围绕某一性质的主题来进行，对目标受众具有高度的选择性。也正因为这一点，赞助活动比其他所有传播手段更具备让顾客、潜在顾客以及其他利益相关者参与其中的能力。

（二）存在的问题

1. 干扰信息

对于有些事件，由于赞助商太多，结果导致彼此相互干扰，最后任何一家企业的信息都难以脱颖而出。例如，每逢世界杯、奥运会这样具有重大传播价值的赛事，赞助商总是蜂拥而至，让人眼花缭乱，消费者把赞助事件同企业品牌联系起来变得越来越困难，甚至会出现与非赞助商混淆的情况，结果是为他人做了嫁衣。

2. 竞争对手伏击

在活动与赞助一方建立联系的过程中，很容易受到竞争对手的有意干扰，造成消费者将活动与非赞助一方建立错误联系。目前对于来自对手的伏击尚无有效解决方法，因为除了竞争者令人防不胜防的各种招数之外，消费者的认知更加难以操控。

3. 效果测定困难

在企业的收益中，单独筛选出赞助活动为企业带来的收益，即赞助的专项效果非常困难。

二、赞助活动的传播价值

问题 5：赞助活动有哪些作用？

1. 有利于提高品牌知名度和美誉度

赞助像世界杯、奥运会这样的全球性体育赛事，通常会吸引社会大众和新闻媒体的广泛关注，从而大大提高品牌或产品的知名度。据市场专家分析，在一般情况下投入 1 亿美元，品牌知名度提高 1%，而赞助奥运会，投入 1 亿美元，知名度可提高 3%。如果企业运作有力，在品牌与赞助对象之间建立起紧密联系，消费者则可以在看到事件或活动的第一时间联想起赞助品牌。

2. 传达企业理念，建立品牌忠诚度

各类形式的赞助活动是企业与消费者沟通的良好平台，企业可以通过活动与顾客和潜在顾客进行面对面的互动。观众在收看体育赛事、参加文娱活动的同时，对赞助商的企业文化理念甚至产品信息都会产生认识，从而可以更加主动和深层次地了解赞助品牌，建立品牌忠诚，巩固顾客—品牌关系，这种关系对企业而言将是一笔宝贵的财富。

3. 鼓舞员工士气，调动员工积极性

企业的赞助活动不仅可以增进公众对于品牌的好感，对内还可以起到鼓舞员工士气，调动员工积极性的重要作用。比如，企业通过赞助某一大型活动或赛事，与之建立密不可分的联系，作为企业一分子的员工当然也为所属企业感到自豪，增强凝聚力。许多企业还为员工提供亲临现场的机会，更能激励他们积极对外传播企业信息。

第三节 赞助传播活动实施中的操作要点

问题 6：通过赞助进行品牌传播需要注意哪些要点？

（一）审核企业现有资源与实力

1. 人力

企业的赞助活动是一项系统、长期的战略工程，需要企业设置专门的部门、聘请或培训专业人才进行赞助活动的策划及执行。尤其是规格较高的大型赞助活动，要求相关人员具备良好的专业素质及相关工作经验，同时企业要有完善的管理机制对赞助活动进行有效控制。如可口可乐公司在 2008 年北京奥运会举办前就成立了专门业务部，负责奥运会赞助的整体统筹与协调，核心团队由 20 余人构成，与各业务部门密切联系与配合。

2. 财力

企业要建立品牌与赞助活动的紧密联系，除了需要支付一笔赞助费之外，还需要花费大约两至三倍的后续资金来激活赞助活动的潜在价值，这对企业的财力提出了很大挑战。因此企业在选择赞助对象时必须量力而为，选择合适的赞助项目，不能盲目跟风。

3. 经验

借助赞助活动平台同时获得销售及品牌形象的塑造，对于一家企业来说并非易事。在赞助前、活动进行中、活动结束后的各个环节，都需要企业具备相关赞助操作经验，这对赞助活动新手来说无疑是一个挑战。

4. 外部资源

企业的赞助活动不是孤立进行的，离不开广告公司、媒体、经销商、政府相关部门等一系列外部资源的支持。在赞助活动前期进行的调研、策划与实施过程以及后期的效果测试等，都需要企业与各地分支机构、经销商的磨合，广告代理公司、营销专家、媒体、政府有关部门的支持。

（二）谨慎选择赞助对象

通常企业在选择赞助对象时要考虑以下几个方面：

1. 吻合度

一方面，赞助对象的特质要与企业品牌定位、产品特性相吻合，否则容易给人造成不伦不类的感觉；另一方面，赞助对象的受众要与企业的目标消费群相吻合。

2. 唯一性

当一项活动具有多家赞助商赞助，并且赞助商相互之间没有较大差异性时，容易给消费者带来记忆的模糊，以至于一个赞助商也没有留下印象，甚至和非赞助商相混淆。这种情况下，其品牌传播效果自然大打折扣。因此，有时候避开争夺激烈的赞助资源，另辟蹊径，选择独特的赞助对象反而能够提升传播效率。

3. 传播性

企业的赞助活动必须经由媒体的报道才能扩大传播面，否则只有现场的观众参与其中的话，很难达成企业目标。所以，所选择的赞助对象必须具有一定的传播价值，能够引起人们的关注。此外还需要注意的是，在媒体的对外宣传中，有关企业赞助的讯息是否出现。否则即使企业花费力气赞助了活动，消费者对于活动的赞助商可能仍然会一无所知。

4. 连贯性

指望通过一次赞助活动就能扬名，建立与品牌的紧密联系有些难度。对于多数企业来说，需要坚持适合的赞助活动的连续性与稳定性。只有通过长期、持续、稳定的赞助过程，才能让品牌深入人心。

5. 可操作性

赞助项目应该具备容易激活的特质，并且所获得的收益易于评估。

(三) 与其他品牌传播手段优势互补

赞助活动同样遵循"二八定律"——企业花两元钱赞助，就要投入八元钱用于后续的辅助营销。成功的赞助活动需要企业积极主动地组合运用各种品牌传播手段（包括广告、公关、销售促进、消费者体验和参与、网络传播等），并且赞助活动的信息要通过媒体广为传播，从而实现整合营销传播的效果。

(四) 防范竞争对手的隐蔽营销

在赞助活动中，赞助商还不得不应对来自竞争对手的各种"隐蔽营销"。所谓"隐蔽营销"，又称伏击式营销、寄生营销，是指非赞助商通过各种手段将自己与赞助对象建立联系，使得消费者误以为该企业才是赞助商，以从中渔利的做法。

(五) 要有系统、长期的战略规划

赞助效果可以分为经济效果与心理效果两类。前者通常是与产品销售、市场份额有关，心理效果是指企业知名度、美誉度等的提升。赞助的经济效果并不明显，很难在短期内对销售产生作用，心理效果才是赞助的主要功能。所以企业赞助不是一蹴而就的短期行为，需要持之以恒的精神和远见。目前国内大

部分企业都存在急功近利的不良心态，期望通过一次或几次赞助活动就能收到奇效，缺乏系统的、长期的战略规划。例如，1996年亚特兰大奥运会中国代表团的赞助商有37家之多，到2000年悉尼奥运会时就只剩下李宁一家，这个数字的变化说明了很多国内企业在赞助上的短视。

对此，一些国外企业的做法值得学习。它们制订了一整套长期的赞助计划，将赞助作为企业品牌战略的一部分加以实施。可口可乐与体育联姻所产生的神奇效果，不是通过一次或几次体育赞助所能达成的，而是通过一个长期的、持续的、系统整合的过程让其品牌渐渐深入人心的。

（六）科学测定赞助效果

长期以来，赞助面临的一个难题是如何测定它的专项效果。而与此同时，企业又非常在乎赞助活动的投入产出比，期望所投入的每一分钱都能有所收益。传统的测定赞助前后企业市场份额和销售数据变化的方法，已经无法满足企业日益精确的测定要求，因此会降低有些企业进行赞助的积极性。

活动：赞助活动练习

指定两个学生各自选择一种产品品牌，各自设计对某一活动（体育赛事、娱乐等）进行赞助模拟策划。由老师或者是第三者对两名学生的表现进行评价。

案例分析

柯达百年奥运赞助商翘首北京

从为1896年第一届现代奥运会提供奥运海报和门票的免费制作，到为北京奥运会赞助影像中心和图文印刷，柯达已经走过112年的赞助历程。近年来，柯达的奥运营销以"转型"为最终目标。经营了多年胶卷的柯达本世纪初终于推出了数码产品，但因推出时间稍晚，加上柯达在百姓心中的印象已经根深蒂固地成了"卖胶卷的公司"和"冲洗照片的地方"，所以，柯达数码推出后，反响不是很好。柯达于是抓住赞助奥运的机会，开始了从"胶卷柯达"到"数码柯达"的转型。同时，柯达在品牌传播上也运用了多种赞助营销手段：

1. 雅典奥运笑脸营销

2004年7月，柯达在中国启动雅典奥运笑脸营销，在全国开展为期两个月的"汇聚万千笑容，期盼健儿凯旋"照片征集及巨幅拼图活动。

2. 柯达陪你轻松拍奥运

2007年上半年，柯达公司推出了"柯达陪你轻松拍奥运"活动，只要在规定期间内购买柯达全线数码相机中的任一款，就能得到一张刮刮卡，获得额外的半年免费维修服务。

3. 提供影像服务

柯达为北京奥运会摄影记者提供了一个影像中心，为受伤运动员提供了一个诊疗中心，并且为参加奥运会的运动员、官员、新闻记者以及志愿者提供身份识别系统。

资料来源：搜狐体育，http: //sports.sohu.com/s2008/kd/.

➡ **思考题：**

1. 柯达是如何借助奥运赞助进行品牌传播的？
2. 你认为柯达的奥运赞助能产生怎样的传播效果？

本章小结 ★★★★

赞助是指通过向某一资产提供金钱、实物、技术及劳务等支持，换取相应的商业回报权利。主要包括体育赞助、娱乐赞助、公益慈善事业赞助、文化艺术赞助以及学术科研赞助五大类。借助赞助，企业能够吸引消费者注意，宣传品牌理念，对内还能够鼓舞士气。

赞助活动对品牌的曝光率、公众认可度和参与度以及投资回报都能产生积极作用。但也不可避免存在干扰信息、竞争对手伏击以及效果测定失误等不利因素。因此，企业营销人员应在赞助活动的策划中充分运用赞助传播的策略，对企业进行准确审核，选择合适的赞助对象，与其他品牌传播手段相结合进行有效的整合营销传播。

知识扩展 ★★★★

赞助活动的组织与策划流程

赞助活动是一种技术性很强的公共关系专题活动，一次完整的、成功的赞助活动，需要做好以下工作：

1. 做好赞助研究

组织要开展赞助活动，进行赞助研究是非常重要的一步。组织应从经营活动政策入手，分析组织公共关系目标，确定赞助目的，并据此考核需要赞助的项目是否对社会、对公众有益，是否能对本组织产生有利影响。在此基础上，研究赞助项目的必要性、可行性、有效性，以保证社会和组織都能獲益。

組織要在贊助研究的基礎上制訂贊助計劃。贊助計劃是贊助研究的具體化，因此贊助計劃的內容應該具體、翔實。對贊助的目的、對象、形式、費用預算、具體實施方案等都應有所計劃，並控制好範圍，防止贊助規模超過組織的承受能力。

3. 評估與審核贊助項目

這一步主要是針對具體贊助項目進行的，對每一項具體的贊助項目，贊助工作機構都應進行分析研究。首先對贊助項目進行總體評估，檢查是否符合贊助方向，對贊助效果進行質和量的評估。審核則是結合計劃進行，組織每進行一次具體贊助活動，都應由組織的高層領導或贊助委員會對其提案和計劃進行逐項審核評定，確定其可行性、具體贊助方式、款額和時機。

4. 實施贊助方案

組織要派出專門的公共關係人員實施贊助方案。在實施過程中，公關人員要充分利用有效的公共關係技巧，盡可能地擴大贊助活動的社會影響；同時，應採用廣告和新聞傳播等手段輔助贊助活動，使贊助活動的效益達到最佳峰值，爭取贊助的成功。

5. 測定贊助效果

贊助活動結束後，組織應該對照計劃，測定實際效果。贊助活動的效果應由組織自身和專家共同評測，盡可能做到符合客觀實際。檢測過程包括檢查、收集各個方面對此次贊助的看法、評論，看是否達到預定目的，還有哪些差距，對活動不理想的應該找出原因，並把這些寫成總結報告，歸檔儲存，為以後的贊助活動提供參考。

資料來源：百度百科，http://baike.baidu.com.

答案

一、引導案例參考答案：

1. 淘寶網是通過贊助活動來接近受眾的。淘寶網的用戶大部分都是較為時尚的年輕群體，而這一群體對流行電影、時尚活動的關注度也較高，用戶群體的切合使淘寶網可以通過贊助活動接近其目標受眾。

2. 淘寶網通過成功的贊助活動有效地傳播了品牌信息，發揮了以下作用：①對當紅電影的贊助通常會吸引社會大眾和新聞媒體的廣泛關注，從而大大提

167

高品牌或产品的知名度；②淘宝网使其可以通过活动与顾客和潜在顾客进行面对面的互动，观众在收看体育赛事、参加文娱活动的同时，对赞助商的企业文化理念甚至产品信息都会产生认识，从而可以更加主动和深层次地了解赞助品牌，建立品牌忠诚，巩固顾客—品牌关系。

二、案例分析参考答案：

1. 柯达在对奥运会的赞助中进行了娱乐活动的赞助，在全国开展为期两个月的"汇聚万千笑容，期盼健儿凯旋"照片征集及巨幅拼图活动以及"柯达陪你轻松拍奥运"活动；柯达还为北京奥运会摄影记者提供了一个影像中心，为受伤运动员提供了一个诊疗中心，并且为参加奥运会的运动员、官员、新闻记者以及志愿者提供身份识别系统。

2. 柯达通过对奥运会的一系列赞助活动：①在经济效益上获得了巨大收益；②在品牌传播效果上，奥运会这样的全球性体育赛事能够引起广泛关注，能大大提升柯达公司的美誉度；③观众在收看奥运会、参加文娱活动的同时，对柯达的企业文化理念甚至产品信息都会产生认识，从而可以更加主动和深层次地了解柯达，建立品牌忠诚。

第十一章

体验传播

学习目标
★★★★

知识要求 通过本章的学习，掌握：

● 体验的内涵及品牌体验的层面
● 体验在品牌传播中的作用
● 品牌体验传播的优劣势
● 品牌体验传播的应用策略

技能要求 通过本章的学习，能够：

● 熟练掌握品牌体验的概念并运用于实际操作中
● 根据品牌体验的五大层面与消费者建立联系
● 在进行企业品牌体验传播的过程中能扬长避短充分发挥其优势
● 准确把握品牌体验传播的核心要素及环节
● 正确分析适合使用体验传播的行业并把握最恰当的时机

学习指导
★★★★

1. 本章内容包括：体验与品牌体验的概述，体验在品牌传播中的作用，品牌体验传播的优劣势分析，以及品牌体验传播的应用策略。

2. 学习方法：通过概念与案例的结合学习，对品牌体验传播形成系统性认识；与小组成员对五个层面的品牌体验传播进行讨论，通过对品牌体验传播的核心要素和主要环节的把握设计出合理的传播流程；通过课外资料案例的研读进行补充。

第十一章 体验传播

3. 建议学时：2 学时。

引导案例

宜家的体验传播

宜家是 1943 年创建于瑞典的家居品牌。截至 2008 年 12 月，宜家在全世界的 36 个国家和地区拥有 292 家大型门市。作为一家全球化的家居企业，宜家在家居行业以及消费者心目中能够享有如此美誉，在很大程度上得益于其独具特色的体验营销模式，即通过营销生活方式和突出的功能性产品设计，为原本简单的家具产品烙下文化印记。实际上，宜家所提供的不仅是设计简约的产品，还有独特的展示方式和轻松的购物环境。一般的家居店不允许消费者随便触摸或使用产品，而消费者在宜家可以走进厨房，打开橱柜，甚至可以进入卧室躺在柔软的床上小憩一番，如同回家了一样。同时，宜家餐厅从周一到周五还向会员提供免费现磨咖啡，而且还能免费续杯，宜家餐厅还为消费者提供了美味的餐饮服务，方便在宜家购物的消费者在店内用餐。独特的产品设计、人性化的家庭式店铺设计以及种类繁多便利的餐饮服务构成了宜家独特的体验式营销载体，也成为宜家成功经营的关键。

资料来源：作者根据宜家官网资料整理.

170

思考题：

1. 宜家是如何进行品牌体验传播的？
2. 作为消费者，你能从宜家的购物过程中获得怎样的体验？

第一节 品牌体验传播概述

美国的营销学家斯科特·罗比内特在《情感营销》中所言："体验是企业与顾客交流感官刺激、信息和情感要点的集合。这些交流发生在零售环境中，在产品和服务的消费过程中，在售后的服务跟进中，在用户的社会交往以及活动中，也就是说，体验存在于企业与顾客接触的所有时刻里。"通过体验，品牌得以与消费者进行直接接触，以互动的方式传播品牌信息、交流感情，带给消费者个性化的、丰富的感知，使其对品牌产生联想和回忆。

一、品牌体验的形式

问题 1：品牌体验有哪几个层面？

1. 感官式体验

《体验式营销》的作者伯德·施密特（Bernd H. Schmitt）认为："感官式营销是通过视觉、听觉、触觉与嗅觉建立感官上的体验。它的主要目的是创造知觉体验。感官式营销可以区分公司和产品的识别，引发消费者购买动机和增加产品的附加值等。"感官体验可以将来自于外界的信息进行加工，产生对事物整体的认识，并且存在知觉定式的现象，即发生在前面的知觉会直接影响到后来的知觉。

2. 情感式体验

情感是以个体的主观愿望和需要为中介，对客观事物的态度体验及相应的行为反应。情感可以影响消费者的行为，包括对品牌的认知、使用和满意度等，通过对品牌的情感积累最终提高其对企业的忠诚度。而情感式体验就是在品牌传播过程中通过触动消费者的情感来使其受到感染，以情动人，充分打动消费者的内心。企业可以采取情感包装、情感广告、情感促销、情感活动等方法带给消费者情感式体验，维护品牌与消费者的关系。在市场同质化趋势越来越明显，品质、价格、技术、服务等方面很难获得绝对优势的情况下，情感式体验成为重要的品牌传播手段。

3. 思考式体验

思维是借助语言、表象或动作实现的，对客观事物的概括和间接的认识，是认识的高级形式。思考式体验就是启发消费者，让消费者自己去体验和思考问题。它常用的手法是惊奇、计谋和诱惑。

4. 行动式体验

行动是指为实现某种意图而进行具体的活动。行动式体验则是通过具体行动影响消费者，使其对品牌有更加直观、生动的理解和认识，从而加深品牌好感度。

5. 关联式体验

关联式体验是综合的体验，包含感官、情感、思考和行动多种成分。但是，关联体验不仅仅是像个体的认知、情感、思维、个性和态度这样的体验，更是与消费者所处的文化群体、社会地位、理想自我等息息相关的体验。正是由于这种体验与特定的文化及心理背景密不可分，才能够使人们通过体验获得社会认同，产生归属感。

二、品牌体验传播的特征

问题 2： 品牌体验有哪些优势？

1. 充分调动多重知觉

《体验式营销》中提到："体验营销通过看（See）、听（Hear）、用（Use）、参与（Participate）的手段，充分刺激和调动消费者的感官（Sense）、情感（Feel）、思考（Think）、行动（Act）、关联（Relate）等感性因素和理性因素，重新定义和设计的一种思考方式的营销方法。"

对于一个伟大的品牌来说，感性比理性来得重要。现代对于消费者行为的研究表明，感性影响比理性影响更容易打动消费者的心。当我们回忆起一个品牌时，会产生丰富的联想和回忆，这样的品牌才是真正成功的品牌。而体验，正是能捕捉到消费者情感的手段。"体验过了，而且是深刻体验过了，必定是和感官有关的，必定是感性的，加上经过了时间的酝酿，片段也就形成了一个美化了的总体印象。"[①]

2. 易于产生联想和回忆

无论什么时候，一旦一个公司有意识地以服务作为舞台，以商品作为道具来使消费者融入其中，这种刚被命名的新的产出——"体验"就出现了。"农产品是可加工的，商品是有实体的，服务是无形的，而体验是难忘的。"[②] 如果企业不仅仅为消费者提供商品和服务，还能把商品和服务转化成体验，在消费者心目中留下深刻美好的印象，这样的企业才更有可能吸引更多的消费者。这就是体验为品牌带来的巨大价值。

3. 极具个性化色彩

体验本来就是具有个人色彩的过程。因为，体验来自于刺激之后消费者所产生的感受，而同样的刺激对于不同的人来说或许会引起不同的感受。曾有学者这样描述体验的这一特征："在这里，消费是一个过程，消费者是这个过程的产品，因为当过程结束的时候，记忆将长久保存对过程的体验。消费者愿意为这类体验付费，因为它美好、难得、非我莫属、不可复制、不可转让、转瞬即逝，它的每一瞬间都是一个唯一。"[③]

---

① 李传屏. 营销论语. 北京：中国市场出版社，2006：7.
② 约瑟夫·派恩，詹姆斯·吉尔摩.体验经济. 北京：机械工业出版社，2008：18.
③ 体验经济与体验营销. 全球品牌网，http://www.itfensi.com/sell/ExpMar/11803718096167.html，2007.5.29.

4. 直接作用于消费者

这种传播方式大部分直接作用于消费者。无论是消费者参与广告创意、产品设计，还是进行各种新品试用、参与品牌互动活动等，与品牌的沟通都是直接的。与广告等传播形式不一样的是，广告需要通过媒体与消费者沟通，更多的时候，广告并不能达到消费者心里，更别提与其沟通了。体验的显著特征在于消费者的参与，因此，体验能够提高品牌传播的效率，增强传播的效果。

5. 具有高度互动性

体验的过程同时也是品牌同消费者互动沟通的过程。品牌将各种体验和内容带给消费者，消费者将关于产品、品牌、服务等方面的信息反馈给品牌。通过双方信息和情感的交流，可以促使品牌朝着更好的方向前进，也能更好地满足消费者的需求，实现品牌与消费者的双赢。

问题 3：体验传播有哪些劣势？

1. 传播范围有限

大部分的体验与参与活动作用范围较窄。受到条件和成本的限制，体验与参与活动不可能面向所有的目标消费者开展，所以，它的作用范围较窄，不能够覆盖大量的受众。

2. 成本投入相对较大

大型体验活动往往需要耗费大量的时间、资金、人力、物力……活动之前需要大量地筹备、精心地策划，花费的人力和物力较大。并且，大部分的体验活动作用范围有限，因此单位成本较高。

3. 传播效果很容易受到其他因素的影响

品牌体验传播对企业的活动策划、执行能力有较高要求。如果体验活动没有经过精心设计，无法吸引消费者参与互动，品牌传播的效果就将大打折扣。此外，体验活动如果执行不力，尤其是在现场控制上出现问题，将会使消费者对品牌产生负面印象，大大降低品牌的好感度。

问题 4：体验在品牌传播中有哪些作用？

1. 突出品牌个性，形成差异化竞争优势

在竞争激烈的市场环境下，同类产品层出不穷，产品的物理性质差异越来越让人难以辨别。由于品牌的差异度是衡量品牌价值的一项重要指标，因此，制造品牌的差异无疑是将低层次竞争提升为高层次竞争的一条捷径。组织消费者体验能够更好地将品牌的核心价值、品牌形象、品牌文化等传递给消费者，使其在消费者心目中产生影响，加重分量。不仅如此，创新性的紧扣品牌价值主题的体验活动能使消费者印象深刻，产生与其他同类产品品牌的区隔。

2. 给客户带来美好的心理体验，形成品牌偏好和提高品牌满意度

在信息爆炸、注意力稀缺的时代，能够成功进入消费者内心的品牌传播是凤毛麟角的。各种各样的宣传活动总是流于表面形式，很难真正到达消费者的心里。而体验与参与的着眼点恰好是感受，以体验带动感受，以感受影响消费者。对于品牌的体验感觉良好，可能使消费者对产品产生偏好，对于品牌的体验也可以使顾客产生满意感，进而持续购买并成为品牌的忠诚消费者。

3. 塑造品牌文化，提升品牌的附加价值

提高品牌的附加价值是企业的终极理想，唯有高溢价的商品才能给企业带来更多的利润。附加价值的提升除了产品本身优良的品质以外，更是离不开卓越的品牌传播。体验可以被设计成情感体验、感官体验、企业文化体验，等等，以此来丰富品牌内涵，塑造品牌文化，提升品牌的附加价值。

4. 造就和谐的客户关系，建立品牌忠诚度

营造体验的氛围可以给消费者带来深刻的印象，通过情感的体验、情绪的唤起，增进品牌与顾客之间的感情，加深双方之间的联系。对于品牌来说，与消费者的关系是实现品牌忠诚度的重要方面。根据"二八原则"，企业80%的利润来自于20%的顾客。这20%的顾客便是长期购买的忠诚消费者。因此，维系与消费者的关系至关重要。成功的品牌总是能牢牢把握住自己的目标消费者，促使其持续购买，成为忠诚消费者。经常与消费者互动，与他们发生情感联系是维护关系的一个重要手段。

5. 营造口碑效应

对于美好的体验、愉悦的经历和内心的满足，人们并不吝于向同伴们传递和表达。体验之后的分享可以为品牌带来好的口碑效应。

6. 获取消费者的反馈信息

在体验中，品牌与消费者进行直接接触，也由此获得消费者的反馈信息。比如，在活动进行的同时可以开展消费者市场调查工作，也可以从旁观察或是与消费者沟通交流，了解消费者对品牌的认知、态度、满意度等。此外，让消费者参与到产品的设计中也可以让企业充分了解消费者的多样化需求，提高顾客的满意度。

第二节　品牌体验传播策略

一、品牌体验传播的适用范围

问题 5：品牌体验传播适用于哪些行业？

在体验经济时代，大规模统一标准化的产品和服务已经无法满足消费者的多样化需求，个性化的品牌才能真正受到消费者的青睐。近年来，"体验"的概念正迅速被市场所接受，并逐步渗透到了各个行业。在以不同行业为标准的体验项目正慢慢兴起，企业纷纷以体验为先导理念进行设计、生产、加工、代理、服务、教育等。

就目前来说，较常以体验作为品牌传播工具的行业主要有以下几类：

1. 面向大众消费者的行业，尤其是快速消费品行业

快速消费品普遍价格偏低、品牌忠诚度不高。消费者喜欢频繁更替品牌，购买时倾向于就近而便利的地方，并且消费者在购买快速消费品时容易受到周围环境的影响。上述特点说明了快速消费品的消费决策具有随意和较为感性的特点。所以，各个品牌接触点采用以体验形式的品牌传播会对消费者产生较大的影响。例如，资生堂丽源化妆品有限公司旗下的欧珀莱品牌组织了"欧珀莱，任我炫耀一夏"活动。其中包括积分活动、买赠活动、套装优惠活动、寻找美妆达人、彩妆造型活动、赠送七夕神秘礼物和美肤讲座。丰富的体验活动既使得消费者享受到了实惠，又贴合了产品特点和消费者心理。

2. 有一定技术含量的行业

如高科技产品行业、家电行业、大型工业企业等。相对于快速消费品，消费者对于具备技术含量的产品挑选较为仔细和理性。高科技产品的功能多样，通过互动可以带给客户更多感性体验，使消费者产生品牌偏好。并且，良好的售后体验也是能够吸引消费者的品牌价值之一。例如远大空调和长沙三一重工，这两家企业所面对的都是企业级用户而非普通消费者，它们的销售体验模式是邀请客户来到生产基地，带领客户参观生产流程和整个工厂，让客户受到贵宾的待遇，目的就是使客户相信它们是实力强大的、善于管理的企业，因而提供的产品和服务是值得信任的。这个过程就是通过"体验"展示生产流程、技术工艺、质量控制、售后服务和企业规模，从而营造客户对企业的品牌体

验，以影响行业决策性客户，以求获得客户的青睐和信任。

　　3. 服务行业或者服务在整体产品中占据相当重要位置的行业

　　如汽车销售、航空、酒店、餐饮、娱乐行业等。带给消费者独特、难忘、美好的体验是服务类行业的竞争力所在。对于这类行业来说，为顾客营造美好的品牌体验尤为重要。这些体验可以使消费者对品牌产生正面态度和品牌偏好，吸引重复消费，留住忠诚消费者。例如汉庭酒店的定位是服务于知识工作者的商务酒店。其追求的酒店特色为：舒适的睡眠环境，豪华的卫浴设施，简约的设计风格，方便的商务会所和典雅的酒店氛围。酒店采取统一的物品采购，以保持品牌形象的一致性；对于酒店的床和床上用品尤为讲究，以求让知识工作者和商务出差者有良好的睡眠；走廊悬挂具有艺术气息的画，如莫奈的名画；另外，酒店里提供免费上网，设有商务图书馆并配备传真机、打印机和电脑供旅客免费使用……这些贴心的设计充分考虑到了其目标消费群体的需要。酒店通过提供这样的体验，必然会给消费者留下美好的印象，进而使其再次光临。

二、品牌体验传播的适用时机

　　问题 6：品牌体验传播活动应选择什么时机实施？

　　1. 新品发布

　　新产品上市之时需要迅速扩大知名度，获得消费者的认同和喜爱。采取体验与参与形式是较好的方式。通过消费者与品牌的充分互动，增加消费者对新品的认识和了解，直至使消费者喜欢上新品。在新品发布之际，让消费者充分体验不失为促进销售的好方法。试用就是促使消费者体验之后购买的有效方法之一。各种各样的试用方式有：汽车试驾、赠送小袋试用装、免费品尝、电脑软件试用等。

　　2. 节假日

　　节假日是品牌大打各种亲情牌、爱情牌、友情牌的好机会。一方面，品牌可以借此回馈新老顾客，为其带去惊喜；另一方面，也是促进销售的好时机。消费者本来对节假日的商家活动就存在一种期待，在这个时候开展丰富的活动可以增进品牌与顾客之间的情感联系。

　　3. 特殊时节

　　某些跟商品或者服务相联系的特殊时节，如中秋节、葡萄采摘及葡萄酒酿造节、啤酒节等，企业可以邀请消费者参与体验，设计有意思的体验环节，使其加深对企业品牌的了解和认识。

4. 每年定期举办一次或几次与消费者互动的活动

娱乐性活动的组织频率不能过高，每年一次或几次恰好能够满足人们的新奇感。人们不会因为活动太过频繁而感到乏味，失去了观看和参与的热情。

5. 常年维持品牌体验

服务性质的品牌体验需要常年维持，不能间断。餐饮、酒店、航空、旅游、汽车销售这些上面提到过的服务为主或服务所占比例较重的行业必须要时刻提供良好的服务，给顾客带去优质的品牌体验。

三、品牌体验传播的应用策略

问题 7：品牌体验传播有哪些核心要素？

1. 利益

品牌体验传播的出发点在于消费者利益。这是因为，品牌归根结底是存在于消费者心中的感受与态度，而以品牌信息沟通为目的的体验活动也需要以消费者为中心。企业要洞察目标消费者的真正需求，以产品为媒介、以服务为手段，为消费者提供独特的、有价值的体验，让他们在感受品牌的同时，获得实质性的利益。

2. 互动

品牌体验传播的关键在于互动。企业充分调动消费者的积极性、主动性、在互动过程中营造难忘的消费体验，从而与消费者建立起良好的关系，最终提升品牌知名度、美誉度、忠诚度等各个方面。

3. 唯一

品牌体验传播的根本在于唯一。通过为消费者量身定制个性化的产品和服务，使品牌与消费者之间建立起"一对一"的密切关系，不但能够更有效地满足每一个消费者的独特需求，而且便于企业掌握消费者的潜在需求与消费趋势。比如，提供可供消费者自己调整的产品、服务和体验，使其能够根据不同的时空条件和喜好，自由定制属于"自我"的体验；在产品功能不变的情况下，通过定制化的包装设计、送货方式、宣传材料、个人标签符号等，增强消费者的自豪感和满足感；准确地预测和掌握消费者偏好和习惯，消除对其不必要的、重复的、令人心烦的程序干扰，向其提供个性化服务，从而强化品牌关系；让消费者参与到品牌创新、产品设计等活动中，充分利用消费者的主动性和创造性。

问题 8: 品牌体验传播有哪些主要环节?

1. 产品中附加体验

在产品中附加体验能够为产品带来附加价值。企业可以从产品的质量、外观、包装设计等方面来增加消费者的体验。

2. 服务提供完美体验

卓越的服务品质是打造优秀品牌的必备要素。在服务中增加体验成分,可以更好地突出个性化和差异化,吸引消费者的注意,并加深其对品牌的认识和感受,从而在日趋同质化的市场竞争中占据优势。

3. 渠道中增加体验

相信很多人都有过这样的经历:你决定好了要买什么东西,走到商场,发现售货员小姐的态度非常不好,然后你突然改变主意不想买了。这充分说明购物过程可能会影响费者的选择。渠道的构建除了要考虑到便利性因素,还需要注意营造良好的氛围。如果可以结合产品的特性,构建独创性的渠道,将会事半功倍。

4. 价格带来惊喜体验

价格体验就是企业安排特别的产品或者服务价格,为顾客带来惊喜和深刻回忆的体验。对此,约瑟夫·派恩和詹姆斯·吉尔摩还提出了顾客惊喜的公式:

顾客惊喜 = 顾客感觉到的(价值) – 顾客期望得到的(价值)[①]

问题 9: 品牌体验传播实践中需要注意哪些问题?

1. 从企业自身资源和实际需求出发,考核体验传播的必要性和可行性

企业需要切实考核采用这种品牌传播方式的必要性和可行性。比如考量自身资源能力及实际需求、分析活动运作的赢利点和投资回报率、考核品牌建设与活动运作投资预算、评估活动投资风险等。

2. 将品牌核心价值融于体验与参与活动中

消费者体验活动需要在品牌核心价值的统率下展开,将品牌内涵、品牌价值、品牌文化传递给消费者,并且激发消费者关于品牌的联想,通过互动增进与消费者的情感,维持及获得更多的忠诚消费者的支持。

3. 根据消费者心理需求精心设计品牌体验

企业应重视对消费者心理需求的分析和研究,挖掘出有价值的品牌传播机会。在产品及服务的设计上,加强心理属性的开发,重视在形象、个性、品质

[①] 约瑟夫·派恩,詹姆斯·吉尔摩. 体验经济. 北京: 机械工业出版社, 2008: 101.

等方面的塑造，营造出符合目标消费者需求的产品和服务。在体验活动上，充分考虑目标消费者的利益点和顾虑点，由此决定在体验过程中重点展示什么、回避什么，以通过最恰当、便捷的方式让消费者进行体验。

4.注重营销传播的一致性和整体性

品牌体验传播是一套系统流程，它通常是氛围营造、环境制造、场景设计、消费完成、承诺实现这一系列流程紧密结合在一起的。因此，在操作中必须注重整体的协调性。企业在实施体验传播时，从产品设计一直到营销推广的整个过程，都必须始终站在消费者的体验角度来构思，切实考虑消费者在进行品牌接触时会产生什么样的感受。此外，各个部门之间需要高度配合，在每一个业务环节中都要注重营销传播的一致性和整体性。

案例分析

解析动感地带品牌体验

动感地带是中国移动旗下的三大品牌之一。定位在"年轻时尚一族"的动感地带品牌在其目标消费者心目中具有相当大的影响力。动感地带品牌体验与参与的策略分析如下：

攻略一：业务体验

动感地带根据目标消费人群的特点将业务细分，推出了一系颇具特色的数据业务和资费套餐，开创了国内手机增值业务的先河。中国移动分别有针对性地设计了"学生套餐"、"娱乐套餐"、"时尚办公套餐"等，套餐可以提供优惠的价格来满足客户发送短信、拨打市内和 IP 长途电话、通过 GPRS 上网等各方面的需要；并且采用了预付费入网方式，实行实时扣费、实时充值；另外还提供个性化信息和休闲娱乐的业务，包括铃声图片下载、移动 QQ、网络游戏、位置服务等。

移动打造的动感地带品牌是全国第一个在手机业务方面玩出新意的品牌。崭新的业务体验给手机用户造成了很大的冲击，尤其是动感地带针对的目标消费群。他们年龄在 18~25 岁之间，收入并不高，喜爱新鲜事物，勇于尝试新的业务。于是，动感地带很快就拥有了大批的消费者。

攻略二：渠道增加体验——动感地带体验店

动感地带体验店是为动感地带客户提供全方位服务和体验的场所。它主要包括以下四个方面的体验：品牌文化的体验、网络的体验、业务体验和服务的体验。从店址的选择、店面的设计装修到店内功能区的划分、多种自助服务的提供，都是为了带给动感客户完美的体验。在体验店里，顾客可以办理各种业务、查询积分、兑换积分，另外还可以体验网络游戏、网络教育等。这种"业务办理＋互联网体验＋娱乐休闲"模式的体验富有创新性。体验店更便于宣传品牌文化，加强与消费者的沟通，同时可以将更多的新的、有趣的内容传递给客户。

攻略三：异业结盟营造多重体验

长期以来，动感地带和几个具有非同一般影响力的品牌进行异业结盟，其中包括麦当劳和 NBA（美国职业篮球协会）。与麦当劳的合作使动感地带用户可以通过短信、彩信等方式参加麦当劳的"动感套餐"投票，并有机会在麦当劳餐厅享受到各种优惠。利用与 NBA 的合作，动感地带开展了"NBA 篮球大篷车活动"。动感客户可以免费去比赛场地领取小礼品，在比赛现场还可以体验到篮球 PS 游戏、手指篮球游戏等多项小游戏。

攻略四：为体验注入娱乐元素

通过举办街舞挑战赛、明星演唱会换票、M-Zone 人聚会等花样繁多的娱乐活动为消费者带去了很多娱乐式的体验。由于动感地带的目标消费群是热衷于娱乐的年青一代，所以娱乐式的体验更贴近他们的生活方式和消费方式，更能满足他们的需求，刺激消费者对品牌形成偏好和产生满意感，成为品牌的忠诚消费者。

攻略五：惊喜体验——M 值换礼品

M 值兑换计划是动感地带开展的又一项回馈用户的活动。按照消费的话费和数据业务的累积，兑换成 M 值，根据 M 值的多少赠送不同等级的礼物。这样的回馈通常是不定期的，可以算是品牌带给消费者的惊喜。惊喜的制造可以加深客户对品牌的好感，增强其对品牌的满意度。

效用一：突出品牌个性，树立品牌形象

动感地带开展的所有体验与参与形式的品牌传播活动都是以目标消费群体为对象，围绕他们的兴趣爱好、生活方式展开的。因此，展现出的品牌个性分明，品牌形象清晰。

效用二：给客户带来美好的心理体验，形成品牌偏好和提高品牌满意度

无论是移动推出的业务体验，还是一系列的异业结盟、M 值兑换、娱乐活动等都完全从满足消费者需求的立场出发，尤其是紧紧抓住了消费者的喜好和偏好。所以，消费者对品牌的态度、偏好和满意程度都必然发生改变。

效用三：完美互动造就和谐的客户关系，建立品牌忠诚度

动感地带做了很多努力，让消费者体验与参与并不仅仅停留在消费前和消费中，而是将其维持到了消费后。品牌考虑到了消费者在购买后的心理，让其保持持续的满意，使其重复而连续地购买，成为品牌的忠诚消费者。

效用四：提升品牌的附加价值和塑造品牌文化

动感地带一直朝着建设品牌文化的方向而努力。文化的力量是最强大的；文化的影响力是最具杀伤力的；文化的形成也是日积月累的。企业通过清晰品牌的定位，持续的努力，热情真诚地与消费者的互动，获得消费者的情感认同和共鸣，品牌文化修炼成功指日可待。

资料来源：张树庭，吕艳丹. 有效的品牌传播. 北京：中国传媒大学出版社，2008.

思考题：

1. 根据案例，对动感地带的体验传播策略进行分析。
2. 动感地带的体验传播策略对其传播品牌产生了哪些作用？

本章小结

★★★★

体验是指"通过实践来认识周围的事物；亲身经历"。是继产品、商品和服务之后的第四种经济提取物。"它从服务中分离出来，就像服务曾经从商品中分离出来那样。"体验经济，即"以服务为依托，以商品为载体，以消费者为中心，为消费者创造值得回忆的活动"。体验是在规模经济形成、生产服务同质化日益严重的背景下兴起的，通过体验，品牌得以与消费者进行直接接触，以互动的方式传播品牌信息，交流情感，带给消费者个性化的、丰富的感知，使其对品牌产生联想和回忆。

品牌体验可以建立在五大层面上，包括感官式体验、情感式体验、思考式体验、行动式体验以及关联式体验。品牌体验能够充分调动多重知觉，可以使消费者产生联想和回忆，体验是一个极具个性化色彩的过程，且这种传播方式大部分能够直接作用于消费者，而体验所具有的高度互动性是品牌体验传播的一大优势。但同时，体验传播又有传播范围受限、成本投入相对较大、效果很容易受到其他因素影响等不足。在利用品牌的体验传播中，应充分发挥其优势，努力实现体验在品牌传播中的作用，使体验传播能够突出品牌个性，形成差异化竞争优势；给客户带来美好的心理体验，形成品牌偏好和提高品牌满意度、塑造品牌文化，提升品牌的附加价值；造就和谐的客户关系，建立品牌忠诚度；营造口碑效应；获取消费者的反馈信息。尽管体验传播在品牌传播过程中能够发挥较大的作用，但我们应注意到体验传播有适合使用的范围，只有在合适的范围内正确使用才能发挥效应。在品牌的体验传播中，应该紧紧抓住利益、互动、唯一三大核心要素，在体验传播的流程中把握产品、服务、销售终端等主要环节，在静态观摩、动态感知、深度参与三大互动层级中逐次提升消

181

费者的主动性。

知识扩展

★★★★

体验的设计原则

体验的创造有着广阔的空间，企业要考虑的是它能够提供何种特殊的体验，这种特殊的体验就是企业体验设计的方向。体验与商品和服务一样，需要经过一个设计过程，需要经过发掘、设计、编导，才能呈现出来。一些学者根据进入体验经济企业的做法，归纳出设计体验的五个基本原则。

1. 确定主题

看到星际好莱坞、硬石餐厅、雨林咖啡厅这些主题餐厅的名字，就会联想到进入餐厅的感受。因为它们都点出了明确的主题。制定明确的主题可以说是经营体验的第一步。如果缺乏明确的主题，消费者就抓不到主轴，就不能整合所有感觉到的体验，也就无法留下长久的记忆。拉斯维加斯的论坛购物中心则是成功展示主题的例子。它以古罗马集市为主题，从各个细节展现主题。购物中心铺着大理石地板，有白色罗马列柱、仿露天咖啡座、绿树、喷泉，天花板是个大银幕，偶尔还有打雷闪电，模拟暴风雨的情形。在集市大门和各入口处，每小时甚至有凯撒大帝与其他古罗马士兵行军通过，使人感觉仿佛重新回到古罗马的街市。成功的主题就应像论坛购物中心一样，简洁明确而引人入胜，而不仅是企业的目标陈述或营销广告语。主题无须贴在墙上或挂在嘴上，但必须带动所有的设计与活动，朝向一致的故事情节，吸引消费者。

2. 以正面线索塑造印象

主题是体验的基础，它还需要塑造令人难忘的印象，就必须制造强调体验的线索。线索构成印象，在消费者心中创造体验。而且每个线索都必须支持主题并与主题相一致。华盛顿特区的一家咖啡连锁店以结合旧式意大利浓缩咖啡与美国快节奏生活为主题。咖啡店内装潢以旧式意大利风格为主，但地板瓷砖与柜台都经过精心设计，让消费者一进门就会自动排队，不需要特别标志，也没有像其他快餐店拉成像迷宫一样的绳子，破坏主题。这样的设计同时也传达出宁静环境、快速服务的印象。而且连锁店也要求员工记住顾客，常来的顾客不必开口点餐，就可以得到他们常用的餐点。

3. 减除负面线索

要塑造完整的体验，不仅需要设计一层层的正面线索，还必须减除、削弱、违反、转移主题的负面线索。快餐店垃圾箱的盖子上一般都有"谢谢您"

三个字，它提醒消费者自行清理餐盘，但这也同样透露着"我们不提供服务"的负面信息。一些专家建议将垃圾箱变成会发声的吃垃圾机，当消费者打开盖子清理餐盘时，就会发出感谢的话。这就消除了负面线索，将自助变为餐饮中的正面线索。

4. 充分利用纪念品

纪念品的价格虽然比不具纪念价值的相同产品高出很多，但因为具有回忆体验的价值，所以消费者还是愿意购买。度假的明信片使人想起美丽的景色，绣着标志的运动帽让人回忆起某一场球赛，印着时间和地点的热门演唱会运动衫，让人回味演唱会的盛况。如果企业经过制定明确主题、增加正面线索、避免负面线索等过程，设计出精致的体验，消费者将愿意花钱买纪念品、回味体验。如果企业觉得不需要设计纪念品，那是因为尚未提供体验。

5. 整合多种感官刺激

体验中的感官刺激应该支持、增强主题，而且体验所涉及的感官越多，就越容易成功、越令人难忘。聪明的擦鞋匠会用布拍打皮鞋，发出清脆的声音，散发出鞋油的气味。虽然声音和气味不会使鞋子更亮，但会使擦鞋的体验更吸引人。位于上海市曲阳路的家乐福超市将烘焙面包的香味飘送到市场中，也是同样的目的，即使面包的香味不会使面包更有营养。而当你走进雨林咖啡厅时，首先会听到"滋滋滋"的声音，然后会看到迷雾从岩石中升起，皮肤会感觉到雾的柔软、冰凉，最后消费者可以闻到热带的气息，尝到鲜味，从而打动你的心。

以上五个基本原则并不能保证企业经营的成功，企业还应考虑市场供需因素。如果企业无法持续提供吸引人的体验、索取高于消费者所感受到的价值的价格，或者供应过量，就会面临市场压力。

资料来源：体验经济.MBA智库百科，http://wiki.mbalib.com.

答案
★★★★

一、引导案例参考答案：

1. 在产品的视觉感官体验上、购物环境的体验上、服务的体验上，宜家都为消费者提供了周到的服务。

2. ①宜家为消费者提供的与众不同的体验能将宜家的核心价值、品牌形象、品牌文化等传递给消费者，形成同其他家居品牌的差异化竞争优势；②独特的购物经历给消费者带来了美好的心理体验，使消费者对产品产生偏好；③良好的购物环境可以给消费者带来深刻的印象，促使其持续购买，成为忠诚消费者；④这些美好的体验给消费者带来内心的满足，使其在体验后可以为品牌带来好的口碑。

二、案例分析参考答案：

1. 动感地带在进行品牌的体验传播时采用了以下策略：①动感地带根据目标消费人群的特点将业务细分，推出了一系列颇具特色的数据业务和资费套餐，开创了国内手机增值业务的先河，各项套餐、个性化信息和休闲娱乐的提供使手机用户体验到崭新的业务；②动感地带建立了体验店，为客户提供全方位服务和体验；③动感地带通过与其他行业几个具有影响力的品牌结盟使消费者享受到多重体验；④针对其目标群体热爱娱乐的特征，动感地带举办多项娱乐活动，为体验注入娱乐元素。

2. 各种体验策略的执行，为动感地带的品牌传播带来了诸多好处：①针对消费群体开展的各项体验活动突出了品牌个性，树立了品牌形象；②体验活动从满足客户的立场出发，尤其是紧紧抓住了消费者的喜好和偏好，给客户带来了美好的心理体验；③动感地带的体验传播使消费者的体验贯穿于消费前后，造就了和谐的客户关系，建立了品牌忠诚度；④提升了品牌的附加价值和塑造品牌文化。

第十二章

口碑传播

学习目标

★★★★

知识要求 通过本章的学习，掌握：

● 口碑的定义及其传播的内容和形成方式

● 口碑在品牌传播中的作用

● 品牌口碑传播具有的优劣势

技能要求 通过本章的学习，能够：

● 按照正确的流程进行品牌的口碑传播

● 选择合适的口碑传播素材进行传播

● 尽量避免品牌口碑传播中可能存在的问题，提高传播效率和质量

学习指导

★★★★

1. 本章内容包括：口碑定义，口碑传播的特点，网络口碑传播的特点，品牌口碑传播的优劣势，品牌口碑传播的应用策略。

2. 学习方法：独立思考，抓住重点；对经典品牌口碑传播的案例进行分析，与同学进行讨论设计口碑传播的方案。

3. 建议学时：2学时。

引导案例

五粮液利用博客进行口碑传播

中国酒业巨头五粮液集团国邑公司大胆地尝试了博客体验式口碑传播营销。他们与国内最大的专业博客传播平台博啦网 www.bolaa.com 合作，通过该平台在博客红酒爱好者中组织了一次大规模的红酒新产品体验主题活动。活动开展后短短几天，报名参加体验活动的人数就突破了 6000 多人，最终五粮液葡萄酒公司在其中挑选了来自全国各地的 500 名知名的博客红酒爱好者参加了此次活动，并分别寄送了其新产品国邑干红以供博客品尝。博客们体验新产品后，纷纷在其博客上发表了对五粮液国邑干红的口味感受和评价，此举在博客圈内引发了一股关于五粮液国邑干红的评价热潮，得到了业界的普遍关注。五粮液国邑公司通过此次活动受益匪浅，不仅产品品质得到大家的认可，品牌得到了大幅度提升，而且还实实在在地促进了产品销售，许多参加活动的博客表示五粮液新产品确实口感不错，以后他们自己也会去购买五粮液国邑干红。

五粮液葡萄酒公司负责人认为，通过让博客真实品尝国邑干红葡萄酒，不仅能在第一时间获得用户体验的第一手资料，而且通过博客体验进行的口碑传播，能使红酒品牌得到更广泛的传播，激发消费者的购买欲望，培育忠实用户群体。博客体验不失为一种十分有效的营销方式。获得国邑干红葡萄酒的博客纷纷表示这样的体验方式很好，不仅可以优先免费获得最新产品的体验机会，而且整个主题活动和产品本身具备的文化韵味可以更好地唤起人们心中的情感记录，能让人产生共鸣。

资料来源：曲东. 华夏酒报，2008–11–13.

➡ **思考题：**

1. 在此案例中，五粮液集团运用了哪些手段进行品牌传播？
2. 利用博客进行网络口碑传播能产生哪些效果？

第一节　口碑传播概述

一、口碑传播的概念

问题 1：口碑的定义是什么？

何谓"口碑"，《新闻周刊》（*News Week*）称口碑是"传播性闲聊；关于某个新热点人物、地方或事物的真实的街道层次的热烈谈论"。

在品牌营销领域，口碑的传播者和传播的信息有其特定内容，正如《口碑营销》（*The Anatomy of Buzz*）一书的作者伊曼纽尔·罗森（Emanuel Rosen）所言："口碑是关于品牌的所有评述，是关于某个特定产品、服务或公司的所有的人们口头交流的总和。"在此，品牌信息在企业自身、对手、媒体、渠道成员、意见领袖和消费者等各群体内部及群体之间形成人际传播，即通常所说的口碑传播。

口碑传播与口碑营销差别并不大，一般人们倾向于将两者等同使用。也有学者对口碑、口碑传播、口碑营销三者的定义进行了详细辨析。[①] 认为口碑传播指的是将顾客对企业的看法传递给其他顾客的过程，口碑营销指的是以口碑传播为途径的营销方式。

二、口碑传播的特点

问题 2：口碑传播有哪些特点？

1. 传播成本低、效率高

目前，口碑传播被营销人士视作当今世界最廉价且高效的信息传播工具。成本低廉的互联网使得人与人之间的交流突破了时间和空间的限制，与传统口口相传的口碑传播相比，网络口碑传播的效率大为提高。

2. 传播范围有限

口碑传播通常发生在彼此熟悉的人群或者具有相似特征、爱好的群体之间。如今，随着网络的发展，企业借助网络社区等平台主动进行口碑传播，但

[①] 蒋玉石. 口碑、口碑传播和口碑营销的辨析. 特区经济，2006（11）.

与大众传播相比，其传播范围仍然很小，局限在某一类性质的社区群体之中。

3. 传播源可信度高

这一点是就与企业利益毫无瓜葛的消费者间的口碑传播而言的，企业、中间商等利益相关者利用口碑主动进行品牌传播则另当别论。

在传统营销手段提供的有关产品或服务的商业信息与同事、朋友等周围人的口口相传的信息之间，消费者在多数情况下都会选择后者。与商业色彩浓厚的前者相比，后者显然更具客观性、中立性，所提供的信息可信度更高。比如，当消费者在两个或者几个品牌之间举棋不定时，身边朋友或同事的一个推荐就可能让他最终产生购买行为。

4. 信息传递的双向性

传统品牌传播方式如广告，它所提供的信息是单向的，而口碑传播是双向的，即在信息传递交流过程中，任何一方都可以随时提出问题，从而获得自己想要获得的信息。

5. 传播环境安静，干扰度低

相比其他传播方式，口碑传播一般是在相互之间熟悉的个体或群体之间进行，传播环境更为安静，受干扰的影响比较小。

6. 易于形成流行

具备了传播价值高的口碑素材，通过口口相传，很容易在公众之间一传十、十传百地流行开来。但是要想树立良好口碑，产品或服务的优良品质将是关键。古语云"酒香不怕巷子深"，只有"酒香"了才能"不怕巷子深"。许多中华老字号，比如同仁堂、全聚德等，正是在过硬品牌的基础上，通过口碑传播名扬于世。

第二节　品牌口碑传播的应用策略

一、品牌口碑传播的一般工作流程

问题3：品牌口碑传播一般操作流程包括哪些内容与步骤？

（1）好的产品或服务是进行口碑传播的起点和基础，酒香方可不怕巷子深，否则只会加速一家企业的灭亡。

（2）口碑传播必须配合其他品牌传播手段来进行。口碑传播的速度较慢，

| 好的产品或服务 | ⇒ | 建立综合营销计划 | ⇒ | 识别意见领袖 |
| 与意见领袖沟通并传递信息 | ⇒ | 测量传播效果 | ⇒ | 重复持续互动 |

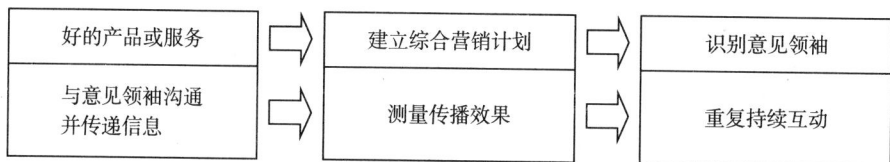

图 12-1 品牌口碑传播的一般工作流程

虽然网络上的口碑传播可以避免这个问题，但新的问题又随之而来，那就是可信度低。口碑传播不能包治百病，必须伴随着传统营销手段一起进行。口碑传播不是传统营销手段的一种替代，而是一种补充。例如，大众媒体广告可以让消费者形成品牌认知，而口碑传播则会说服顾客实际去购买。

（3）识别意见领袖。意见领袖广泛存在于口碑传播的各个渠道，企业可以通过一些量化指标对其进行筛选。对于网络上的意见领袖，企业有望借助数据库技术及相关软件发现他们。

（4）与意见领袖建立沟通并传递信息。企业提供给他们的信息必须具有针对性，比如更为专业的介绍、接近内容的消息等。同时开展一些体验活动，向意见领袖们提供实验产品、试用样品等，与意见领袖建立坚实的、顺畅的沟通渠道。

（5）测量传播效果。传统的口碑传播效果难以测定，但在以社区口碑传播为代表的网络口碑传播中，企业可以借助相关软件对信息的传播参数进行分析，衡量意见领袖的传播范围与传播效果，调整或者改变意见领袖的选择标准。

（6）重复持续活动。企业必须持续不断地重复上述步骤，以发现问题所在并完善该流程。一个由美国国家研究部（National Research Bureaum, Inc.）所做的关于销售主管的调查发现，在所有销售成果中，有80%是在第五通电话后才成功的，但是有90%的推销人员在他们打到第五通电话之前就手举白旗。

二、品牌口碑传播的要素

问题 4： 口碑传播的基本素材有哪些？

公众在相互之间进行口头传播时，通常受到一定心理因素的驱使。比如对于已使用过的产品或服务，消费者觉得很新奇或有趣，或者觉得从中获利，想向别人推荐，当然也可能是其利益受损，提醒别人小心等。企业可以针对这些心理，打造口碑传播热点。

1. 品牌的核心概念

它是品牌存在的根本意义，也是一个品牌的灵魂。一个没有核心概念或核心概念不甚清晰的品牌是没有生命力的，因为它缺乏口碑传播的素材。消费者认同"海尔"，是因为它"真诚到永远"；而当年中国最早的茶饮料"旭日升"因为品牌缺少核心概念，没有在消费中形成口碑，最终销声匿迹。

2. 品牌历史或故事

对待品牌历史，既不能坐享其成也不能完全抛弃。第一种态度容易让企业走向老化，有些老字号的没落就是明证，比如"王麻子"；第二种态度同样不可取，例如曾是我国第一辆国产轿车及国家领导人专用坐骑的"红旗"轿车，由于对这个历史品牌的重视程度不够，选择走平民化路线，结果市场表现每况愈下。正确的态度应是积极挖掘品牌历史，增加品牌文化内涵，并主动对外传播，形成良好口碑。

除了品牌的真实历史之外，企业还可以主动创造品牌故事加以传播。以故事为载体有利于企业向消费者传递品牌诉求，构建强势品牌。在这方面，许多奢侈品品牌做得非常成功，几乎每一个奢侈品品牌背后都有一个优美的故事。

3. 富有特色的产品、技术或服务

突破性的产品或技术，本身属于新兴事物，能够成为传播热点。企业往往利用消费者的猎奇心理，先通过意见领袖的口碑传播，迅速扩大产品及品牌的知名度。此外，优质服务同样可以作为企业口碑传播的良好素材。海尔正是凭借有口皆碑的售后服务，才树立起了"真诚到永远"的优质口碑。

4. 品牌识别元素

品牌的 Logo、名称、包装、颜色等也可以成为企业直接或间接进行口碑传播的素材。如 CHANEL 作为世界上最著名的时尚品牌之一，那简约而独具特色的双 C 品牌识别让人印象深刻，在 CHANEL 服装的扣子或皮件的扣环上，可以很容易地发现双 C 交叠而设计出来的标志，这更是让 CHANEL 迷们为之疯狂的"精神象征"。

5. 特殊的创意表现

一些独具创意的广告表现也容易被广为流传，甚至成为流行元素。比如个性鲜明的广告语（动感地带"我的地盘我做主"）、浪漫感人的广告情节（百年润发电视广告）、明星代言人（阿迪达斯一度推出的"运动员用画笔讲述故事"系列），等等。

6. 热点事件

搭车或者制造新闻热点事件，是企业进行品牌口碑传播的有力武器。热点事件因为本身极具传播价值，与之建立联系可以快速建立品牌知名度，伴随热点事件的传播形成口碑。例如在美伊战争期间，"统一"润滑油不失时机地在央视推出"多一些润滑，少一些摩擦"的电视广告，不但迅速打响知名度，而且凭借颇具双关意味的广告语形成了良好口碑，为其进行口碑传播提供了良好素材。在制造新闻事件方面，当年"大红鹰"上市时，就率先采用了独家买断电视剧插播权的做法，让"大红鹰"以最快的速度在当地家喻户晓。

三、品牌口碑传播策略实施中的注意事项

问题 5：品牌的口碑传播应注意哪些问题？

1. 舍本逐末，忽视产品品质提升

过硬的产品品质与服务是口碑传播的前提，没有让消费者满意的产品或服务，良好的口碑只能是空谈。有的企业，没有将精力放在提高产品的核心竞争力上，只一味地进行铺天盖地的广告宣传和大量的促销活动，却往往没有取得很好的效果。而有的企业，虽然曾经有过良好的口碑，却故步自封，忽视了对产品和服务质量的提升，最终只能被激烈的市场竞争所淘汰。

2. 职业道德的缺失

主要表现在：①制造虚假口碑。②控制和影响口碑传播源：意见领袖和企业的关系中就存在着一些说不清、道不明的利益关系，意见领袖及其所传播的信息的客观性、独立性就会受到影响。③干扰普通消费者的口碑交流：有些企业故意安排一些人试图控制 BBS 里对产品的意见，他们在 BBS 里以一般网友的身份发帖子，"赞美"企业的产品，甚至一旦发现对自己不利的帖子，就想办法把它删除等。

职业道德是企业口碑传播必须遵守的原则，企业应首先保证自己宣传内容的客观性和真实性，不能过分夸大自己的产品和服务。否则，对于企业辛苦建立起来的美誉度将是致命性的打击。

3. 负面口碑处理不当

口碑是一把"双刃剑"，既可以为企业带来口碑效应，也会由于负面口碑的传播带来负面影响。现代企业，即使是一些大企业也往往容易忽视负面口碑传播的严重性，没有一套及时、正确地处理危机的机制，常常会使企业的危机愈陷愈深。在国内，很多企业在危机发生时最常用的做法是大门紧锁，拒绝一切采访，试图用各种手段蒙蔽消费者，甚至连公司的很多内部职工都不知道到底发生了什么。这样做的结果只能是适得其反，更加使企业的形象和信誉受到消费者的质疑。

191

4. 忽视公司内部的口碑营销

很多企业在进行营销过程中容易忽视公司内部的口碑营销。实际上，如果企业的员工带着不满的情绪在为企业工作，效果是可想而知的。而且当这些员工在向朋友谈到自己的企业时总是抱怨不断，他们作为信息源发出的负面口碑的效果要远比一般消费者大得多。而且，这种对企业的抵触情绪必将对企业的正常生产带来影响。

5. 排斥大众传媒

目前，传统大众媒介费用上升，而效果却逐步下降。于是有的企业抱着"酒香不怕巷子深"的心理，一味地埋头于产品的生产，排斥广告、推销等其他营销手段，这样就会走向另一个极端。口碑传播要和广告营销、价格营销、渠道营销等传统营销手段进行组合，才会相得益彰、发挥出整体大于部分之和的效应。

活动： 口碑传播活动练习

三人为一组，根据品牌口碑传播的操作流程，为某一品牌策划一次完整的口碑传播，包括详细的口碑传播素材。由老师和其他同学对策划方案进行评价。

192

案例分析

相宜本草网络社区口碑营销案例

相宜本草是一家国产天然本草类化妆品品牌，其产品进入市场化运作时间较短，市场认知度较低。虽然产品拥有良好的品质和口碑，但对于该品牌了解的消费者相对较少。在有限的市场投入情况下，如何能够针对现阶段的发展产生最好的营销效果，经过多方咨询与沟通，相宜本草采用了网络社区口碑营销的策略，借助互联网社区营销新媒介，展开迎合精准群体心理的营销策略，利用网络快速传播的特点，实现低成本的广泛传播效应。相宜本草选择了唯伊网作为核心传播载体，以唯伊社区为营销传播中心，整合浙江本地社区及线下高校资源，实现了线上线下互动整合营销。相宜本草是化妆品领域的年轻品牌，其市场价格也非常适合年轻态群体，唯伊社区的用户群体与相宜本草的定位相互吻合，这为最终的营销效果奠定了坚实的基础。整个营销过程大致分为：

第一个环节为免费申请品牌试用装。利用消费者的利益驱动和对新鲜事物的好奇心，为品牌造势、吸引眼球、聚集人气。

第二个环节是收集申请者的数据资料。收集申请者数据资料并向品牌进行反馈，以便数据挖掘。这个过程中相宜本草充分了利用了数据的资源，为这些潜在消费者进行了电话营销，并且为每个潜在消费者邮寄了相宜本草的会员杂志，很多用户反馈相宜本草的服务很贴心，使得消费者对相宜本草这个陌生品牌产生了好感。

第三个环节为网络整合营销传播。唯伊联合国内知名社区站点，做联合推广，活动有更丰富的传播载体，更广阔的传播范围，快速提升品牌在网络中的知名度和影响力。这个过程线上线下有着交叉互动的关系，包括高校人群的覆盖，短信平台的精准营销，都为整个事件的传播起到了极大的推广作用。

第四个环节为用户分享试用体验。以奖品为诱饵，吸引试用用户分享产品体验，引导消费者的正向口碑，实现推广产品在网络传播的知名度和美誉度一定程度提升的效果。对于一个新兴品牌，唯伊社区集中汇集了大量的口碑评论，通过互联网的复制传播效应，口碑逐渐扩散开来。

第五个环节为试用达人 Blog Media 推荐。试用达人 Blog 目前拥有 1700 多个网络订阅，拥有忠实的读者群，在网络试用领域有着较高的知名度和影响力。在活动结束阶段，重点推荐活动期间优秀的网友评论，为品牌网络传播画上了一个完美的句号。

资料来源：中国证券报——中证网，2010-09-10.

思考题：

1. 相宜本草是怎样利用口碑进行品牌传播的？
2. 相宜本草的口碑传播战略会发挥怎样的作用？

本章小结

"口碑是关于品牌的所有评述，是关于某个特定产品、服务或公司的所有的人们口头交流的总和"。在此，品牌信息在企业自身、对手、媒体、渠道成员、意见领袖和消费者等各群体内部及群体之间形成人际传播。

口碑传播因其传播成本低、传播范围有限、传播源可信度高、信息双向传递等特征使其传播过程具有较高的可信度，并能通过传递品牌体验加深好感度和美誉度，对消费者的购买决策产生直接的影响。但是，口口相传的方式也不可避免地存在不足，例如消费者对品牌认知的局限、感性因素的影响大、传播过程难以掌控、效果不宜测量等。因此，营销人员在进行品牌的口碑传播时，应根据口碑传播的流程选择恰当的传播素材，趋利避害。

知识扩展

★★★★

网络口碑营销

网络口碑营销，又为 Internet Word of Mouth Marketing，简称 IWOM。网络口碑营销是口碑营销与网络营销的有机结合。它逐步由门户广告营销、搜索广告营销发展到网络口碑营销。

在网络博客火暴以后，有些聪明的广告主将产品无偿提供给博客用户试用，并让他们把对产品使用的体验、感受写成博客文章发表，让大家共享，这大概是网络口碑营销的最初形式。随后，国内互联网上出现了几种网络口碑营销的不同平台：一是电子商务网站自我服务式的口碑营销板块，主要发布经历过网上交易的消费者的口碑信息，以给新买家以购物指导，如淘宝网的"购物指南"。二是专注提供日常生活类口碑信息与相应服务（本地生活搜索+分类信息等）的网站，如大众点评网、口碑网。三是通过社区网站或网站的社区，聚合网友提供某类或几类商品的口碑信息以服务于用户，如蚂蚁社区网。还有就是专门从事口碑信息搜索的网站。

网络口碑营销在发展进程中将会遇到两方面的问题：一是在消费者一方，由于以文字等表达方式发布口碑信息也是需要一定的表达能力和时间、精力资源，因此依企业的意愿与请求提供有利口碑信息的动力不大；二是在企业一方，目前大多是既没有正确认识网络口碑营销的意义与作用，又缺乏与消费者特别是提供不利口碑信息者沟通交流的主动性和积极性。企业要想把消费者的"口碑信息"由不利转化为有利，是靠企业自身诚信与品质的提升，靠"润物细无声"的实际行动将之感化。只要企业坚持进行"正向"操作，那不管是网上线下，不同的"口碑信息"都可以殊途同归，共同促进企业宗旨与愿景的实现。也正是基于此，网络口碑营销崛起后才能沿着正确的道路健康有序地发展。

答案

★★★★

一、引导案例参考答案：

1. 五粮液集团国邑公司以博客为主体平台，综合使用了体验式口碑传播营销手段。通过与专业博客网站平台的合作，以博客红酒爱好者为传播对象，组织红酒新产品体验主题活动，将品牌体验与经验分享在博客口碑传播中有机结合起来。

2. 利用博客进行网络口碑传播，既可以获得准确的用户体验的第一手资料，而且通过博客体验进行的口碑传播，更能使品牌得到有效的广泛传播，直接促进消费者的购买欲望，培育忠实用户群体。

二、案例分析参考答案：

1. 相宜本草采用了网络社区口碑营销的策略，借助互联网社区营销新媒介，展开迎合精准群体心理的营销策略，利用网络快速传播的特点，实现低成本的广泛传播效应。整个活动过程可以概括为：吸引网络注意力——消费者数据挖掘——提升网络知名度和影响力——引导用户分享产品体验的正向口碑——复制扩散口碑传播效应——及时反馈重点推荐网友评论。

2. 相宜本草的口碑传播战略作用：在市场对其品牌认知度较低的条件下，能够迅速引起关注，并经过试用体验完成与消费者的互动传播，最后集中汇集大量的口碑评论，通过互联网的复制传播效应，使得正向的口碑逐渐扩散开来。

第十三章

互联网传播

学习目标

★★★★

知识要求 通过本章的学习，掌握：

● 互联网传播的定义及其对品牌传播的作用

● 品牌利用是互联网传播的主要载体

● 利用互联网进行品牌传播具有的优劣势

技能要求 通过本章的学习，能够：

● 根据互联网传播四种模式的不同特征选择合适的模式进行应用

● 分析网络传播是否适用于某一行业品牌

● 根据某品牌所处时期的不同选择合适的传播策略

● 在品牌利用互联网进行传播的过程中注意并避免可能存在的问题

197

学习指导

★★★★

1. 本章内容包括：互联网传播的定义；互联网对品牌传播的作用；品牌利用是互联网传播的主要载体；互联网进行品牌传播的特征；品牌互联网传播的应用模式；品牌互联网传播须考虑的因素；目前品牌互联网传播中存在的问题。

2. 学习方法：围绕考试重点，对典型案例进行分析讨论。

3. 建议学时：2 学时。

引导案例

可口可乐的互联网传播

2009年春节，可口可乐倡导其积极乐观的品牌理念，推出"新年第一瓶可口可乐，你想与谁分享？"这个新年期间的整合营销概念，鼓励人们跨越过去，展望未来，以感恩与分享的情愫营造了2009年新年伊始的温情。活动充分整合了目前国内年轻人热衷的大部分网络资源：社交型网站、视频网站以及每日都不可离开的手机。利用了社交型网站、视频等途径，让数以万计的消费者了解了"新年第一瓶可口可乐"的特殊含义，并积极参与了分享活动，分享自己的故事和自己想说的话。

除了使用在过年过节时最广为应用的短信拜年，向 iCoke 会员发出"新年第一瓶可口可乐"新年祝福短信，同时也在 iCoke 平台上提供国内首次应用的全新的手机交互体验，让拥有智能手机的使用者，通过手机增强现实技术（AR Code：Augmented Reality Code）的科技，用户收到电子贺卡时，只要将手机的摄像头对准银幕上的贺卡，就能看见一瓶三维立体的可口可乐与环绕的"新年第一瓶可口可乐，我想与你分享"的动态画面浮现在手机屏幕上，并伴随着活动主题音乐，新技术的大胆运用给年轻消费者与众不同的超前品牌体验。自活动开始，参与人数随着时间呈几何数增长。超过500万的用户上传了自己想要分享的故事及照片，超过300万的 SNS 用户安装了定制的 API 参与分享活动，近200万的用户，向自己心目中想分享的朋友发送了新年分享贺卡。同时，在论坛、视频网站和博客上，一时间充满了"新年第一瓶可口可乐"的分享故事。除了惊人的数字外，消费者故事的感人程度与照片视频制作的精致程度，均显示了该活动所创造的影响力及传播效果。

资料来源：西部 e 网，http: //www.weste.net，2010-08-28.

思考题：

1. 在此案例中，可口可乐公司是怎样利用互联网进行品牌传播的？
2. 可口可乐公司的网络传播战略为什么能取得成功？

第一节 互联网传播概述

一、互联网传播的概念

问题 1: 互联网传播的定义是什么?

本节所讲的互联网传播,指的是将互联网作为传播媒介,运用属于互联网技术的各种工具达到品牌传播目的的传播方式。随着 Web2.0 时代[①] 的来临,博客、标签、维客、社交网络、RSS 等技术被更多地运用于互联网传播中。普通用户在互联网信息传播中的地位正在飙升,他们不仅成为信息的接收者,同时更是信息的制作者和发布者。这种信息传播模式的根本性变革为品牌传播带来了机遇和挑战。怎样依托 Web2.0 所提供的技术和平台,提升消费者卷入度,寻找品牌与网络平台之间的契合点,成为企业借助互联网进行品牌传播的成败关键。

二、品牌互联网传播的主要形式

问题 2: 品牌互联网传播的主要载体有哪些?

互联网拥有多种可被企业运用的品牌传播载体,并且新的传播形式继续以极快的速度不断地涌现出来。企业需要抓住网络上任何一个能够与消费者接触的环节,差异化地进行品牌传播,才能在信息爆炸的网络世界中凸显自身的品牌信息。以下为几种应用越来越广泛的新兴网络传播载体,其共同之处是高交互性和参与度,更多地采用了富媒体作为表现形式(见表 13-1)。

---

① Web2.0 是互联网的一次理念和思想体系的升级换代,由原来的自上而下的由少数资源控制者集中控制主导的互联网体系转变为自下而上的由广大用户集体智慧和力量主导的互联网体系。Web2.0 内在的动力来源是将互联网的主导权交还给个人从而充分发掘了个人的积极性参与到体系中来,广大个人所贡献的影响和智慧与个人联系形成的社群的影响就替代了原来少数人所控制和制造的影响,从而极大地解放了个人的创作和贡献的潜能,使互联网的创造力上升到了新的量级。——《中国 Web2.0 现状与趋势调查报告》

表 13-1　当前主流网络传播形式

接触点	主要广告形式	传播特性	主要运营商	目前应用行业	成功案例
企业官方网站	公司介绍；站内产品展示；活动信息；站内本品牌广告等	全方位、立体式大量传达企业信息	各企业自建自营	各行各业	可口可乐网站；宝洁网站；海尔网站；Nike网站；百事可乐网站
电子邮件	以电子邮件为传播载体，广告以邮件的形式发给邮箱用户或在邮箱页面上刊登广告	针对性强；信息传递最直接、最完整的方式	网易；雅虎；新浪；搜狐；TOM；Livemail；QQ邮箱	各行各业	贝塔斯曼、当当网通过邮件向注册会员分发宣传册和电子传单、招贴
网络游戏	广告内容镶嵌在游戏情境之中	游戏内容及场景与广告融合，借助了游戏的高黏性	网易；盛大；九城；久游网；腾讯；征途；金山；光通；中华网；天联世纪	主要目标消费人群为年轻群体的行业，例如食品、服饰行业	绿盛把QQ能量枣直接设计到《大唐风云》中；M&M豆将产品元素置入QQ游戏中；耐克与《街头篮球》的广告内置合作
网络社区	网站论坛营销	利用网络上的社会关系引爆一个点，把营销理念迅速传递出来，在用户之间的互动中实现快速的爆发，主题特定、参与性和心理归属感强	猫扑等论坛类网站；各门户网站的论坛板块	汽车、房地产、日用化妆品、节目推广等	妮维雅、娇兰、薇姿、美涛等品牌在网易社区女性论坛长期建立品牌俱乐部
	企业网站社区营销		各企业自建自营	日用化妆品、食品行业	可口可乐推出3D QQ秀网络虚拟社区
	即时通信工具社区营销		腾讯QQ；MSN	非生产资料行业	联想、润洁在QQ聊天窗口投放广告
	博客营销		和讯；新浪博客网；搜狐；中国博客；网易博客；Live Spaces；Qzone；天涯博客等	IT行业、汽车行业、快速消费品行业等	AMD选择徐静蕾博客进行营销推广；IBM在公司内部网上提供博客系统以鼓励员工使用；奥迪借助博客进行A3跑车上市推广
数字杂志	采用先进的P2P技术发行，以Flash为主要载体	多媒体；互动性；深度交互	ZCOM；Xplus；MagBox	化妆品、服饰、数码产品、快速消费品等	美宝莲、三星、康佳、TCL、自然堂等在PocoZine上投放广告

接触点	主要广告形式	传播特性	主要运营商	目前应用行业	成功案例
网络视频	企业自制广告片在网络上流传；视频贴片广告	用户点播，自行决定播放时间和内容，主动性强	优酷网；悠视网；土豆网；青娱乐；优度网；搜狐；新浪；My Space；YouTube	各行各业	宝马2001~2002年间推出的8部风格各异、长短不一的《雇佣》系列短片
搜索引擎	网站登录/固定排名广告；竞价排名广告；址栏搜索广告（网络实名）；关键词广告	消费者自动寻找信息的途径，自觉自发，高卷入度	谷歌；搜狐；百度	各行各业	—

此外，还有一些常见的品牌网络传播形式为各行各业所普遍应用，在此作简要介绍。

表 13-2 常见网络广告传播形式

广告种类	含义及表现形式
幅式广告	幅式广告的形式类似横幅，横亘在页面上方或中央，占据醒目位置，用来吸引浏览者点击，以此了解更多信息。它是最早的网络广告形式
通栏广告	和横幅广告类似，但是面积更大，一般都出现在首页以及各频道的中间显著位置，并且贯穿网页的两端
对联广告	对联广告位于网站页面左右两侧，遥相呼应，形式好似对联
图标广告	又称按钮式广告，与横幅式广告大体无异，尺寸较小，表现手法较简单，多用作纯提示性广告。只显示一个标志性图案（如商标），没有标语也没有正文，吸引力稍差。常用尺寸为四种125×125像素、120×90像素、120×60像素、88×31像素的GIF或者Flash格式
页面浮动广告	它是外挂在网页上层的静止或浮动的平面广告形式。包括浮动广告、旗形广告
插播式广告	又叫"弹出式广告"，访客在请求登录网页时强制插入一个广告页面或弹出广告窗口。插播式广告有各种尺寸，有全屏的也有小窗口的，而且互动的程度也不同，有静态的也有全部动态的
伸缩式广告	伸缩式广告先以420×270像素展开，后缩成420×100像素的形式吸引访问者；也可以由网友自主控制伸缩功能，通过点击伸缩通栏右上角的"扩展广告"的字样或者直接点击伸缩通栏来展开或收缩广告
全屏广告	当用户打开浏览页面时，在主页打开之前全屏演示广告内容，一般停留3~5秒，然后消失或缩成普通的旗帜广告，进入正常阅读页面
背投广告	随主页展开弹出的广告窗口，隐藏在网页的后面，不影响网友的正常浏览
赞助式广告	赞助式广告可分为三种形式：内容赞助、节目赞助和节日赞助。广告主可选择感兴趣的网站内容或网站节目进行赞助，或在特别时期赞助网站的推广活动
竞赛和推广式广告	广告主与网站联合举办他们认为网友会感兴趣的网上竞赛或网上推广活动

广告种类	含义及表现形式
分类式广告	网络分类广告具有数据库的一些功能，能够按要求迅速进行检索、显示，并能自动更新或转发到用户指定的邮箱，具有很强的针对性
文字链接	广告文字链接是采用超文本方式，字数一般都不会太长，可以安插在用户浏览的每一个页面中
文章插页广告	文章插页广告位于网页正文之内，一般都占据很大的位置，四周被文字环绕，也被叫作"画中画"广告
墙纸式广告	企业在其网站中提供墙纸免费下载服务，将企业的产品、服务内容、Logo 设计其中
屏保广告	在计算机待机时以全屏方式播放动画，并可配上声音
书签和工具栏广告	浏览器的收藏夹和工具栏也成为广告的载体。某些软件会在用户安装的同时，在用户的浏览器工具栏上生成广告的按钮
指针广告	用户可以指定任何图片成为鼠标的指针，用户所浏览的网页也可指定特定的图片成为指针的形状
网上声音广告	在各种网络广告形式中加入声音，增强广告效果，加深受众印象
定向广告	是指网络服务商利用网络追踪技术（如 Cookie）搜集整理用户信息，并对用户按年龄、性别、职业、爱好、收入、地域等不同标准进行分类，记录储存用户对应的 IP 地址，而后利用网络广告配送技术，根据广告主的要求及商品、服务的性质，向不同类别的用户发送内容不同"一对一"式的广告

三、互联网对于品牌传播的作用

问题 3：互联网对品牌传播有哪些作用？

品牌建设始终需要紧跟环境的变化，网络技术的革命给品牌传播带来了新的契机。企业要依靠在传统形式的品牌建设中积累的经验，以开放的心态深入发掘网络空间的潜力，充分利用互联网的优势进行品牌的传播与维护。正确运用网络这个工具的第一步是了解它的功效有哪些，互联网对品牌传播的作用主要体现在以下几个方面：

1. 最大化地提升品牌知名度

互联网没有时空限制，它的触角伸向世界的每个角落。它就像一本唾手可得的字典，内容丰富翔实，用户根据自己的需求进行查询并获得信息。而品牌信息也通过网络最大化地扩散出去，从万里之遥的品牌所在地到达距离咫尺的电脑显示屏，继而与受众进行"亲密接触"。通过这种方式，品牌信息甚至能够被传播到其他传统传播方式所不能达到的市场。知晓品牌的用户通过互联网可以进一步了解品牌，加深对品牌的认识和印象；对品牌没有认知的用户也可以通过搜索品类的关键字获得品牌信息，这种方便的品牌信息获取途径为消费者带来便利的同时，最大化地提升了品牌知名度。

无论是各门户网站相继推出的搜索引擎服务（如 Google 的 adwords 和 adsense）（见图 13-1），还是 wiki 演变出的百度知道、新浪爱问等答疑解惑的平台，都使品牌拥有了更多展现在受众面前的机会。

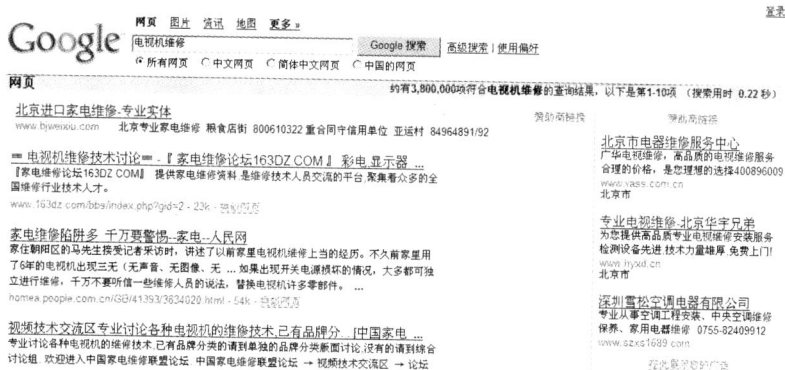

图 13-1　Google 的 adwords 广告

2. 传递品牌文化

互联网被用作传播品牌文化的手段，这种趋势在企业官方网站的建设中最为明显。无论是网站的整体设计，还是企业文化、核心理念等相关板块，无一不体现着品牌的文化内涵。

3. 塑造品牌形象

在信息时代的海量资讯面前，消费者在很大程度上依靠网络进行信息搜集。尤其是在已有的初步品牌接触的基础上，消费者通常借助互联网获取进一步的品牌信息，在主动搜索过程中也就逐步建立起对品牌的印象。目前很多小企业就充分发挥了互联网在品牌传播中的这一作用，在消费者心目中塑造了与大企业相媲美甚至超越大企业的良好形象。例如，许多 IT 专业网站上都设有品牌评价的板块，企业会付费在专业类网站上发表有利于品牌的言论，或者参与网站的评级活动等，树立良好的口碑形象。

4. 建立品牌联想

消费者通过在互联网上的体验获取品牌信息，在体验过程中使用品牌、与品牌进行互动，从而在企业设计的、蕴涵一定目的的互动环节的牵引下，朝向企业引导的方向形成品牌联想。消费者在互动中具有较高的主动性和参与性，因此所形成的品牌联想较为稳固。

5. 增加品牌美誉度，维护品牌忠诚

一方面，企业在互联网上发布品牌信息，提供实时服务，使消费者的个性化需求随时得到满足，从而建立其负责任、可信赖的品牌形象，使消费者放心、舒心。另一方面，企业利用网络进行消费者意见收集、问题解答、投诉处理等，这使消费者的声音能够被企业听到，意见和建议有了更便利的表达途径。品牌为消费者服务的积极态度由此得到表现，增加了品牌的美誉度，最终加强了消费者的品牌忠诚。

四、品牌互联网传播的优劣势分析

问题 4： 利用互联网进行品牌传播有哪些优势和劣势？

互联网相对于其他品牌传播工具来说，具有一些特有的优势，这对于有效的品牌沟通是十分重要的。

（一）利用互联网传播的优势

1. 丰富的信息承载量

与传统媒体相比，互联网具有更为丰富的信息承载量。超文本链接、企业自建网站等使品牌信息传达的空间得到了无限的拓宽，更使详尽的品牌介绍成为可能。消费者能够通过网络了解更多有关品牌的情况与知识，这对于拉近品牌与消费者的距离是十分有利的。

2. 多元化的传播手段

从上文网络传播工具的介绍中，我们可以领略到互联网传播手段的多元化。企业可以在整体传播战略和传播目标的统摄下，选择最适合品牌的网络传播工具，进行组合配搭，以达到良好的传播效果。各种传播手段都有着不同的技术作为后盾，拥有各自的长处和特色，它们为企业品牌传播提供的多样化选择是其他媒体形式所不及的。

3. 相对低廉的传播成本

相比传统媒体，品牌借助网络进行传播的费用更为低廉。在 Web2.0 时代，用户自制内容受到更多关注，每个网络用户除了是信息接收者外，还扮演了信息制造者和传播者的角色，他们被称为"自媒体"。在这种现状下，如果操作得当，广大互联网用户就可以变成品牌信息的传播源，而这种信息的自发制造和传播并不需要支付任何费用。这样一来，Web2.0 时代品牌网络传播的成本就更为低廉了。

4. 传播信息更具实效性且超越时空

网络是最具实效性的传播媒体，前一秒发生的事件，后一秒就可以在网络上被炒得沸沸扬扬。企业可以通过网络跟踪品牌，制造话题供网络传播所用，实时更新品牌信息，将品牌动态最及时地传达给受众。此外，互联网对于品牌信息的传播不受地域和时空的限制，受众可以在任何方便的时间和地点自愿接收信息。

5. 个性化的信息传播

互联网已经渐渐脱离了刚兴起时"一对多"的传统传播模式，经历着"一对一"甚至"多对多"的转变。个人化、定制化的品牌信息成为网络传播的主流。这些信息更契合受众的身份、特点和行为特征，是受众真正关注的，有利于受众更好地接受。数据库技术的发展，为个性化、精准化的品牌信息传播提供了可能，而这种根据消费者个人需求提供针对性信息的传播方式，将会大大改善品牌与消费者之间的关系。

6. 主动的信息接收方式

消费者在网络上获取品牌信息一般都是主动搜索的结果，因此具有高关注度和涉入度，会对寻找到的品牌信息进行较为仔细的研读。这种通过主动搜寻接收品牌信息的传播方式，具有强制消费者被动接收的传播形式所不可比拟的优势。

7. 强大的多维互动功能

传统的电波媒体及平面媒体传播形式在品牌和受众之间建起了一座屏障，因为后者在传播过程中通常只是被动进行强制接收的对象。而互联网可以对品牌进行更好的互动展示，在传播过程中受众扮演着十分积极的角色，以高度的热情参与互动、体验品牌。这种其他媒体无法比拟的优势为传统品牌开辟了无限广阔的网上表现空间，使消费者有了更加美好而积极的品牌体验，更容易建立起对品牌的情感依存关系。

8. 具有可信性的第三方证言

人们选择产品时依赖舆论领袖给予指导意见，特别是对所要购买的产品不甚了解时，这种对于证言的需求更为迫切。互联网通过专业网站的评论、论坛等方式对品牌进行点评，这些评论在消费者心目中具有一定的可信度，会成为其购买过程中借鉴和考虑的因素。因此，企业利用好这些证言，做对于品牌有利的评述，会加速消费者的购买决策。

（二）利用互联网进行品牌传播的劣势

1. 受众有所局限

由于软硬件的限制，网络媒体的受众在人口比例和人员构成上仍有一定的局限性。随着互联网的普及和硬件成本的下降，这个问题会逐渐得到解决，但是在本阶段，这仍是企业利用网络进行品牌传播不得不考虑的问题。企业在做

205

决策时首先要将品牌的使用人群与互联网的用户进行对接，看是否有重叠，以验证网络是不是本品牌适宜的传播载体。

2. 需要受众主动寻找信息，企业较为被动

互联网上信息丰富，然而却面临着"守株待兔"的问题。强制性的信息传播形式，例如弹出广告和电子邮件广告等会引起受众的反感，很难收到良好的品牌传播效果，然而非强制性的传播形式则需要受众的主动参与，企业显得较为被动。这要求企业在设计品牌信息时充分考虑到受众的心理特征，吸引受众的兴趣。此外，要结合离线的传播手段进行宣传，激发受众的主动性。

3. 难以控制，只能引导

Web2.0 时代每个网络用户都是自媒体，他们自发地制造和传播信息，数量如此众多的传播源使企业的管理鞭长莫及。对于品牌不利的评论或消息经过网络的扩大效应会传播至各个角落，甚至对品牌的生存造成重大威胁。因此，企业要防微杜渐，做好引导工作，力争使舆论朝向有利于品牌的方向发展。一旦出现不利言论和内容，要在第一时间进行补救。

4. 效果评估存在缺陷

品牌通过互联网传播的效果难以量化，评估主要依靠点击率、转发率、回应率等，搜索引擎等新兴的网络营销传播方式缺乏通用的量化指标或同行业普遍认可的评估工具。并且在评估内容上，仅仅局限于对检测指标的罗列，忽视对整个网络营销过程影响的评估。这就造成企业对于受众实际接收情况和传播效果了解甚少，因此不利于品牌传播实际效果的测定和品牌信息沟通的改进。

综合分析网络在品牌传播中的优势和劣势可以看到，网络和其他任何一种形式的媒体一样不是万能的，它不能单独支撑起整个品牌战略的重任。企业必须将互联网纳入整体品牌传播策略之中，不仅整合网络广告、电子邮件、搜索引擎、网络视频、社区论坛、企业官方网站等各种在线品牌接触点，更要将其与其他离线传播活动紧密结合，才能与消费者进行全方位的品牌沟通。

第二节　品牌互联网传播的应用策略

一、品牌互联网传播的基础模式

问题 5：品牌互联网传播有哪几种基础模式并且是怎样应用的？

我们将品牌借助互联网传播的种种方式归纳为四种基础模式——体验式传播、数据库传播、病毒式传播和社区式传播，各种互联网传播工具都在这四种模式的统摄下发挥着自身的传播作用。互联网的最大特性在于互动，因此，互动传播理念构成了这四种基础模式的根基（见图 13-2）。企业在运用互联网进行品牌传播的时候要抓住这四种基础模式的核心，在此基础上组合运用各种工具达到传播目的，而不能单纯地依赖某种工具，否则无异于舍本逐末、缘木求鱼。

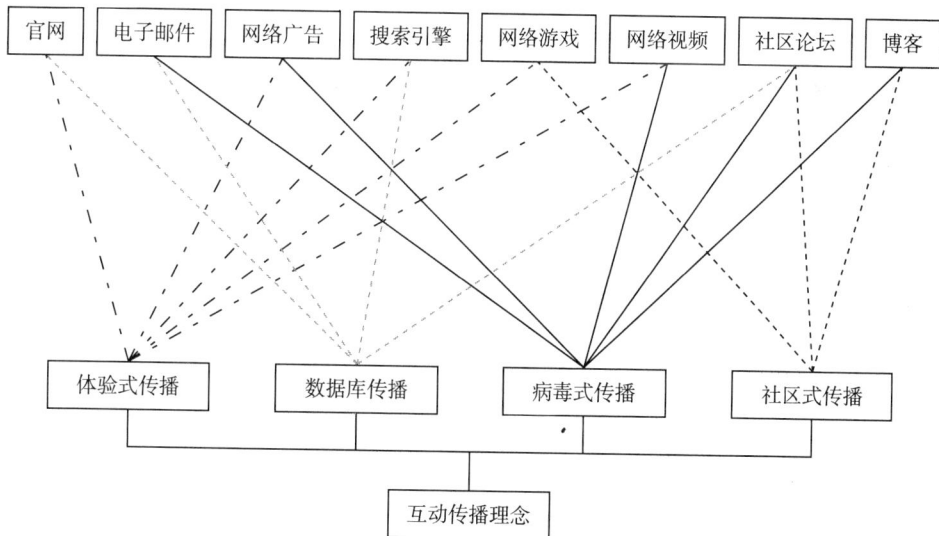

图 13-2　品牌互联网传播模式及接触点关系

1. 体验式传播——在体验中获取品牌信息

体验在网络中被广泛运用，表现最明显的就是网络游戏营销。在游戏的特定情境中设置植入式广告，能够给消费者带来全新的品牌体验，有效地避免了消费者对强制性广告的抵触心理。此外，网络的体验还表现在其他方面，例如消费者通过企业官方网站了解品牌文化、在线模拟产品使用等。具体来说，在网络上有很多可以与消费者对接的体验接触点。这种对接主要体现在浏览体验、感官体验、交互体验和信任体验等方面。

2. 数据库传播——让品牌信息精确达到

所谓网络数据库传播方式，就是将企业在电子商务或是网络营销过程中形成的各种数据通过系统进行分类和统计等处理，以此获取制定品牌传播策略所需的信息，并在此基础上制定有针对性的品牌信息传达给受众。随着互联网技术的发展，网络与数据库得以更好地结合，通过对数据的收集、挖掘和分析利用，品牌信息可以以消费者易于接受的方式，更加准确地传播到其目标消费人群中，不仅品牌传播的效果有所提升，而且还避免了资源浪费，有利于企业"将钢用在刀刃上"。

3. 病毒式传播——品牌信息的迅速复制

所谓"病毒式传播"，是企业以网络短片、网络活动或是电子邮件的方式在全球网络社区发动的品牌传播活动。它的本质就是让用户们彼此间主动谈论品牌，这种与品牌之间有趣、不可预测的体验，使得信息像病毒一样传播和扩散，利用快速复制的方式传向数以百万计的受众，显示出强大的影响力。

4. 社区式传播——展示"同质"群体的影响力

网络社区是互联网上特有的一种社会形态，通过将具有共同兴趣或特征的访问者集中到一个虚拟空间，使拥有同质性的消费群体建立起某种经常性的联系，提供自由交流的平台。网络社区逐渐成为一个真正意义上的聚集场所，在某种程度上甚至代替了人们在现实生活中的聚会。在某些方面具有同质性的消费者的集合，或角色或兴趣的共通使品牌信息在社区中的传播非常有效。因此，合理地利用舆论领袖影响消费者的品牌态度非常重要。

问题 6：品牌在不同的建设时期应采取哪些不同的互联网传播策略？

表 13-3 品牌不同时期的互联网传播策略

生命周期	网络对于品牌建设的作用	传播模式	传播工具
导入期	使品牌被更多的受众认识和了解，扩大品牌的知名度	利用病毒的力量或数据库的力量进行有效的品牌信息传播	较为主动、进攻性较强的网络传播工具，例如传统网络广告形式、电子邮件、网络游戏等
成长期	树立良好的品牌形象，利用网络造势，辅助网下品牌推广活动，达成受众从被动接收到主动寻求品牌信息的飞跃	病毒式传播和体验式传播在此阶段能够发挥较好的传播效果	企业官方网站、搜索引擎、网络视频、论坛、博客等

续表

生命周期	网络对于品牌建设的作用	传播模式	传播工具
成熟期	巩固良好的品牌形象，建立品牌体验，强化品牌联想	体验式传播和社区式传播运用较多	社区论坛、官方网站
衰退期	提醒消费者增加品牌转换的心理成本，延缓品牌退出市场的速度	针对使用者进行数据库式传播；运用社区式传播为消费者提供交流的场所和平台	社区论坛、博客、电子杂志、电子邮件等

综上所述，随着网络的普及，传统企业不仅要对过去的品牌建设策略进行总结，更要用战略性的前瞻眼光来发现在网络媒体中全新的价值空间与创造可能。网络提供了一个全新的品牌营销机会，任何一个想基业长青的品牌一定不能错过利用这一有力的工具为品牌建设服务。企业应抓紧时机将挑战转换为机遇。首先，理解新的受众，针对消费者的互联网信息接触与消费行为的特征进行品牌营销推广；其次，将大众化的交流方式转变成相对于个人的互动式交流方式；最后，充分认识网络时代的商业竞争，它不同于传统经济环境中的竞争。唯有如此，才能在网络空间中充分展示品牌的力量。

活动：互联网传播活动练习

三人为一组，选择一种互联网传播模式，根据其应用方式，策划一次完整的互联网传播。由老师和其他同学对策划方案进行评价。

案例分析

联想提升品牌的网络营销策略
——联想世界杯网络推广活动案例

2005 年，联想在经历了收购事件之后，正在成长为一个国际化的公司。从中国走向世界，在这个过程中联想开始充分利用网络的魅力，塑造新联想的品牌及产品的高品质、高价值的形象。"创新的生活乐趣，创新的商业价值"成为其首推的宣传主张，一场围绕这个主题的网络营销活动应时开展起来。

1. 网络与奥运赞助营销传播的结合

2004 年末，联想作为国际奥委会全球合作伙伴正式成立 www.lenovo2008.com 网站。2005 年，联想全面发力，在配合其他渠道传播的同时，开展了历史上规模最大的网络推广活动，都灵冬奥会是这次推广的契机。这也是联想作为 2008 年奥运 TOP 赞助商，第一次正式使用体育营销资源。这次借都灵冬奥会的推广活动，在营销策略上将网络广告、网络公关专题、在线商城等网络资源一一打通。2006年初，在第五届艾瑞网民行为调研中的数据显示：2005年用户印象最深的网络广告中，联想是最深入人心的网络广告主，在第一提及、第二提及以及第三提及网络广告主中始终领先。

2. 整合线上资源，与世界杯携手

2006年，世界杯是一场全球关注的重要体育赛事，如何将联想与这一重点事件密切联系起来，联想中国品牌沟通部在其代理公司北京电通网络互动中心的协助下，从两个方面把世界杯和网络营销结合起来：在前台广告上，综合运用视频、彩铃、动画等富媒体广告形式以及Blog、IM等Web2.0手段进行传播推广，制造连续性话题，吸引持续关注和反复访问，增加观众黏着度；在后台，联想的官方网站上建立世界杯主题活动。例如，以小罗球迷的身份建立博客、播放视频花絮等（见图13-3）。

图13-3 小罗球迷博客

具体来说，联想在世界杯期间利用网络进行的品牌推广活动包括八个亮点：常规硬广告、超大流媒体、博客推广策略、搜索推广策略、QQ主题包推广、电子邮件推广、电子杂志推广策略、手机媒体推广。这些网络推广活动以其新颖、全面、特别的特点，在吸引用户了解了整个活动的同时吸引他们加入进来，达到了一点入多点的推广效果。联想及时根据网络用户行为进行分析，及时调整传播战略，奥运营销战略已经初步取得成果，对于其他企业也有借鉴意义。

资料来源：作者根据相关资料整理.

➡ **思考题：**

1. 联想在世界杯期间是怎样借助互联网进行品牌传播的？

2. 联想在世界杯期间的互联网品牌传播为什么能取得成功？

本章小结

★★★★

互联网传播，指的是将互联网作为传播媒介，运用属于互联网技术的各种工具达到品牌传播目的的传播方式。利用互联网进行品牌传播有助于最大化地提升品牌知名度、传递品牌文化、塑造有利的品牌形象，建立起积极的品牌联想，品牌为消费者服务的积极态度由此得到表现，增加了品牌的美誉度，最终影响了消费者的品牌忠诚。

互联网拥有多种可被企业运用的品牌传播载体，这些载体都具有较高的交互性和参与度。互联网这一传播工具自身具有一定优势，其丰富的信息承载量、多元化的传播手段、相对低廉的传播成本以及传播信息更具时效性且超越时空，并且其具有可信度的第三方证言能直接影响消费者的购买决策。

品牌借助互联网传播包括四种基础模式：体验式传播、数据库传播、病毒式传播以及社区式传播，各种互联网传播工具都在这四种模式的统摄下发挥着自身的传播作用。企业在运用互联网进行品牌传播的时候要抓住这四种基础模式的核心，在此基础上组合运用各种工具达到传播目的。

211

知识扩展

★★★★

网络品牌传播的广告策略

持续吸引公众注意和进行有效的广告传播是保持网络品牌生命力的两种主要方法。但网络品牌迟早都会耗尽它们的公众潜力，所以广告传播就成了维持网络品牌生命力的有效手段。网络品牌在进行广告传播时，既可以在网络上进行，也可以在线下运作。在网络上的广告传播遵循网络广告的一般原则，可以在门户网站、内容网站、商业网站或社区网站上运用适当的广告形式进行传播。但由于网络广告传播效果的评价机制尚未健全，各种强迫性的网络广告严重地践踏了网络的互动性本质并导致了网民的厌恶和躲避，网络品牌的网上广告传播效果还受许多不确定因素影响。

于是网络品牌的线下广告就成了其主要方式。这是与人们的遗忘性相联系的。这种遗忘性体现在两个层面：一是网络品牌的非自然可视性。除非你上网去浏览它，否则它永远也不会出现在你的视野中。而现实世界中的许多品牌都会受益于每日的视觉强化。人们经常可以在超市、餐厅或游乐场所看见星巴克、麦当劳或可口可乐，而看不到当当网。二是网络品牌的非情感亲近性。虽然网络品牌的功能体现在很多方面，但对大多数人来说，它无非是一种质量保证，是一种信誉承诺或是一种节约时间和购物成本的方式。并不会有太多的人真的会热爱某个网络品牌。随着时间的流逝，人们的遗忘规律就会开始发挥作用。为了克服人们的这种遗忘性，网络品牌的线下广告必然会越来越多。

答案

一、引导案例参考答案：

1. ①可口可乐公司将网络资源进行整合，充分利用社交型网站、视频网站、手机等新媒介，旨在让目标消费者了解活动含义，与受众进行互动。②可口可乐公司利用智能手机的新技术，在 iCoke 平台上向其会员提供全新的手机交互体验，让年轻消费者体验到与众不同的超前的品牌体验。

2. ①可口可乐公司对消费者心理把握准确，倡导积极乐观的品牌理念，这就使活动能够引起消费者的共鸣，也传递了可口可乐的品牌文化。②可口可乐公司充分利用了互联网在空间上无局限性的优势，最大化地提升了品牌的知名度，通过活动在社区、论坛中获得好评，在消费者心目中塑造了良好的形象。③可口可乐公司在 iCoke 平台上提供国内首次应用的全新手机交互体验，新技术的大胆运用给年轻消费者与众不同的超前品牌体验。

二、案例分析参考答案：

1. 联想在世界杯期间从线上广告和线下的世界杯主题活动两个方面把世界杯和网络营销结合起来。在广告方面：①联想采用了多点配合的广告投放策略，投放率高且覆盖人群广泛。②广告媒体的选择上，大型门户和 IT 网站充分推广和发挥了超大流媒体的作用，以其较强的张力吸引了广大用户的注意。③通过开设博客使受众了解联想与世界杯、与体育营销的紧密关系，增加联想品牌的影响力。④多种关键字搜索结合的方式大大提高了用户的点击率。⑤联想开创了 QQ 主题包推广的方式，将 QQ 使用者的软件外观变成包含联想及小罗元素的主题外观，实现了品牌的病毒式营销。⑥联想还利用电子邮件、电子杂志进行推广。⑦联想还第一次采用手机的方式进行推广。

2. 联想在世界杯期间的互联网传播能够取得成功的原因有以下几点：①联想使用了全新的广告形式和媒体，充分利用了互联网这一新兴传播媒介的优势和特点，用新颖的形式将品牌信息同世界杯相结合，赢得了广大用户的认可和喜爱。②联想通过多种网络渠道进行全面覆盖推广，并积极开展线下活动进行补充，达到无孔不入的推广效果。③联想通过互联网收集网络用户的信息及对品牌的相关反映，及时调整传播战略。

213

第十四章

品牌植入传播策略

学习目标
★★★★

知识要求 通过本章的学习，掌握：

● 品牌植入传播的概念

● 品牌植入传播的特点及意义

● 品牌植入传播的应用策略

● 品牌植入传播应当注意的问题

技能要求 通过本章的学习，能够：

● 熟练掌握品牌植入传播的本质

● 灵活运用品牌植入方式

● 辨别和分析生活中的品牌植入广告

学习指导
★★★★

1. 本章内容包括：品牌植入传播策略综述，企业对该策略的运用现状，品牌植入产生效应的原理，品牌植入传播具体操作方法，在品牌植入传播中需要注意的问题及建议。

2. 学习方法：独立思考，抓住要点，观察身边典型的植入案例，与同学、老师讨论分析案例。

3. 建议学时：3 学时。

引导案例

007与品牌的华丽共舞

当你如此评价詹姆斯·邦德："身着优雅的服装，佩戴硬朗夺目、精确可靠的名表，开着性能极佳的高档时尚跑车，完成各项看似不可能完成的任务，喜欢饮用烈酒，这正是男士阳刚魅力的彰显，他是力量与智慧的象征，是真正令人敬佩的硬汉。"你会惊奇地发现，007的形象竟与出现在影片中的产品有了如此紧密的联系。各类时尚品牌共同塑造了007的性格。与此同时，007也成就了众多品牌的辉煌。这次的007也是一场品牌盛宴，从邦德的座驾，到喝的啤酒、伏特加，一闪而过的VIAO电脑，频繁使用的索爱手机，甚至还有一个桥段，邦女郎问："劳力士还是欧米茄？"邦德回答："欧米茄。"作为植入式营销的极限案例，新007已经被一些品牌所疯狂包围，福特汽车公司的阿斯顿·马丁跑车，奥迪的一款跑车，都在里面尽显拉风本色。这种共融共生的关系，正是本节所要谈及的主题——品牌植入传播策略。

资料来源：陈珊珊. 有效的品牌传播. 北京：中国传媒大学出版社，2008.

思考题：

思考品牌植入传播对于品牌形象的利弊。

216

第一节　品牌植入传播概述

一、品牌植入传播的概念

顾名思义，品牌植入传播就是将品牌信息植入到媒体内容中，时下是非常普遍和流行的品牌传播方法。

问题1： 什么是品牌植入传播？

（一）定义

品牌植入（Branded Placement），又被称为品牌置入，指将品牌移植到某项内容中（电影、电视剧、视频短片、游戏、音乐、书籍等），用作道具、线索或场景，以隐性的方式向消费者传递品牌信息。

判断一种传播形式是否为植入式传播有以下几个关键点：广告主以提供产

品或投入资金等任何方式进行付费传播；以内容产品为主要表现元素而不是单纯以企业为核心，品牌信息只是作为内容产品表达的辅助元素；不占用媒体的广告时间和空间，而是在受众欣赏内容产品的同时完成传播任务，商业信息与内容产品结合紧密、不可分离。

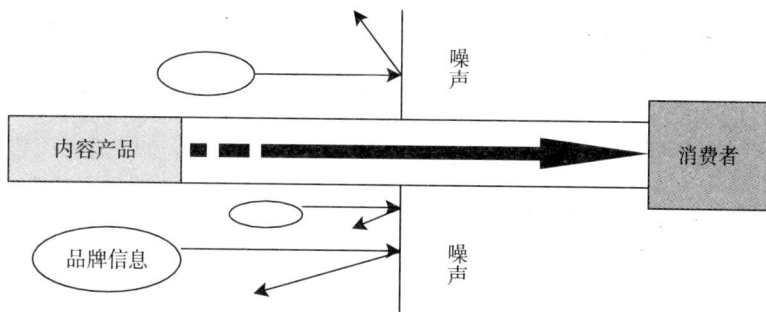

图 14-1 传统品牌信息传播过程

注：噪声指所有影响品牌信息到达消费者的因素，例如跳过、离开等。

图 14-2 品牌植入传播过程

217

通过两种传播过程的比较可见，品牌植入传播由于内容与品牌信息合二为一，能够大大减小噪声的干扰，到达率高。

（二）相近概念辨析

品牌植入在我国尚属新近兴起的传播方法，对其进行的研究还很有限，界定也十分模糊，这种现状导致品牌植入的概念混淆较为常见。下面就将品牌植入与相关或相近的概念进行区分，找出异同点，进一步明确品牌植入的范畴。

（1）赞助。企业出资支持某项活动或事业，同时取得利用活动和事业宣传品牌的机会。与品牌植入的不同之处在于品牌信息是否成为内容载体不可分割的部分。贴片广告和插播广告等虽然与内容也是一体，但其可以单独剥离出去，不影响内容的完整性，属于传统广告的范畴。

（2）隐性广告。指广告界限模糊，不易被辨认出。"在商不言商"很好地诠释了隐性广告的特点。品牌植入、软广告等都属于隐性广告的范畴。

（3）潜意识广告。又称阈下广告，顾名思义，这种广告形式发生于未能感知的意识区域，广告信息刺激瞬间发生，受众来不及辨别。潜意识广告的经典案例是 1957 年 James M.Vicary 用一种特别的投影机在电影放映时每隔 5 秒就投放一则消息，消息在银幕上闪烁的时间只有 1/3000 秒。品牌植入与潜意识广告的区别显而易见，前者必须被受众明确辨认，而后者借助潜意识。

（4）软销售广告。起源于 19 世纪 80 年代的美国，产品包装与商标名称兴起之后。伴随经济快速增长，自吹自擂、催促消费者购买的广告风格转变成注重消费者感觉，重在树立品牌的销售风格，被称为软销售。软销售广告是对一种广告诉求风格的概括，广告形式不定。

（5）软广告。指媒体收取费用，以非企业的口吻为企业做宣传，产品或品牌信息时常不出现在广告时段或版面，而出现在与企业所属行业有关的新闻报道、评论、介绍等栏目内，借助受众对媒体的信任解除防备心理，以第三方证明的形式，披上了客观、公允的外衣。

（6）娱乐营销。利用娱乐要素进行品牌推广。品牌植入的载体除娱乐要素外还有文化要素等其他要素。

表 14-1　相近概念辨析

品牌植入（塑造品牌个性，提升品牌好感度、记忆度和建立强有力的品牌联想）				
概念	相同	相对共通点	相异	对于品牌构筑的主要作用
赞助广告	均具有广告的要素，即有明确的广告主，有偿，非人员推销，宣传商品、劳务或观念信息	成为媒体内容的一部分	与媒体内容是否可分离	提升品牌认知度
隐性广告		广告界限模糊，不易辨认	隐性含义更广，包含植入	多种作用，依传播目的和形式不同而有所变化
潜意识广告		植入媒体内容中	利用意识还是潜意识	刺激销售，对品牌建设作用甚微
软销售广告		注重消费者情感共鸣	软销售广告可用各种形式	提高品牌知名度，建立有利的品牌联想
软广告		非企业的口吻和角度	是否利用广告空间或时间	提升品牌知名度、好感度
娱乐营销		与娱乐元素结合	结合形式不尽相同，且品牌植入有其他载体	提升品牌知名度、好感度，借娱乐活动塑造品牌个性
文化营销		利用文化元素	借助文化产品宣扬企业文化	诠释品牌文化内涵，增加品牌好感度和有益的品牌联想

（7）文化营销。宣扬积极的企业文化，找到企业与消费者所处文化氛围的对接点，建立品牌与消费者在某一意识形态上和谐共鸣的契合点。品牌植入常以文化产品作为载体，通过文化产品传达品牌信息。

从表中可以看出，品牌植入传播的作用跳过了知名度塑造，集中于更高级的品牌个性、好感度、记忆度和品牌联想等维度。

问题 2：品牌植入传播为何在今天受到如此重视？

品牌植入传播方法在国外较早地被发掘运用，近年来，这种品牌传播方式在我国也逐渐兴起。各品牌在商业大片中的成功演绎屡见不鲜，甚至连中国传统年度盛会——春节联欢晚会都因植入品牌而引起广泛的争议，品牌植入的发展速度可见一斑。那么，究竟是什么原因使品牌植入在传统广告日渐式微的今天反而呈现出"欣欣向荣"之势呢？

（一）提升品牌传播效率的需求

随着媒介市场化不断向纵深发展，为了取得良好的经济效益，媒介分给广告的时间和空间不断增加，充斥眼球的广告使受众颇感厌烦，传统硬性广告的效果明显下降。参差不齐的制作水平使优秀的广告夹杂在低劣的广告中，受到传播环境的不良干扰，面临信任度骤降的境遇。即使在较好的传播环境中，广告边际效益递减的问题仍然存在，广告的位置成为影响效果的关键因素，而时间的线性特质和空间平面的二维性决定了有利的广告位置十分有限。突破传统传播方式的"瓶颈"，寻找优秀的品牌传播环境，解除信任危机，从受众厌烦转变成受众感兴趣，正是这种需求催生了品牌植入传播方式。

（二）媒介环境的变化

首先，新媒体层出不穷，受众注意力被瓜分。在受众碎片化时代，真正意义上的大众媒介凤毛麟角，广告转变成"窄告"甚至一对一的传播，虽然这种趋势利于传播有针对性的信息，但是却不利于形成集群效应和社会效应。由于同一阶层的人倾向于消费相同的精神产品，把品牌植入内容产品之中理所应当地成为企业的新选择。

其次，数字电视整体转换在中国大地遍地开花。随着数字电视的普及，商业模式也必将发生相应的变化。在节目定制费用取代广告收入的模式下，传统广告将不可避免地受到影响。但无论怎么变化，观众收看的都是内容，把品牌与内容捆绑起来销售是一种新形势下的传播思路，而将这种思路实际实施出来，就是品牌植入。

（三）政策法规对广告传播的限制

政策法规对特殊行业和人群的广告限制，也使积极寻求最大传播空间的广告主加大了对品牌植入的投入。

二、品牌植入传播的优劣势分析

品牌植入广告之所以备受青睐当然是具有它的独特优势，比起明晃晃的电视广告，更多消费者似乎更愿意接受广告作为背景出现，这样既不影响整体内容，又起到了传播效果。

问题3： 品牌植入传播有哪些优劣势？

(一) 品牌植入传播的优势

1. 品牌信息易于接收

(1) 与内容结合紧密，漏读可能性小。在科技发达的今天，将广告从内容中剥离易如反掌，受众可以不费吹灰之力跳过广告。除了这种物理过滤，还存在着生理过滤。受众即使不跳过广告，对广告进行了全接触，也会由于信息接收具有选择性特征（选择性注意、理解和记忆）而得以成功地规避掉索然无味的信息。品牌植入是有效解决这一问题的方法。因为，受众不能将品牌植入内容中的信息从内容中剥离出来，它与内容是共生的，不仅不能剥离，甚至有时候还需要借助品牌来回忆故事情节和人物性格。

(2) 创造双赢局面，不易引起受众反感。成功的品牌植入可以达到双赢的目的，品牌与内容的这种合作方式是双方各取所需的结果。

从企业方面来讲，植入式的品牌传播不同于强行灌输，往往能够在潜移默化中被受众所接受。因为内容产品反映了我们生活于其中的世界，那么只要安排得自然，包含品牌信息也是合情合理的。举例来说，主人公走在都市繁华的街头，某时尚品牌的标志、户外广告牌或商店就可以成为背景而不会招致受众的反感和疑惑。

从内容生产商角度来说，除了获得植入费用降低投入风险外，呈现真实的品牌也拉近了作品与受众的距离。为了将一个角色扮演到位，一个演员需要合适的道具、场景等，这些"道具"对于所扮演的角色是如此重要，以至于它们被视作自我延伸的一部分。此时，品牌起着帮助受众了解人物性格、感受故事发生情境的作用。

(3) 传播环境良好，受众注意力集中。品牌植入的载体情节精彩、制作精良，本身即具有较强的吸引力，受众在欣赏这些内容产品的时候往往注意力高度集中。而品牌信息夹杂在内容产品的信息之中，而不占用广告时间或空间进行传播，受众在观看时对于产品中的信息是主动认知而非被动接收，传播效果大大优于填鸭式的强制灌输。此外，由于目前在内容产品中进行植入的品牌有限，传播环境相对单纯，各品牌互相干扰的情况较少。

2. 品牌信息持续时间长

好的内容产品没有"过时"一说，它们不仅在当代人的脑海中留下深深的烙印，而且还将影响新的一代。而植入内容产品中的品牌信息也将跟随产品载体流传下去，长时间地影响品牌信息的接收者。好的内容产品也不存在"失传"的问题，书籍、光盘、录影带……多种形式将它们传达给更多的受众。此外，植入的品牌信息能够通过同一观众的重复观看获得较高的接触频次，并借助观众对载体的传阅到达更多的受众。

3. 传播成本相对低廉

品牌植入往往能够形成"四两拨千斤"的效应。

（1）相对于传统投放方式按发行量、收视率等收取广告费用，植入本身费用就相对低廉。

（2）这种传播方式又能借助内容产品的连带推广效应。企业只需将品牌信息植入内容产品中，内容产品生产者为了取得成功自然会不遗余力地进行推广，这就等于为提升品牌传播的效果造势，而企业要做的则是借势。借势与造势之间巨大的成本差异使品牌植入成为一种相对低成本的传播方式。

（3）企业能够借助内容产品的影响力提升品牌形象和价值。当作为载体的内容产品大获成功时，植入其中的品牌将受益匪浅。就像我们提到《流星花园》就会想到诺基亚手机，提到《变形金刚》就会想到雪佛兰汽车，这些品牌与经典名作产生了如此强烈的联系，它们借助载体的成功冲向新的高度。当内容载体跨越国界、风行全球时，品牌更可以借助内容产品之势远航，得到跨国传播的机会。

（二）品牌植入传播的劣势

1. 品牌信息的传播受到较多因素的限制

品牌植入传播并不是绝对自由的，它虽然被称为"不是广告的广告"，但仍旧是戴着镣铐的舞蹈。首先，并非所有品牌都适宜进行植入式传播。由于品牌信息是渗透在内容产品中进行隐蔽性、间接性告知，要求观众主动辨认，因此，进行植入传播的品牌需要具备一定的知名度，否则，就会被视为背景而湮没在内容产品所包含的海量信息之中。其次，品牌的表现形式受内容产品的限制。企业并不能像进行广告战役一样随心所欲，只考虑品牌自身的传播需求，而是必须与内容制造商共同协商，使品牌信息的传递与内容产品的情节和环节相符，在不影响内容产品本身的前提下最大化地展现品牌。

2. 不适合理性诉求

品牌植入作为隐性广告，势必不能像传统广告一样罗列大量的信息，一来这不符合植入式传播的宗旨——以无打扰的方式传递品牌信息；二来会影响内容产品的流畅性，引发公众对品牌的反感情绪。因此诉诸理性，对功能等利益点进行说教是不可行的，这有违品牌植入的初衷。品牌植入一般诉诸感性，营造一种使用品牌时的特殊氛围，使观众产生积极的联想。这导致品牌的优点和特色很难被详尽地表达出来，只能靠观众自己的领悟完成品牌背书，无法依靠理性诉求进行深度说服。

3. 传播效果受内容产品影响很大，且效果难以量化评估

品牌植入式传播的效果取决于内容产品的成功程度。内容产品受到欢迎，品牌信息才有可能展现在更多的受众面前；内容产品给人好的感觉和印象，品牌才能塑造良好的形象，建立有利的联想。而内容产品的成功与否是企业难以预料和左右的，"寄生性"使植入传播效果不可避免地面临着风险。而且，品牌植入传播效果的量化评估也很难做到，企业只能通过发行量、票房、收视率等指标对传播效果进行推测，而无法对品牌信息到达的深度和广度进行精确测量。

三、品牌植入传播的作用

品牌植入的最终目的是使受众辨认出品牌，接收品牌所要传达的信息，朝着品牌所要诱导的方向理解信息，形成记忆，所有的一切活动均是为建设品牌服务。那么，品牌植入传播究竟对于品牌建设有什么样的作用呢？品牌可以通过植入达到哪些宣传目的呢？

植入在品牌传播中扮演的角色是"锦上添花"，它可以协助品牌建设，增加品牌资产。与其他传播方式相比，它可以用较为轻松和易被接受的方式解决原本棘手的问题。品牌植入对于品牌建设的作用主要体现在以下六个方面。

问题 4：品牌植入传播对于品牌建设的作用有哪些？

1. 传达品牌信息，提升品质认知度

通过与载体情节的融合，不仅品牌的品质可以被具象地表述出来，很难说清楚的一些无形特征（指难以计量的特征，如技术领先、健康等）也可以得到形象的传达。品牌植入使受众在潜移默化中形成对产品和服务质量的认同，并最终影响购买决策与品牌忠诚度。如《宝贝计划》中三菱的植入，片中成龙开车追逐罪犯的场景，形象地将三菱汽车的优点表现出来，刹车灵敏，转弯灵活……这种植入广告不仅成功地打造了一种活泼的气氛，塑造了成龙机敏优秀的形象，还完美地体现了三菱车优越的性能。当这些特点跃入消费者眼帘的时候，三菱的品质认知度自然地得到了提升。

2. 塑造品牌个性

品牌如人，正如没有个性的人很难被人们记住和欣赏，在产品同质化的今天，缺乏个性的品牌在获得知名度和建立与消费者关系方面更加困难重重。品牌植入或将载体中主人公的个性特质转移到品牌中，或通过品牌出现时的氛围和意境渲染出品牌独有的性格。通过预先谋划，这种传播方式往往很容易塑造出品牌需要的个性，这些个性使品牌变得富有情趣、令人难忘，同时还能暗示出品牌与消费者的关系，如搭档、朋友、良师等。例如青春偶像剧《流星花园》中诺基亚的植入，片中主人公清一色地使用诺基亚手机，使这个品牌充满了青春气息，表达了"张扬自我，享受青春"的品牌个性。

3. 展示品牌文化内涵

品牌植入借助载体的文化氛围和基调展示出品牌的文化内涵。不论品牌所代表的含义是积极向上、永不止步的；勇于创新、大胆挑战的；还是深沉内敛、儒雅稳重的……都在载体的情境中被受众真切地感受，并留下深刻的记忆。例如"同仁堂"以自身历史故事作为电视剧的脚本拍摄的电视剧《大宅门》和《大清药王》，反映了在历史的长河中风雨飘摇但始终坚守信念、爱国护家、以救死扶伤为己任的"同仁堂"精神，体现出"同仁堂"作为百年老店的深厚文化内涵。

4. 提供情感性利益和自我表现型利益

植入传播除了展示品牌的功能性利益外，还能够提供给消费者情感性利益和自我表现型利益。通过植入，品牌与特定的使用者、使用场合、使用情境等联系起来，令消费者在购买和使用的过程中产生联想，或令受众把品牌当成表达个人主张或展现个人形象的媒介，从而为消费者拥有和使用品牌赋予更深的意味。功能性利益易被模仿，情感性利益和自我表现型利益却能够形成长时期的独特优势。它们为消费者提供了基于心灵需求的购买理由，并将其内化到品牌之中，形成品牌内涵的一部分。如电影《电子情书》中的品牌展示，片中女主角每天清晨都会去星巴克外带一杯咖啡，晚上则会打开苹果电脑，进入AOL.com 收发 e-mail。星巴克、苹果电脑、AOL.com 等品牌都被纳入到女主角的生活空间中，共同搭建着女主角的生活方式，表达了这些品牌与单身白领的情感依存关系。引起渴望拥有与女主角一样的小资生活情趣的受众模仿。

5. 建立和加强有利的品牌联想，弱化和消除某些不利的品牌联想

品牌植入通过将品牌放置在某个环境中，让某些人使用以及使用情节的展示建立起相关的品牌联想，这些联想涉及品牌的功能、品质、技术、个性、使用者及生活方式等多个方面。俗话说"物以类聚，人以群分"，将品牌与好的人或事物联系起来，能够建立起有益的品牌联想。企业确定需要强化、弱化或

增加什么样的联想后，针对性地设计植入环境和情节等，就能够达到特定的传播目标。比如，通过建立有利的品牌联想，企业可以解决品牌老化问题。年代久远是企业实力的象征，但也会使品牌死气沉沉，乏善可陈。面对市场上不断涌现的新品牌，加上消费者强烈的好奇心理，怎样使品牌年轻化、保持消费者的新鲜感，是企业不可小觑的问题。而通过品牌植入的方式，借助载体中的时尚、年轻元素为品牌注入活力，既不显得生硬，又可以收到比其他传播方式更好的传播效果。如通用汽车借《变形金刚》建立品牌联想。通用汽车旗下四大品牌雪佛兰、GMC、悍马和庞蒂亚克的高科技车型在影片《变形金刚》中担任重要角色，一改产品过于美国化、油耗大、体形笨重的形象，建立起创新、未来、时尚等品牌联想。

6. 提高品牌忠诚度

维系一个老顾客的花销与争取一个新顾客相比微乎其微，品牌忠诚度的重要性由此显现出来。品牌植入传播为消费者提供了购后支持，有助于避免购后不和谐心理的产生，使现有顾客对该品牌的满意度增加。品牌植入还会激发已有消费者对品牌的兴趣，降低他们因厌倦使用一种品牌而选择其他品牌的可能性，从而提升品牌转换的心理成本，培养品牌忠诚度。

第二节　品牌植入传播的应用策略

一、品牌植入传播的基本方式

问题 5： 目前国内主要植入载体种类及其表现方式有哪些？

（一）影视产品

影视产品是品牌植入最早利用的载体，目前应用最为普遍。品牌植入影视产品主要有以下几种类型：

1. 作为普通道具。影视产品中主人公衣食住行所用的品牌属于这一类别。例如 007 系列影片中詹姆斯·邦德的坐骑和配饰、《流星花园》和《双雄》中主人公使用的诺基亚手机均是被作为道具运用到影视产品当中，起到传播品牌的作用。

2. 作为剧情线索。品牌在剧作中扮演着更为重要的角色，成为贯穿作品的主线，甚至可以看作是"第二主角"。例如影片《手机》原本就以"手机"作为

图 14-3　摩托罗拉成为电影《手机》的第二主角

串联故事情节的线索，男主角使用了摩托罗拉品牌，使品牌无论在曝光率还是关注度上，都达到了"第二主角"的效果。

　　3. 植入声音，包括对白、独白、音乐、音响。通过将与品牌相关的音效或品牌的标志性音乐植入到影视剧作中，引发观众的联想。例如影片《短信一月追》中，剧中人物跟着电视里周杰伦的歌曲 MV 学习舞蹈，而这首耳熟能详、极好辨认的歌曲正是"中国移动"动感地带的主题曲《我的地盘》，使人不由得联想起中国移动。《手机》里不时出现的摩托罗拉来电提示音"You are having a coming call"也是通过植入声音获得传播效果的典型。

　　4. 背景场景。背景场景的利用有两种情况：一种是旅游地作为影视产品的拍摄地，借助影视剧提升知名度和美誉度；另一种情况是场景中出现了品牌的标志、店铺、广告等可以辨认的形象元素。影视剧作对于旅游地的宣传效果不可小觑：《魔戒》的上映在全球影迷心中掀起一股新西兰旅游热，《巴厘岛的故事》令人产生对风景优美的巴厘岛的向往，电视剧《刘老根》让"龙泉山庄"成了旅游搜索的热门词条，《一米阳光》增添了云南丽江的神秘感，把丽江与浪漫的爱情联系在一起。

案例

《天下无贼》植入式广告点评

《天下无贼》海报下方列出了所有植入品牌。如图 14-4 所示：

图 14-4 《天下无贼》海报

表 14-2 《天下无贼》植入品牌

品牌	投入（万元）	情节	点评
中国移动	650	列车上的招贴海报以及男女主人公在列车里使用手机进行谈话时屏幕上的全球通字样及中国移动的 Logo	品牌曝光度与投入的资金不相匹配，作为首席赞助商并没有比其他品牌展示得更为出色
诺基亚	200	寺院中李冰冰和男主角偷的手机都是诺基亚牌，男女主人公在列车中互发短信用的也是诺基亚手机	情节略显牵强，冲击力不够
佳能 DV	200	男主角用佳能 DV 录下大款对老婆的不忠行为，作为敲诈勒索的凭证；在西藏寺院中男主角又用佳能 DV 拍摄景象；警察在证实通缉犯时，用佳能便携式打印机打印罪犯照片	影片开始时佳能作为剧情发展的重要道具，但是 Logo 却没有被明确表现；在寺院中佳能可有可无，与情节关联度不强；便携式打印机的表现较为成功，明确地展现了 Logo 和照片打印的快速、高品质
宝马	200	影片序幕，男女主角骗取了第一个战利品宝马车。影片故事的前段与宝马车联系紧密，男主角开车从川流不息的都市大路到广袤无垠的西藏土地，宝马随故事情节的发展在影片中出现的总时长达近 20 分钟之久	剧情的一部分，重要道具。但是将宝马与影片中傅彪扮演的角色联系起来，再加上男主角开着敲诈来的宝马车质问小区警卫："开好车就一定是好人吗？"这些做法对于品牌形象产生的影响值得商榷

续表

品牌	投入 （万元）	情节	点评
HP 笔记本电脑	200	警察在利用计算机系统核实通缉犯时开机的画面中出现了 HP 的视觉形象。在这一段中，除了 Logo 的显示，还通过警务人员对于电脑的操作表现了产品卓越的手写功能	情节可有可无，显得特意。情节设置可以再做推敲，使其与内容融合得更为自然，不着痕迹
长城润滑油	100	男女主角开车在公路上发生争执，与前方驶来的一辆装有"长城润滑油"的油罐车差点相撞。油罐车由远及近，显示了车身上的"长城润滑油"字样，当两辆车急刹车互相躲避时，车头的"长城润滑油"Logo 也清晰地出现在镜头中。"长城润滑油"的标准字样在这个片段中出现达 8 次之多	影片通过这样的画面表现，满足了观众对惊险刺激的视频效果的渴求；也为以后两人的决裂做了铺垫。"长城润滑油"以极高的"出现频次"引起了观众的注意和认知，并以植入到惊险情节中的方式刺激了受众的感官，使其给人留下深刻的记忆
淘宝网	200	尤勇手中的"淘宝网"小旗	出现频次少，且与情节关联性弱，所以不易引起受众的注意，取得的传播效果较差
白领服饰服装	200	无明显体现	
曲美家具	200	无明显体现	
美通无线手机互连	100	无明显体现	

资料来源：磨砺十载，剑锋何如——对中国贺岁片十年历程的营销学扫描. 广告大观. 综合版，2005（12）.

227

（二）游戏产品

将游戏作为植入载体的独特优势是可以实现品牌与受众的高度互动。企业可以为宣传品牌专门量身定做游戏，游戏的情节围绕品牌设计，为突出品牌而服务。各企业网站上的游戏板块一般都采用这种形式。影响力更大的植入方式是将品牌植入到专业游戏制作商推出的畅销游戏中，把品牌作为道具或场景。前一种方式虽然传达了更多的品牌信息，然而到达率和渗透度并没有直接植入好。例如游戏《跑跑卡丁车》中的道具、广告牌、赛道、虚拟赛车等都为各品牌的植入传播提供了机会；《模拟人生网络版》把现实生活中的情境制作成游戏环节，使玩家可以在游戏中进入麦当劳店铺购买各种食物、就餐，甚至打工赚钱。

值得一提的是，植入传播的新趋势首先出现在游戏中，这种新趋势就是实现虚拟与现实的对接，通过植入完成真实物品的交易。例如索尼在最新发行的网游中加入了订比萨的功能，使玩家在游戏时可以通过点击 "/pizza" 命令进入必胜客网站并订购外卖比萨饼。

(三) 媒体内容

1. 电视节目

(1) 名牌栏目。名牌栏目具有号召力和稳定而庞大的受众群，是企业进行品牌宣传的良好媒介。各品牌常以提供奖品或资金的方式植入各种谈话类、娱乐类、益智类节目当中。例如"幸运 52"对于企业标识的展示。

(2) 专题节目。一些以介绍特色美食、游览胜地、装饰装潢等为内容的节目为品牌植入提供了更好的机会。某些品牌甚至为宣传自身与电视台合作制作专题节目。雪花啤酒与旅游卫视合作举办"雪花啤酒　勇闯天涯" 2005 年探索成长之旅——探索雅鲁藏布大峡谷活动，旅游卫视就此开辟了特别节目进行相关的跟踪报道，雪花品牌的传播效果通过电视节目被成倍放大，在节目中得到了良好的展现。

2. 网络内容

(1) 社区论坛。社区是网民展现自我、分享信息的重要渠道，是与现实生活并列的第二空间。很多品牌看到了社区的良好发展前景，积极地将品牌植入其中。耐克、匡威、芬达、兴业银行等品牌植入 QQ 秀社区中，使社区用户可以在个性化设置过程中选择这些品牌，并将这种选择延续到现实生活中。以网民最关注的热点话题开辟论坛专题，提供信息，进行问题解答，暗示使用本品牌是解决问题的最佳方法也是企业常用的植入传播方式。

228

(2) 网络视频。随着土豆网、酷 6 网、My Space 等视频网站的异军突起，将网络视频作为品牌植入的载体也愈加受到企业的认同。网络视频实际上可以被看作通过网络进行传播的"微影视剧作品"。伊利集团于 2006 年 9 月举办伊利优酸乳中国首届酷溜微视频大赛，征集网络视频原创作品，表现生活的滋味，要求作品中必须巧妙植入伊利优酸乳的产品。这是将品牌植入网络视频中的尝试，活动的形式放大了传播的效果。

(3) 即时通讯。大量互联网用户使用即时通讯产品来进行网上交流，这使即时通讯工具具有了特殊的品牌传播价值。可口可乐、联想等品牌都曾经通过设计 QQ 皮肤和表情将品牌植入即时通讯工具中。

二、品牌植入传播的操作流程

品牌植入传播的操作是一套系统而有逻辑的体系，虽然最终的表现多数会是感性的，但是操作过程中始终要保持理性，进行冷静分析。

问题 6：品牌植入传播具体应如何操作？

由于国内现在还没有专门为植入式传播提供服务的中间商，因此企业与内容生产商的合作有两种情况。一是企业借助各种消息渠道获得信息，要求出资赞助内容生产，将品牌信息在内容中展示；二是内容生产商需要借助某种产品进行表现，因此主动与生产这类产品的各品牌联系，洽谈合作事宜。无论是哪一种情况，企业进行品牌植入传播都要遵循一定的操作步骤，力争使传播效果最大化。

1. 品牌发展现状评估

知己知彼，方能百战不殆。企业展开每项投资决议，首先要对自身品牌有清晰的了解和认识。全面审视品牌，了解品牌目前在消费者心目中是什么形象，这种消费者心目中的品牌形象与企业希望达到的品牌形象是否相同；消费者对品牌有什么相关的联想，这些联想对于品牌是好是坏，需要维持和加强的是什么，需要弱化和消除的是什么；当前的品牌传播已经达到了什么效果，还欠缺的亟待传播的信息有哪些；等等。通过回答这些问题，企业对品牌的现状形成明确的认识，才可能对植入哪些信息做出正确的判断。市场调研在这个阶段是必不可少的，企业可以与专业的调查公司合作，也可以通过企业内部的调研部门进行调查。

2. 内容产品评估

为了"知彼"，企业要进行内容产品的评估。评估的指标根据内容产品的种类不同而有所差异，大致包括内容产品制作班底（或作者）优秀与否，演员是否著名，情节是否精彩，制作方包装推广的经验如何，发行区域大小，等等。通过这些指标，企业对内容产品成功与否进行预测，初步有了前瞻性的认识和判断，在此基础上计算企业进行品牌植入的投入产出比，得出是否值得投入的结论。

3. 品牌与内容产品匹配度分析

如果品牌确实有进行植入传播的需求，且内容产品有投入的价值，企业就要进入下一步，即匹配度分析。匹配度分析包含四个层次：

（1）企业要进行品牌目标消费者与内容产品目标受众匹配度的分析。在这一层次中，企业将品牌目标消费者与内容产品的目标受众进行对接，如果两者重合度高，则为匹配，说明此内容产品是较为理想的植入载体。

（2）企业要进行品牌形象与植入环境的匹配度分析。植入环境包括氛围、基调、情节、使用人等。品牌形象与植入环境不相符会使受众产生突兀、别扭的感觉，不利于既有品牌形象的巩固。例如将李宁品牌植入到一部反映叛逆年轻人的颓废生活的作品中，不会对李宁健康向上、永不止步的品牌形象有所帮助。

（3）企业借助品牌植入所能够传达的信息，与品牌整体宣传战略所需要传达的信息是否匹配。内容能否传达出品牌亟待传达的信息，能否与品牌整体宣传战略的其他环节所传播的信息协调一致，是企业判断是否接受合作邀约的另一关键因素。

（4）企业还要将自身品牌与已知的其他将要植入内容产品中的品牌进行匹配度分析。一是要看品牌在本品类中是否具有独占性，即内容产品中使用的同类产品是否都是本品牌。例如，某影视剧中主人公使用的手机既有诺基亚，又有摩托罗拉，那么，这种同品类多品牌共同植入的传播效果就不会很理想。二是要了解不同品类即将植入的品牌有哪些。这是由于品牌植入通过显露大多数人所向往或至少是赞赏的各种生活方式影响消费者，促使他们在自身期望的社会情境下使用品牌。然而单一一种产品并不能搭建成特定的生活方式，因此，是否与"配套"的其他品牌同时出现会对品牌植入的成败有所影响。与高端品牌搭档，能够提升本品牌的形象及地位，例如欧米茄借助在007中的植入与宝马车搭档，成功地从瑞士三流手表阵营跨越到了一流市场；而与本品牌身份相当的品牌进行合作，也能够与相应的某种生活方式建立强烈的联系。为避免不协调或不合理的情况发生，或被差品牌的名声所累，在品牌植入决策前要大致了解其他植入的品牌有哪些。

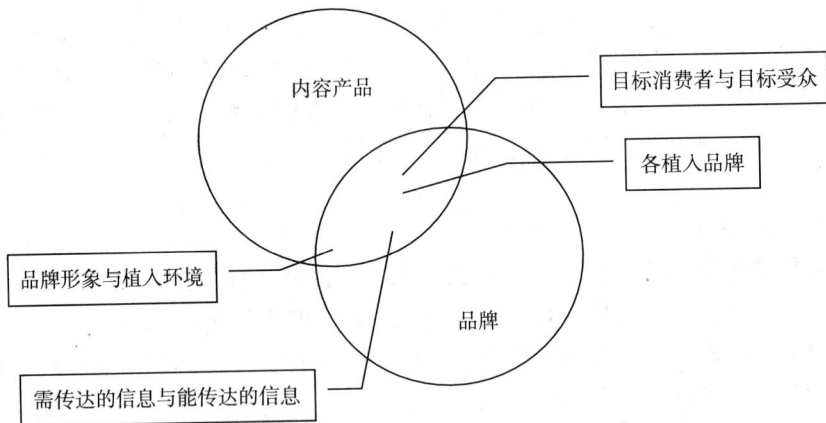

图 14-5　合适载体的匹配元素

4. 设计植入情节

品牌植入传播在刚刚兴起时由内容生产商决定品牌放置的场合和出现的情节，品牌只是为了服务于内容，没有商量的余地。而随着内容商业化的趋势不断加强，内容产品的竞争愈加激烈，为了降低投资风险，内容制作方积极寻求资金注入，品牌植入作为一个重要的途径日渐受到青睐。随着投资数额的增多，企业也可以在对情节无重大影响的前提下，在一定程度上参与情节的设置或修改。这种局面有利于品牌植入传播效果的最大化。

通过前期的自我剖析，企业明确了品牌需要传达什么样的信息，在这一基础之上，企业要积极地与内容制作方进行合作，设计能最大限度地传达这些信息的情节。这也就是我们通常意义上所说的表现策略，它要求围绕清晰的核心概念，发展有力的创意表现方式，但也要注意掌握好品牌植入的度。

5. 整合其他传播手段，协助宣传推广

在其他传播手段的呼应下，品牌植入的传播效果很容易因协同效应而得到大幅提升。品牌植入相当于"无声"地告诉受众"它是好的"，而其他传播手段却大声地告诉受众"我是最棒的"，一种客观，一种主观，两种声音的联合将形成品牌宣传的最强音。此外，由于受到内容产品的限制，很多理性的功能点无法通过品牌植入传播出去，当植入的方式引发了受众对于品牌的兴趣后，企业需要借助其他传播工具让受众更加详细地了解品牌。因此，单一的品牌植入不免显得势单力薄，整合其他传播手段可以帮助品牌植入传播取得更好的效果。

另外，利用其他传播手段协助品牌植入的载体进行宣传推广，也是提升植入传播效果的方法之一。

231

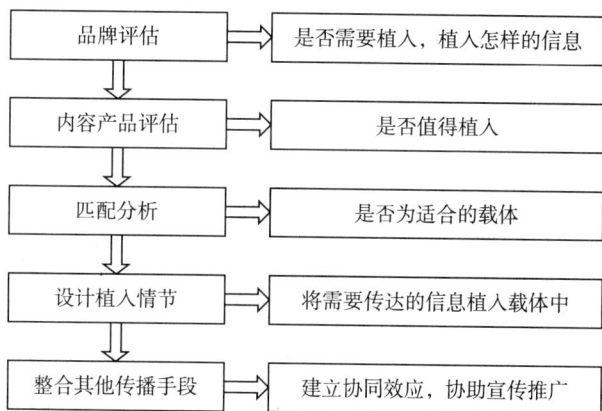

图14-6 品牌植入的操作步骤

第三节　品牌植入传播需要注意的问题

一、品牌植入传播前应当考虑的问题

在进行品牌植入传播前，应当对品牌本身和植入的载体进行多方面的分析和考察，争取得到"1+1>2"的效果。

问题7： 企业选择品牌植入传播时需要考虑哪些问题？

1. 特定品牌传播目标

企业是否应当进行品牌植入传播要依据传播目标而定。有一定知名度的品牌单纯地想要达到提醒消费者的传播目的，可以考虑选择植入的方法。此外，当企业想要达到一些更深层次的品牌传播目标时也适合这种传播策略，比如塑造品牌个性、提升品质认知度、展示品牌文化内涵、提供品牌利益、建立及改善品牌联想、提高品牌忠诚度等。

2. 整体品牌宣传战略

品牌植入传播要在品牌整体宣传战略的指导下进行。作为整体战略的一环，品牌植入传播要与其他传播环节协调一致，传达相同的品牌精神和理念，否则将造成受众在不同的品牌接触点接收到相异的品牌信息，导致品牌概念混乱，消费者认知困难。因此，在企业决定是否采用及如何采用品牌植入传播策略时，要充分考虑当前其他的传播环节都传达了怎样的品牌信息，这次的植入传播是否能够传达相同的信息，表达相近的含义。如果不能，企业要站在审视整体战略的高度，重新寻找适合的植入载体或放弃使用植入传播方式。

3. 品牌发展阶段

品牌的发展阶段也是决定品牌是否适合选择植入式传播的关键因素。植入式传播柔和、自然，植入其中的品牌要被欣赏内容的受众自觉发现，这种特质需要进行植入式传播的品牌有一定的知名度和认知度。因此，刚刚进入市场，并不为人所知的品牌，或进入市场已有一段时日，但是品牌识别系统较为混乱的品牌均不适宜运用品牌植入传播策略。因为受众不能辨认出品牌，植入就变得没有了意义，这将造成企业的资源浪费。

综上所述，当品牌已经有一定的品牌知名度和认知度，植入传达的信息与战略的其他环节相一致，并且传播目的与品牌植入有明显效果的领域重合时，企业可以考虑运用品牌植入传播策略。

二、影响植入传播效果的因素

植入传播使用得当会对品牌的塑造大有裨益，但是除去可操作可执行的一些因素外，还有一些外界的因素不得不去考虑。

问题 8：影响植入传播效果的因素有哪些？

品牌植入传播是将品牌信息嫁接到内容产品中，因此传播效果受到较多客观因素的影响，具体来说大致可以分为四类：

1. 品牌植入是否具有策略性

品牌植入讲求在内涵和时间上的持续性，植入内容产品中的品牌要保持一致的形象，否则会造成观众认识上的困难和混乱。例如 ZIPPO 打火机频频出现在越战影片中，与使用者的硬汉形象联系起来，如果其又将品牌植入体现女性气质的影片中，就会造成品牌定位模糊、信息传达混乱的后果。植入是一项长期工程，企业可选择契合度高的内容产品进行持续投入。有缜密计划的策略性投入是植入取得良好传播效果的保证。

2. 载体内容与品牌的相关性

这一因素与品牌植入的传播效果呈正相关关系。品牌与载体内容的相关程度越高，植入越显得自然而融洽，传播效果越好。

3. 品牌植入的程度

三个维度共同构成了品牌植入的程度。

品牌与内容产品的融合情况。品牌植入的情节与内容产品融合度越高，显得顺理成章，毫不做作，植入越能被受众所接受。两者为正相关关系。

品牌在内容产品中出现的显著程度。并非品牌在内容产品中越显眼传播效果就会越好，如果阻碍了内容产品的流程，品牌会显得脱离内容，突兀刻意，反而引起受众的不满，对品牌产生十分不利的影响。毕竟受众要欣赏的是内容产品，品牌太过喧宾夺主会招致反感。在做好第一个维度的前提下，品牌的显著程度越高越有利于植入传播效果的提升。

品牌的曝光次数。品牌曝光的次数对于已经有一定知名度的大品牌来说并不是那么重要，只要有一次强有力的视觉或听觉冲击，就能达到被受众注意和清楚辨别的目的了。然而小品牌对于品牌曝光次数的要求更高。由于品牌植入对于小品牌的主要作用在于迅速提升知名度，因此适当的重复是十分必要的。如果品牌只在内容中出现一次，就很可能被受众忽略。

4. 内容产品的成功程度

内容产品的成功可以用以下几个维度来定义：欣赏价值、主人公是否被喜爱、宣传推广的力度以及受欢迎的程度。内容产品的趣味性越强，主人公越为人所喜爱，宣传推广的力度越强，植入品牌可能收效越大。

衡量内容产品受欢迎程度的指标因内容产品的类别不同而有所差异。如果是影视剧作品，我们可以把票房和衍生的光盘销量作为指标；如果是文学作品，畅销程度可当作衡量的指标；如果是电脑游戏，玩家的数量是衡量指标；如果是电视节目，收视率就是衡量指标……内容产品越受欢迎，品牌植入越可能收到好的宣传效果。

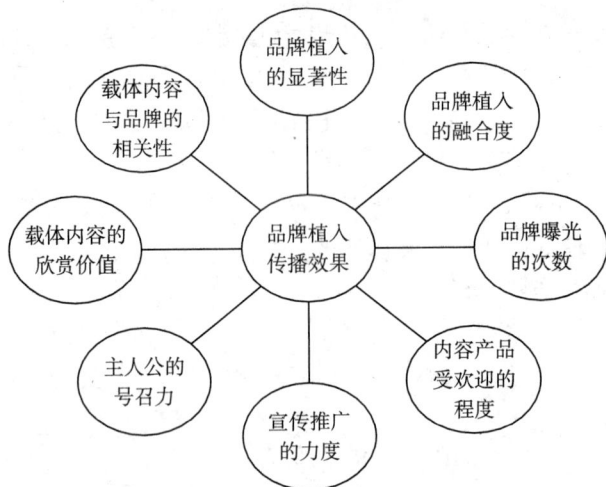

图 14-7　品牌植入传播效果的影响因素

想要取得良好的传播效果，避免不当的植入造成品牌的资源浪费甚至带来恶劣影响，企业需要对植入传播中存在的一些误区有所警惕。

误区一：品牌曝光度越大越好

品牌曝光度指品牌在内容产品中出现的时长和频次。由于品牌植入传达信息更加含蓄，要求与内容良好地融合，因此广告信息不易区分。把握植入的度对于品牌植入成功与否起着至关重要的作用。如果品牌在内容中显得不充分，轻描淡写一笔带过，品牌信息就很容易被受众遗漏和忽略，但品牌信息太过明显和突兀则又会招致受众的反感。目前品牌植入最为人所诟病的地方就是将与情境、道具、场景无关的广告生硬地植入到节目中，一味地追求品牌出现的频次而忽略内容产品的流畅性和合理性，造成了受众心理上的反感和抵触情绪。

因此，并非品牌在内容产品中的曝光度越大越好，受众要观看的始终是内容产品，品牌只是作为内容产品的增味剂而已，如果把品牌过度放大，不仅会滋生厌烦情绪，内容产品的趣味性也会大打折扣。内容产品不成功，品牌植入传播的效果就不会好。所以，企业不应该把内容生产商当作竞争对手，而应当作为合作伙伴共同为内容产品的精彩努力。对内容载体"吃光喝净"并非对品牌最好的做法，要依据"内容本位原则"进行品牌植入，通过植入倡导和契合一种生活方式，而不是填鸭式地塞入品牌信息。适当的品牌植入与内容自然而和谐，有助于受众对于内容产品的欣赏，会引起受众自觉的记忆和联想。

误区二：植入是一本万利的投资

植入对于品牌建设确实有其独特的优势，操作得当能够以较小的投资换来较大的传播成果。但是企业不能将品牌植入的作用神化，不能盲目地为了植入而植入，而要看品牌的实际需求以及品牌与内容产品的匹配度如何。植入用得不恰当不仅不会起到帮助品牌建设的作用，还会严重损害品牌资产，造成品牌形象的混乱和受众的反感。此外，品牌植入投资也存在一定的风险。载体的成功与否对于传播效果至关重要，然而企业却难以控制。这就要求企业从自身的实际出发，站在整体品牌宣传战略的高度对于是否应当将品牌植入纳入其中进行判断，谨慎为之。

误区三：所有品牌都适合进行植入传播

不是所有品牌都适合进行植入传播。前面我们已经讲到了品牌植入传播的特点以及其对品牌建设的作用，由于它的隐蔽性和依靠受众主动认知的特征，选择植入传播的品牌要求具有一定的知名度，否则品牌信息很可能被受众遗漏和忽略，造成受众根本无法辨认出品牌的结果。那么，小品牌是不是就不能进行植入传播了呢？答案也不是一定的。小品牌相对于大品牌来说，较不适宜进行植入传播，如果想取得较好的传播效果，就需要做足功课，想方设法巧妙植入，保证品牌在载体中充分而又适宜的曝光，以引起受众的注意，使受众认知，既对受众产生足够的刺激，又不能使受众反感。例如在节目"幸运52"中出现的商标，作为竞赛环节的计分手段，被反复地提及，保证了足够的曝光度，有效提升了不知名商标的知名度。

误区四：只要将品牌植入就万事大吉了

植入传播应当作为品牌整体宣传的一环而不是全部，只要将品牌植入到内容产品中就能够坐享其成、万事大吉的想法是短视的。在将品牌进行恰当的植入后，企业的任务并没有结束。企业还要周密策划，在整体品牌战略目标的指导下，整合其他传播手段进行全方位传播，将品牌植入充分运用到相关的整合营销活动中。例如终端促销活动、公关、电影首映式支持以及广告攻势等，充分释放其力量，这样才能达到更好的品牌宣传效果。

如今媒介间的竞争已经进入到内容阶段，标志着内容为王的时代已经到来。内容成为决胜的武器，与内容紧密结合的植入传播方式在这一时代背景中成为大势所趋。正如美国全球品牌内容营销协会分会主席 Cindy Callop 所说，"我们正从一个营销沟通的打扰时代进入到一个植入的时代"。[①]

三、企业品牌植入传播实践的现状

问题 9：品牌植入策略运用现状如何？

目前我国企业以影视作品、游戏产品及媒体内容的植入为主。除了这三种植入载体外，书籍、音乐等其他内容产品也逐渐被运用到品牌植入传播策略之中，但是并不常见。随着企业对品牌植入传播方法的运用技巧逐渐成熟，适合的新载体会被不断发掘并加以利用。

内容后产品开发也是值得一提的常用手法。比如，推出在内容产品中大放光彩的限量版产品，吸引粉丝们珍藏，并制造话题，以此提升品牌的曝光度；或制造出售与内容相关的产品，制造流行，增加品牌销售额。如，欧米茄就推出了 007 影片中的限量版手表，吸引了 007 迷们的极大关注。

对于明星效应的充分利用也是外国品牌植入传播的强项。当植入内容产品中的品牌与主人公息息相关时，主人公实际上充当了品牌的代言人，只不过这些代言人是虚幻的、理想的化身，他们没有名人的负面消息，塑造的形象稳定、惹人喜爱、更加贴近受众。寻找与品牌性格气质相同的主人公，以形象地表达品牌个性，是品牌植入对明星效应更深层次的运用。例如，《欲望城市》中女主角凯莉所穿的 Manolo Blahnik 鞋被称为专属的"凯莉鞋"。女主角成为 Manolo Blahnik 的代言人，她被赋予了这个品牌相同的个性与气质。

案例分析

把产品植入影片《机械公敌》是一个成功
——植入传播提高了"奥迪"品牌的形象评级

奥迪在赞助各种慈善活动、文化活动和体育项目的同时，也在积极寻找契机进行品牌植入传播，并且获得了巨大的成功。

---

① 薛敏芝. 经济全球化时代的植入式广告. 中国广告，2005 (6)：56.

奥迪在好莱坞电影中的可见度越来越高，早在 1999 年的电影《The Insider》、2000 年的《Mission Impossible 2》中，奥迪都参加了演出，其卓越的功能在电影中被诠释得淋漓尽致。

图 14-8　奥迪在《玩命快递 2》中也有精彩表现

图片来源：奥迪官方网站 http://www.audi.cn/.

图 14-9　奥迪为《满城尽带黄金甲》提供贵宾用车

图片来源：http://auto.163.com/06/1215/14/32D17A4Q00081G98.html.

而奥迪最成功的一次品牌植入传播当属 2004 年的影片《机械公敌》。在这次品牌植入传播中，奥迪并没有直接投入资金进行赞助，而是专门为影片设计制作了一部概念车，一部属于未来的车 RSQ。这部由短篇小说《我，机器人》改编，耗资超过一亿美金的现代科幻电影将故事背景设定在 2035 年，一个地球上每15人就拥有一台人工智能机器人的时代。作为奥迪公司历史上第一次专门为一部影片量身设计制作的一款车型，RSQ 凭借着前卫的造型与完美的功能在影片中完成了极为出彩的"演出"，该车也因《机械公敌》的全球热映而名声大噪。

图 14-10　奥迪车出现在《机械公敌》电影海报中

图片来源：http://image.baidu.com.

美通社发表评论，40 多个国家报道称把产品植入由维利·史密斯主演的大片《机械公敌》中已证明对于奥迪公司是一个巨大的成功。在美国电影观众中进行的调查证实奥迪的形象的确有了提升。奥迪公司负责产品植入行销的 Tim Miksche 评论说："这次植入加强了奥迪品牌在美国的核心价值。在诸如吸引力、独特性以及美国看过《机械公敌》的人对奥迪汽车的喜爱程度等标准方面，奥迪的得分都有了可观的增加。"这项品牌植入计划的目标是增强人们对该品牌的认识，提高奥迪品牌在感情上的吸引力，如今这个目标已经实现有余。

资料来源：张树庭，吕艳丹. 有效的品牌传播. 北京：中国传媒大学出版社，2008.

思考题：
奥迪此次品牌植入传播策略的成功给我们以什么启示？

活动：品牌植入传播活动练习
选择一种快速消费品品牌产品作为竞投目标，分析目标品牌状况，为其设计一套电影植入方案。

本章小结

⭐⭐⭐⭐

植入式广告的运用，利用影片或明星的效应，将品牌置身于时尚元素当中，在唤起注意或提醒的同时，强化品牌形象、塑造品牌地位和独特的品牌心理，争取到消费者的认同与好感，是消除消费者离心倾向和逆反心理的一剂良药。而且从广告媒介策略的角度衡量，植入式广告一般是跟娱乐大片联姻，所以广告的实际到达率比较高，投入成本低，也符合广告投放的媒介策略。再者植入式广告的问题其实还是一个投放技巧的问题。广告形式的创新是广告创意的一个重要组成部分。而广告创意又是联系品牌和媒介中间极为重要的一个环节，因而隐性广告也是一种新颖的广告创意。

就广告的直接目的而言，对于产品本身的宣传属于低水平的营销，树立品牌形象，提高品牌的市场占有率才是植入式广告发展的必由之路。在新的社会和经济环境下，随着大众消费的符号化趋势，"产品的植入"将逐渐演变为"品牌的植入"。

媒介新生形态的日趋多样化，丰富了植入式广告运用所涉及的媒体表现形式。传统媒体的主导优势逐渐让位于以互联网媒介和移动通讯为代表的新兴传媒、复合媒体并存的态势，为植入式广告发布类型的优化组合提供了选择的可能性。

知识扩展

⭐⭐⭐⭐

运用植入式广告的要点

运用植入式广告进行品牌传播应重点考虑以下环节：

1. 要充分考虑目标人群。即广告主的目标消费者与影视剧或节目的目标受众分析有没有交集，这一点是采用植入式广告时优先考虑的问题。在一部以家庭妇女为目标受众的电视剧中植入 IT 类产品显然是不合适的，目标受众群的分离将造成广告的无效或低效投放。

2. 植入式广告要考虑品牌或产品自身的特点。虽然植入式广告是一种有效的信息传递方式，但是并不是任何一种产品使用此种方式都会取得良好的广告传播效果。因此，要先从产品自身的特点出发来判断其是否适用于植入式广告。由于植入式广告是一种较隐蔽的信息传播方式，因此这种方式比较适合处在企业产品生命周期中后期的老品牌，不太适合那些处在品牌导入期的新品牌。当品牌处在导入期的时候，消费者对该品牌比较陌生，可能根本不会注意到被植入的该种品牌产品；而当品牌处在品牌生命周期的中后期时，品牌已经深入消费者内心，通过植入式广告可以巩固消费者对该品牌产品的记忆和认识。

植入式广告的难点在于：需要同时满足剧情和营销传播的要求。过分迁就剧情传播，可能会影响广告的传播质量，导致信息偏离营销传播的协调性，与整合营销传播的要求相悖。反之，强调营销信息又可能影响剧情。植入式广告就是在"被情节干扰"与"干扰情节"的夹缝中诞生的。在这种情况下，信息整合是成功的关键所在，赞助商应与编剧、导演充分沟通，广告植入的痕迹越少，与剧情结合得越自然，传播的效果也就越好。

为了扩大影响或强化品牌形象，植入式广告可以与显性广告、软性广告相结合。如在《双雄》和《手机》中，赞助商品牌出现在电影海报上，赞助商参加剧组组织的观众见面会，使观众在入场前就有所期许，可以加深观众对影片中出现的商品的印象，形成一种呼应。此外，还可将接触人群扩大到影片受众之外的人群。植入式广告同时也可以配合SP活动进行，如放映现场（特别是首映式现场）赠送纪念品或试用装，以期强化品牌接触和形成试用。

资料来源：百度，http://baike.baidu.com/view/3292043.htm.

240

答案

★★★★

一、引导案例参考答案：

品牌植入（Branded Placement），又被称为品牌置入，指将品牌移植到某项内容中（电影、电视剧、视频短片、游戏、音乐、书籍等），用作道具、线索或场景，以隐形的方式向消费者传递品牌信息。

优势：

①品牌信息易于被接收；

②与内容结合紧密，漏读可能性小；

③创造双赢局面，不易引起受众反感；

④传播环境良好，受众注意力集中；

⑤品牌信息持续时间长；

⑥传播成本相对低廉。

劣势：

①品牌信息的传播受到较多因素的限制；

②不适合理性诉求；

③传播效果受内容产品影响很大，且效果难以量化评估。

二、案例分析参考答案：

总体来说，奥迪此次品牌植入传播策略的成功给我们如下启示：

首先，企业要对品牌植入灵活运用，大胆创新植入方式。本次品牌植入以设计产品的方式进行，奥迪专为一部大片开发并制造一款汽车，这在品牌植入历史上尚属首次，无疑成功地制造了话题点，吸引了人们的关注和兴趣。企业的生命在于创新，对于品牌植入方法的利用也不例外，一味使用旧有方法容易使观众味同嚼蜡，如何利用新方法吸引眼球，对观众形成冲击，是企业在品牌植入传播中需要考虑的问题。

其次，企业要对品牌植入传播进行整体把握，各个环节通力合作，为实现良好的传播效果共同努力。无论是企业内部的各个部门，还是与制作方的合作，都要相互间积极配合。企业的其他营销环节和宣传手段也要与植入传播紧密结合，发挥协同效应，使传播成果最大化。奥迪案例中营销部门、设计部门以及制造部门的通力合作体现了惊人的高效率与一致性。此外，奥迪与影片制作方积极合作，实现了双赢，汽车不仅为影片引来了好奇的观众，奥迪通过这款产品也大大提升了品牌的曝光度。双方共同通过汽车制造话题，使影片中的汽车被超过 40 个国家的印刷和网上媒体报道及在电视和电台中亮相，互联网搜索引擎中对于 "Audi RSQ" 的搜索更是高达 35000 次。这些都体现出奥迪对于品牌植入传播进行整体把握的卓越能力。

第十五章

品牌联盟传播策略

学习目标

★★★★

知识要求 通过本章的学习，掌握：

● 品牌联盟传播的概念

● 品牌联盟传播的特点及意义

● 品牌联盟传播的应用策略

● 品牌联盟传播应当注意的问题

技能要求 通过本章的学习，能够：

● 熟练掌握品牌联盟传播的本质

● 能够分析和识别出品牌联盟传播的实例

● 能够灵活运用所学知识大胆创新

243

学习指导

★★★★

1. 本章内容包括：品牌联盟传播的概念、操作方法以及需注意的问题及建议。

2. 学习方法：独立思考、观察并思考出现的品牌联盟实例，与老师同学分析研究。

3. 建议学时：3 学时。

引导案例

"动感地带" + NBA 共享新鲜时尚

提到"动感地带"这一品牌，人们会自然地把它和"麦当劳"、"周杰伦"、"街舞"等年轻人的时尚新鲜事物联想到一起。正是由于"动感地带"持续不断地和同类品牌进行异业结盟，使得它已经不再是一个局限于年轻人的通信服务品牌，而成为了"最酷、最炫、最动感"的时尚符号。2005 年 4 月，"动感地带"又有了一个惊人的举动：世界顶尖职业体育赛事 NBA 也来到了"我的地盘"，与"动感地带"结成联盟。NBA 篮球大篷车是代表原汁原味的 NBA 篮球元素和篮球娱乐文化的 NBA 流动嘉年华。篮球大篷车上还装有最新的 NBA 电子游戏，球迷可以在游戏中扮演自己心仪的球员，带队征战 NBA，或是完成梦寐以求的高难度扣篮。车上的超大屏幕将不停播放 NBA 比赛精华录像，球迷还可以通过互动触摸屏选择收看 NBA 历史上最精彩的比赛瞬间和最伟大的球员回顾。"动感地带"还在炎炎夏日送出特制礼物——遮阳帽、扇子和冰袋，着实给 M-ZONE 人服了一剂贴心凉茶，高明尽显在细节的关照中，让客户真正玩个够，也能玩得舒服，玩得开心！

资料来源："搜狐广告天下"，http://club.sohu.com.

244

思考题：

试分析此案例中两个品牌结合的成功之处。

第一节　品牌联盟传播概述

一、品牌联盟的含义

品牌联盟的双方广告主都是希望通过结合得到"1+1>2"的效果，因此联盟不是决策者主观的决定，而是一个经过慎重考虑后的结果。

问题 1：什么是品牌联盟传播？

所谓品牌联盟，又称联合品牌，是指运用联合营销策略，结合两个或两个以上的品牌进行短期或长期的结盟关系，以达到提升品牌形象与产品品质以及获取成本效益之目的。联盟的品牌拥有不同的关键资源，而彼此的市场有某种程度的区分，为了彼此的利益，可以通过战略联盟、交换或联合彼此的资源，合作开展联合营销活动，以创造竞争优势。

二、品牌联盟传播的兴起

问题 2： 品牌联盟兴起有怎样的背景及原因？

彼得·德鲁克曾经说过"90 年代是联盟的时代"，事实表明由著名品牌组成的联盟已成为竞争利器，最有名的莫过于微软公司和英特尔公司合作形成的 WINTEL 联盟，几乎掌握了 IT 业的所有游戏规则。

2001 年 Ericsson 和 Sony 两大公司共同成立 SonyEricsson，并推出一系列的索爱手机，受到消费者的好评，在诺基亚为市场领导者的情况下获得了意想不到的效果。品牌联盟也逐渐进入了中国消费者和企业家的视线。

品牌联盟与科技创新有关。虽然在低价值倾向的行业，品牌联盟的趋势有所减少，但是在高科技行业和快速增长的市场，人们对品牌联盟呈现出特殊的偏爱，品牌联盟在未来有不断增长和发展的空间。

在大量商业信息充斥市场的环境中，繁忙的消费者希望能够迅速地发现一个好的产品和品牌，为适应这种消费者信息环境，越来越多的品牌拥有者将会把品牌联盟当作是品牌成长的又一选择，因为当一个市场越来越难以接受新品牌时，品牌联盟将是一个更快捷、更节省成本、更安全的品牌成长战略。

如今，品牌联合的模式不断推陈出新，合作方式更加深入和趋向合理化、科学化，品牌联盟传播成为一种十分重要的未来发展趋势。

三、品牌联盟传播的优劣势

品牌联盟传播同其他传播方式一样，也有自己的优势和劣势，那么我们就从以下知识点具体了解一下。

问题 3： 品牌联盟有哪些优势和劣势？

（一）品牌联盟的优势

品牌联盟后毫无疑问将改变消费者对原有品牌的部分甚至全部的认知。成功的品牌联盟将对原有品牌产生非常大的效益，提升原有品牌的知名度、美誉度。相反，一个不成熟的品牌联盟将会给原有品牌带来损害。任何的品牌发展模式都是一把"双刃剑"，品牌联盟也不例外。

品牌联盟可以给合作方品牌带来的竞争优势包括：

1. 提高合作方品牌产品销量

提高产品销量而直接获利是联盟品牌追求的主要目标。对单个品牌来说，增加一个联盟品牌能够显著地提高一个产品或服务的销售潜力，这一优势已经得到了理论和实践的共同验证。柯达曾经做过一个调查，发现"单纯利用柯达品牌的顾客预购率是25%，单纯利用索尼品牌的则是20%，但如果两个品牌同时利用则高达85%"。星巴克在美国联邦银行设立咖啡吧，咖啡销量显著增加，而联邦银行不但改善了服务质量，还从收取的租金中直接获利。

2. 降低品牌营销传播成本

在开拓市场方面，联盟品牌可以降低促销费用，促销费用双方共担，加上各自品牌早期的广告和促销活动对联盟品牌又助了一臂之力，双方的促销费用都大大降低，同时却可能收到更好的效果。例如，某些婴幼儿产品企业，包括食品、制药、日用品等，联合举办了免费爱心大礼包赠送活动。包中有免洗止尿裤4片，婴儿苹果泥1瓶，婴幼儿奶粉试用装1包，面巾纸试用装1包。这种多家企业联合起来派送的样品包，费用由几家公司分摊，花钱少而效果好。

3. 提高双方品牌的知名度和品牌信誉

一个品牌能被消费者认可是因为它已经在消费者心目中有了明确的定位，而且能使消费者产生丰富的联想。美国明尼苏达州大学卡尔森管理学院的一位教授认为，当单独品牌出现没有说服力时，联盟品牌可以更好地标明商品的品质。企业走品牌联盟之路就可以利用另一方品牌（一般是知名品牌）给消费者带来的品牌联想来说明自身品牌的品质，尤其是新产品或者高新技术产品，借助知名品牌的推荐能够消除消费者对新品的疑惑，使其对该品牌产生信心和兴趣。例如纽特威的低脂糖现已作为许多低脂产品的糖类替代品。在初期推出时，人们还怀疑它是否对身体有害。纽特威通过与可口可乐联合推出健怡可乐，利用人们对可口可乐的强势品牌的可信度，打消了人们的疑惑，成功确立了自己的品牌价值。

4. 增加新的消费者群

借助联盟品牌，可以使一个品牌直接接触到另一个品牌的客户群，即增加品牌在另一个消费者群的曝光度，从而使双方的消费者群都得以扩大和延伸。品牌联盟后，只偏好其中一个品牌的消费者会购买联盟品牌的产品，而同时偏好多方品牌的消费者也会购买联盟品牌的产品，合作方市场互相渗透，能够有效地促进品牌传播。

案例

"美国运通"与"德尔塔"的品牌联盟

美国运通和德尔塔航空公司进行合作，结合德尔塔航空公司的SkyMiles计划，以联合品牌形式推出了它的 Optima 信用卡。那些参加了SkyMiles计划的乘客如果飞行里程累积到了一定的额度，就可以得到德尔塔航空公司赠送的飞行里程，而美国运通的联合品牌信用卡 Optima 将会把这些奖励里程变现后返还给消费者。这一联盟品牌使美国运通为自己的信用卡赢得了更多的消费者和业务，提高了品牌的认知度；而德尔塔航空公司通过向乘客让渡更多的价值，提高了顾客的忠诚度。[①]

资料来源：许基南.联合品牌.江西财经大学学报，2005（4）：38.

5. 规避进入新市场的风险

进入新市场的代价昂贵，据悉在美国市场上，建立一种大众消费品的新品牌名称的成本大约从 5000 万美元到 1 亿美元不等，基于对一方联盟品牌的客户认同，可以为合作方节省大量资金。使用联盟品牌可以冲破贸易壁垒，快速获取新市场，这在跨国公司的扩张过程中经常被使用。例如，全球第一大奶制品企业法国达能集团与南非最大的酸奶厂商 Clover 进行联合营销，快速地进入了南非酸奶市场；Adidas 利用与新西兰橄榄球联盟某球队建立的联盟品牌，快速成为新西兰体育服装市场的头号品牌。

（二）品牌联盟的劣势

品牌联盟目前还处于发展初期，当然也存在一定的潜在风险，主要表现在如下方面：

1. 利益关系较难处理

联合各方所承担的费用难以商定，利益冲突较难摆平，可能带来财务困境。

2. 营销活动难以协调

联合各方都希望选取对自己最有利的活动时间、地点、内容和方式，这无疑增加了协调的难度。营销活动开始后，各方为了把顾客吸引到自己周围，有可能互相拆台，使合作伙伴成为竞争对手。

3. 合作方企业和产品品牌形象不一致

这样不但不利于联盟品牌形成统一的运营策略，向消费者展现一致的品牌

[①] 关忠诚，程刚.联合品牌战略研究.重庆大学学报（社会科学版），2006（2）：40.

形象，创造新的竞争优势，而且还会损害各自品牌的权益。同时，在联合营销活动中，品牌联盟中一方的强势可能导致其他合作方品牌特征和个性的稀释。如果合作伙伴将原有品牌重新定位，也会破坏双方在战略上已形成的协调。哈雷戴维森曾许可一个香烟公司使用其品牌，后来因为消费者对吸烟的不满而牵连到哈雷戴维森，最终不得不终止合作。

4. 危机具有株连效应

将一个品牌延伸到远离于该品牌的优势和名声之外是一件高风险的事情，一旦消费者对该品牌的延伸持反对态度那将很麻烦。合作品牌出现任何危机，都会产生株连效应，影响到联合品牌。如果一方企业破产或者遭遇其他财务危机，从而导致其不能继续履行联合品牌的投资责任，那么合作关系便不得不终止，另一方也会因此蒙受损失。

第二节 品牌联盟传播的应用策略

一、品牌联盟传播的操作方法与流程

品牌联盟成为企业适应国际竞争格局，做大做强的一个捷径。但是仅仅有联盟的愿望并不够，更要有联盟的策略和智慧。实施品牌联盟战略要解决的两个核心问题是：与谁联盟和怎样联盟。

与谁联盟？选择与谁联盟的聪明做法简称为大树策略或高攀策略。社会学的等级阶层论认为，人选择什么能反映其社会地位，消费者选择什么品牌是其身份之象征。同样，企业应选择大的企业品牌和媒体品牌联盟，实现品牌全国化、品牌突围或后来居上。[①]

问题 4：品牌联盟常见的操作模式有哪些？

1. 不同行业企业的品牌联盟

这是联合营销最常见的形式，又称为非竞争性联盟，非竞争性是这种品牌联盟的最大优势所在，它能够在保持原有战略联盟所有优势的同时，从根本上消除它的顽症——联盟内部的竞争性，进而避免了竞争性引起的许多其他内部矛盾问题，提升战略联盟的寿命和效率。

---

① 卢泰宏. 品牌联盟之道. 央视国际，2006-09-25.

"非竞争性联盟"是 2006 年营销界频频出现的词语。众品牌越发注重"借力打力"、"资源共享"与"优势互补"，通过跨领域的合作实现自身价值增值。例如，维亚康母与百度达成协议，共同拓展中国数字媒体市场，为互联网用户提供视频娱乐内容。麦当劳与中石化合作开发"得来速"汽车餐厅。苹果公司与耐克合作推出"Nike+iPod"系列产品，又与通用、福特和马自达成合作协议，在其大多数款式的汽车上提供便利的 iPod 链接。例如 2007 年，国内知名经济型连锁酒店品牌——如家酒店连锁公司和汽车租赁品牌——安飞士汽车租赁达成战略合作协议，双方约定通过各自的网点和渠道，互荐并联合销售双方特定的联合产品或自身产品。安飞士汽车租赁有限公司成为如家的首选汽车租赁服务提供商，为所有如家会员和住店客人提供车辆租赁服务，安飞士则向其会员和客人推荐如家作为首选酒店品牌，为出行提供优质住宿产品和便利。定位在相同目标市场的非竞争性联盟，能为品牌带来更大的可信赖感，实现"1+1>2"的市场推广效果。

2. 同行业企业之间的品牌联盟

俗话说"同行是冤家"，但同行之间并不是没有合作的余地。同行企业也需要互相借重，来达到双赢的目的。在目前同质化产品和企业众多的情况下，这也是一条提高本企业竞争力的重要途径，通过行业内企业品牌的强强联合，可以共同图谋市场霸业，做成行业市场旗舰。例如，若由一家企业单独举办房展会，可能很难吸引较多客户，而多家地产商联合起来，共同展示各自的楼盘，才能吸引较多消费者前来观看和购买。例如 2003 年，"柯尼卡—美能达"联合品牌标签的个人激光打印机——黑白激打 PagePro1300 上市。柯尼卡—美能达开始全面启动"中国攻略"，用最快的速度、最短的时间达到了彩色激光打印市场 25%~30% 的占有率，黑白达到了 10%~15% 的占有率。与惠普、爱普生相比，柯尼卡—美能达进入中国市场的时间较晚，通过这种品牌联盟的方式应对激烈的市场竞争，进入新市场不失为一种成功的品牌策略。

3. 同一企业不同品牌的联盟

对于拥有多种品牌的企业来说，利用旗下各品牌开展联合营销，能达到单一品牌营销无法达到的效果，可以用来搭卖滞销商品，比单一品牌折价促销效果更好，而且还可以提升企业品牌的影响力。例如上海太太乐调味食品公司曾经推出多品牌联合促销活动：消费者购买"太太乐"鸡精、宴会酱油、任选两款调味包、一个礼品袋，一共只需花 10 元钱，这些商品原售价为 19 元左右，接近 50% 的折价优惠，吸引了大量消费者的购买。

4. 制造商与经销商之间的联盟

在经销商掌握营销生态链话语权的时代，终端媒体成为稀缺传播资源，并且越来越不受企业控制。在这一情境下，制造商与经销商的品牌联盟传播就显得至关重要。

企业通过与零售商结盟，使自己的销售队伍从"会说话的产品说明书"，变成战略合作伙伴的"市场顾问"，会对零售商的竞争能力做出贡献；零售商也会为企业提供最佳的终端服务。这种一体化联盟以分销渠道为纽带，能够增强产品资源和渠道资源的稳定性，并拓宽市场覆盖面。强生公司即提出"合作性的顾客管理关系"：在销售终端，将"生产商对消费者的知识"与"零售商对购物者的知识"二者"糅合在一起"。① 例如，从 1994 年起，五粮液公司开始以品牌为纽带与各地酒类经销商联手创立地方联合品牌，如五粮醇、浏阳河酒、京酒等，这些品牌具有浓厚的地域文化亲和力，流通上又获得当地商家的大力合作，故能获得独特的竞争优势。地区联合品牌策略的成功有两个重要条件：一是该产品的市场具有很强的区域性；二是这种合作必须是强强合作，即一方是著名的生产商，而另一方有着强大的渠道优势。而五粮液区域品牌模式恰恰做到了这两点，在一定时期内，在一定程度上推动了企业的发展。

5. 企业与媒体之间的品牌联盟

企业品牌与媒体品牌联姻，就是企业资源和媒体资源里应外合，借力打力，互相发挥各自特长。企业与媒体之间存在着一种互相需要、共同发展的关系。企业的广告费是媒体的主要收入来源，而企业也需要媒体的号召力、公信力来扩大品牌实力及竞争力。与强势媒体结盟甚至能够为企业带来行业重新洗牌的效果，许多行业如乳品行业、手机行业、润滑油行业等的超高速增长，与

图 15-1　2004 年，招商银行与中央电视台签订战略合作协议

① [美] 马克·奥斯汀，吉姆·艾吉森. 还有人看广告吗？——消费者产生营销抗体，营销者该如何面对?. 北京：高等教育出版社，2005：106.

中央电视台的强力推动密不可分；而在区域经济的发展中，在中央电视台的大力推动下更是涌现出了"晋江品牌集体崛起"的现象。

怎样联盟？涉及品牌联盟操作中应遵循的"潜规则"。要使联盟品牌产生强大的整体品牌效应，并不是随意地把多个品牌及其属性进行简单地拼凑，而应遵循品牌联盟的原则。

问题 5： 品牌联盟传播操作流程是怎样的？

1. 选择联盟对象

选择谁作为联盟对象，这是品牌联盟计划中所需考虑的首要问题。是选择本企业旗下的其他品牌进行联盟、同行业不同企业进行联盟、异业联盟还是媒体与企业联盟，将直接关系到该品牌的未来发展战略。在选择联盟对象时，企业还需对将要联合的品牌在价值回报、品牌形象、目标市场、已有资源、实力等方面进行综合考量，以选择最佳合作伙伴。优良的合作伙伴具有以下几个特点：第一，它所拥有的品牌联想能够支持己方品牌的品牌形象和定位战略；第二，它能够帮助品牌传播活动增加趣味性和相关性，使其从混乱竞争局面中脱颖而出；第三，合作伙伴能够贡献资源或能力，从而使品牌传播活动更具成本效益性。

2. 设计联盟方式

企业根据自身的传播需要和品牌发展计划，考虑到其他品牌可能拥有而自己公司缺乏的能力或资源，设计可实施的联盟方式，包括开展研发、制造、市场营销、财务、客户关系或者品牌传播上的战略性的合作，或者是联合广告、联合促销、联合公关等战术性的建设活动。无论哪种联盟方式，都会对己方品牌的短期或长期发展带来一定的影响，为避免"一着不慎，满盘皆输"局面的出现，企业应从战略高度，谨慎设计联盟方式。

3. 赋予联盟品牌新的品牌身份

对于联盟品牌这个"混血儿"，如何赋予其更新的品牌身份？又如何形成强大的品牌核心竞争力？这就需要整合各种有效资源，对联盟品牌进行品牌设计。联盟品牌设计包括三部分内容：一是联盟品牌战略设计；二是品牌产品设计；三是品牌形象设计。品牌设计结构如图 15-2 所示。

4. 联盟传播

即使联盟各方已有了良好的合作意愿和计划，在联盟传播的实施阶段，企业仍随时可能面临突如其来的问题。因此，在品牌联盟传播过程的各个环节上进行监控是十分必要的。在联盟传播开展之前各方以合同契约的方式明确双方的权利和义务，制订详细的传播计划，将有利于建立起长期合作的成功的品牌

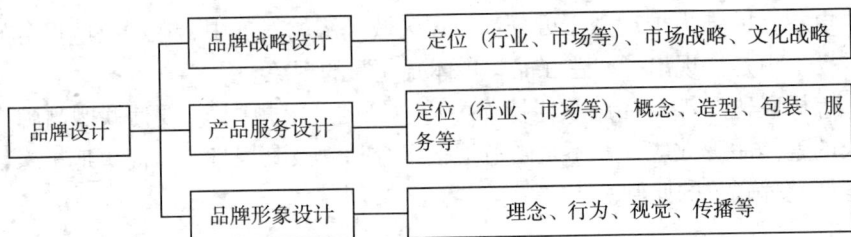

图 15-2 联盟品牌设计

资料来源：贾昌荣，邓炯．联合品牌是策略，更是战略．企业研究，2004（3）：33.

联盟。同时，合作方共同成立或各自成立管理小组，紧密地沟通与合作，督导联盟营销的开展也至关重要。

5.评估联盟效应

联盟品牌可以看作是任何一个合作方的外部品牌或延伸品牌，如果不对联盟品牌进行评估，联盟效应将很难衡量，对这个品牌的评估标准要视情况而定，但是一般而言有四个指标，每个指标又有几个子指标：第一，品牌资产，包括知名度、声誉、品牌个性、与目标顾客和产品的相关性、顾客忠诚度；第二，业务优势，包括销售量、市场份额、利润空间、发展前景；第三，符合战略要求，包括品牌可延伸的潜力、联盟品牌是否符合公司的战略方向；第四，品牌选择，包括品牌资产的可转移性、该品牌与其他品牌的整合能力等。[①]

二、品牌联盟传播的操作原则

互利互惠是联合营销最基本的原则，不管是强强联合还是强弱联合，联合各方从品牌联盟战略中得到的价值回报应该是相等或相近的，否则很可能会导致联合破裂。

问题 6： 品牌联盟传播的原则有哪些？

1.合作双方应获得均衡的价值回报

当弱势品牌与强势品牌联合时，弱势品牌为得到品牌影响力上的提升，可能会容许物质利益上的牺牲，但是总体上应该是均衡的。如果价值上出现不对称，则必须有联合前达成的战略共识做前提。只有确保合作双方的共赢，才能建立长效的联合品牌。例如，某品牌麦片在某超市推出超值装，购买该品牌麦片的消费者还可以获得超市的折价券 1 张。这一营销活动不但促销了该麦片，

① ［美］戴维·阿克．品牌组合战略．北京：中国劳动社会保障出版社，2005：298.

也促销了超市的其他商品，双方都能得到好处，自然会同心协力。

2. 合作双方要有一致的目标市场

品牌联盟合作双方要有基本一致的目标消费群体，才容易收到理想效果。"美宝莲"将润唇膏的折价券夹在"博士伦"隐形眼镜向其会员寄发的通讯册中发送，是因为这两种产品有共同的目标消费群体——年轻女性。又例如，十年前，共同开发国际市场的目标和利益使快餐业巨头麦当劳和传媒业巨头迪斯尼走到了一起，2006 年这一"史上最强"的战略联盟宣布解体，原因仍是各自的目标和利益：自从 2003 年起，"我就喜欢"取代"微笑"成为麦当劳的品牌诉求，青年取代儿童成为麦当劳的首要诉求目标，最终导致麦当劳与迪斯尼联盟的基础不复存在。解体案引发人们对于品牌联盟的思索，目标市场的一致性是联盟存在的基础，这些条件由于品牌定位迁移而遭到破坏后，解体成为唯一的选择。

3. 合作双方的品牌形象要一致

企业在选择联盟方时，要考虑对方市场形象的问题。企业树立自己的品牌形象并不容易，一旦选择合作伙伴不当，有可能损害甚至破坏已有的品牌形象，得不偿失。有的企业定位于高端市场，有的企业定位于低端市场，这样的联合就有可能损害自己的形象。特别是与一个品牌形象不佳的企业联合营销，还有可能破坏自己的企业形象和品牌形象。

4. 在功能交叠和互补之间保持平衡

联盟的各品牌产品可以功能交叠或者互补，但功能交叠不能太多，互补性不能太强。一方面，如果产品功能交叠太多，则可能双方处于竞争态势，由于产品都有其独特的定位，功能交叠的产品在品牌传播上容易造成消费者的心理冲突；另一方面，如果产品的互补性太强，则可能导致消费者不去思考联盟品牌之间的联系。

但是，产品、企业的优势互补，是品牌联盟的一个基本原则。2000 年，可口可乐与北京大家宝薯片共同举办了"绝妙搭配好滋味"促销活动，可口可乐是微甜的软饮料，大家宝是微咸的休闲食品，这种搭配可以在口感上相互调剂，甜咸适宜，这就是双方合作的基础。

5. 合作双方尽量实力相当

品牌联盟最好是两个或者多个强势品牌的联合。拟订联合的各个品牌必须具有相同的品牌价值和市场地位，并且在联合时具有相同的目的。如果是强弱联合或弱弱联合，则有可能会起反作用。一般来说，弱势品牌很难高攀到一些强势品牌，除非这种弱势品牌具有很好的发展潜力。而强势品牌也不能过于屈尊降位，否则有可能损害其市场形象。例如 2006 年，麦当劳与中石化结成战略联盟，共同开发"得来速"餐厅。对于中国石化而言，开发加油站快餐业务，能够为加油站顾客提供更多便利优质的服务，促进加油站油品业务，提升中石化品牌形象；对于麦当劳而言，能够借助中石化庞大的零售网络，大幅提高国内业务发展速度，有利于迅速打造新引进中国的"得来速"品牌形象。两者合作可谓强强联手，对双方发展都具有重要的战略意义。

三、品牌联盟传播操作的主要工具

全世界最强势的 300 个品牌中，有 40%以上在进行联合营销，TCL 与农夫山泉、英特尔和众多计算机厂商、麦当劳和"动感地带"、红牛饮料和 NBA 等都是其中的典型案例。品牌联盟开展品牌传播时会应用到一种或多种营销工具。

问题 7： 品牌联盟传播的主要工具有哪些？

联合广告和联合促销是应用最广泛的品牌传播工具。

联合广告是指品牌联盟各方联合起来刊登广告，目的在于造成较大的声势，并压缩各自的广告费用。联盟可以通过集体采购的方式，拿到一个比较低的版面价格。例如，北京某奥迪代理商联合其他代理商一起做广告，改变了之前各家奥迪代理商广告没有统一形象的状况，四家公司联手一起做广告，包下报纸周三的半版。这样一来，既降低了广告费用，又有了一个整体的形象，让人感觉到整体感更强。

如果企业把合作拓展到促销、渠道等更深的层次，还可能获得更加出色的市场效果。联合促销，对于商家来说，单品让利仍然很小，但是对于消费者来说，却可以得到极具吸引力的利益。企业借助对方资源来扩大消费群体，最终合作双方的市场空间和品牌信息到达范围都会得到扩展。

四、企业品牌联盟传播的战略导向

根据哈佛大学教授波特和日本竹田志朗教授的观点，企业间战略联盟的演变一般遵循以下趋势：以前的联盟主要发生在经营能力、经营资源等不均衡的企业之间，是一方为了接近对方市场，另一方为了弥补自身经营上的弱点而进行的互补型合作；当今的战略联盟则逐渐演变为经营能力和经营资源对等的伙伴之间建立以开发新技术、控制新的国际标准和增强市场实力为目标的战略组合。目前我国主要以这类联盟为主，发达国家企业通过向我国企业提供技术及营销能力等，而达到接近我国市场的目的。因为战略联盟成功运行的首要条件就是企业要实力相当，企业必须具有一定的核心竞争力。

问题8：企业运用品牌联盟有哪几种战略导向？

鉴于当今我国企业整体竞争力弱，因此我国企业要在中外战略联盟中提高联盟地位，就必须不断挖掘、发展自身的核心专长，培养新的竞争优势。[①] 以下是以核心竞争力为中心的四种主要的战略导向。

1. 技术导向型的品牌联盟

技术导向型的品牌联盟是指将技术品牌与企业品牌进行嫁接组合而形成的联合品牌，主要包括产品成分合作和R&D合作。

市场领导者常常采取成分合作的方式将它的产品供应给另一个品牌的产品，并成为另一个品牌的重要组成部分，为双方创造更大的利润。例如，将Intel的微处理器用在PC生产中，可以使PC生产商树立良好的产品质量形象，同时分享供应商的营销成本。而供应商也可以增加销量，同时也可以加强品牌的知名度。

R&D合作，是相关企业在技术研发上进行合作，将新技术引入成熟品牌或者打造新品牌。如通用、福特等共同研发电池车。2002年，李宁体育用品公司与杜邦公司正式结为品牌伙伴，杜邦纺织首次在中国内地采用品牌联盟的方式同中国本土品牌签约。合作后，李宁产品使用杜邦开发的优质弹性纤维"莱卡"，并出现"李宁—莱卡"商标以及"品牌伙伴"字样共同构成的专用标识。李宁成为杜邦全球第三家运动用品业的联合品牌伙伴，通过这一品牌联盟，李宁提升了产品研发这一核心竞争力，杜邦扩大了在中国的品牌传播。

2. 生产导向型的品牌联盟

生产合作，是企业通过利用合作伙伴的产品资源与合作伙伴进行品牌嫁接，生产并推广联合品牌产品，并在一定程度上依附于合作伙伴的产品资源。

新产品不仅仅是零部件的叠加，而且是合作方不断地将自己的核心技术和竞争力投入其中。这种核心竞争力不仅是有形的如技术、资金、厂房等，而且包括无形资产如品牌知名度、美誉度以及独特的品牌个性等。[②] 如达能与光明的生产线共享；爱立信与索尼推出的"索尼—爱立信"这一联合品牌高端彩屏CDMA手机；中国第一汽车集团的一汽品牌与德国大众汽车集团的大众品牌，在中国市场上推出"一汽—大众"轿车联合品牌。

3. 市场导向型的品牌联盟

使用市场导向型策略的品牌联盟可以扩充企业的销售渠道，其中一方品牌

255

[①] 余存龙. 发展我国企业战略联盟的对策建议研究. 现代商业，20007（4）：66.

[②] 叶顺祥. 品牌联盟 竞合时代的新型竞争武器. 2007-03-10, http://manage.org.cn.

通过品牌联盟向对方的客户群展示自己的产品和服务，提高品牌在新的目标市场中的认知度，进而提高其市场份额，实现协同效应。主要包括营销合作，如百事与雅虎的合作推广；分销合作，如松下和 TCL 的通路共享；以及采购联盟等。在这种策略的运用上，联想是个成功的典范。在缺乏核心技术和研发能力，却拥有广袤市场的中国，绝大多数中国 IT 企业具有先天的渠道优势。通过渠道商这种品牌联盟的方式，联想完成了资本积累，最终由渠道商转型为自有品牌制造商。

这种方式如果不能处理好各方关系则很可能导致品牌联盟的失败。国美电器大玩渠道定制和商家特供，从 PC 到空调的主要品牌都想一网收尽，但可惜业界的大供应商不怎么买账，因为国美破坏了原有的分销体系和游戏规则。

4. 传播导向型的品牌联盟

传播导向型的品牌联盟以扩大品牌知名度为主要目标。这一方式需要联盟各方的品牌价值或市场定位的支持，目的在于巩固或调整合作方品牌在消费者心中的价值和形象。采用这种战略的品牌联盟，双方的参与程度较少，因此有大量的品牌联盟参与者可供选择。如 Visa/GM 信用卡，这一联盟可以使 GM 公司通过使用 Visa 的数据库，从而提高它的福克斯豪尔品牌的知名度，而 Visa 公司也通过消费者购买 GM 的车争取到了更多的消费服务。

通过强强联合的方式进行品牌传播，可以使联盟方品牌的市场冲击力变得更加强大。如法国蓝带烹饪学院和特福整体烹饪厨具进行品牌联盟，就是基于双方共同的市场定位和品牌价值，最终加强了他们的品牌知名度，刺激了双方产品销售收入的增长。

活动：品牌联盟传播活动练习

设定自己为一家 IT 公司品牌营销部员工，需要为公司提供可以联盟的行业品牌的名称与具体分析和执行策略，要求在此过程中，尽可能设想和分析得更周全和具体。

案例分析

苏泊尔的品牌联盟传播策略

苏泊尔与金龙鱼——"好油好锅，引领健康食尚"

苏泊尔是中国炊具第一品牌，金龙鱼是中国食用油第一品牌，两者都倡导新的健康烹调观念。在 2003 年，苏泊尔和金龙鱼两个行业领导品牌进行了"好油好锅，引领健康食尚"的联合推广，在全国 800 家卖场掀起了一场"红色风暴"。

"健康与烹饪的乐趣"是双方共同的主张，也是双方合作可能的基础。在同一品牌下各自进行投入，这样既可避免双方行业的差异，更好地为消费者所接受，双方又可以在合作时通过该品牌进行关联。由于双方都是行业领袖，强强联合使得品牌的冲击力更加强大，双方都能从投入该品牌中获益。

经过双方磋商决定将联合品牌合作分为两个阶段：第一阶段通过春节档的促销活动将双方联合的信息告知消费者；第二阶段的品牌升华期，在第一阶段的基础上共同操作联合品牌。

"好油好锅，引领健康食尚"活动在全国 36 个城市同步举行。活动期间（2003 年 12 月 25 日至 2004 年 1 月 25 日），顾客凡是购买一瓶金龙鱼二代调和油或色拉油，即可领取红运双联刮卡一张，刮开即有机会赢得新年大奖，包括丰富多样的苏泊尔高档套锅（价值 600 元）、小巧动人的苏泊尔 14 厘米奶锅、一见倾心的苏泊尔"一口煎"。同时，凭红运双联刮卡购买 108 元以下苏泊尔炊具，可折抵现金 5 元；购买 108 元以上苏泊尔炊具，还可获赠 900ml 金龙鱼第二代调和油一瓶。同时，苏泊尔和金龙鱼还联合开发了"新健康食谱"，编纂成册送给大家。并举办健康烹调讲座，告诉大家怎样选择健康的油和锅。活动正值春节前后，人们买油买锅的欲望高涨。

图 15-3 "红色风景"

苏泊尔与贝太厨房——"温情回馈，情取节庆"

在苏泊尔的 2006 年元旦、春节整合推广的"温情回馈，情取节庆"活动中，它与美食杂志进行资源互换联合推广。它选择了中国美食第一杂志——贝太厨房，期望发挥杂志媒体在信息表达形式多样，信息保持周期长的特点，让更多人分享美食与亲情的故事，记录美食带来的感动。而贝太厨房一直推广的健康时尚品位的美食生活，也是苏泊尔品牌文化的一部分，两者相得益彰。

除了一线城市之外，贝太厨房在全国的知名度相对较低，它也需要提升自己的品牌知名度，借以提高发行量。苏泊尔在全国 1000 多个终端、2000 多名的导购和烹饪演示人员，能够提供给贝太厨房一个全国范围的展示平台。经过多方面的沟通谈判，苏泊尔再度发起了联合推广活动。贝太厨房在苏泊尔全国的终端进行品牌展示，所有的物料上均有贝太厨房的LOGO，贝太厨房也可结合自己的实际情况，选择城市和终端派驻营养师，和苏泊尔演示人员共同工作，配合推广。

贝太厨房则协助苏泊尔编订《苏泊尔新春养生菜谱》；提供最好的广告位刊登本次主题活动讯息；发起"苏泊尔温情回馈，生命中最感动的滋味"有奖征文活动，并进行跟踪报道；提供数万册的贝太厨房杂志。

资料来源：尚莉.有效的品牌传播.北京：中国传媒大学出版社，2008.

思考题：

通过案例简要分析苏泊尔分别与金龙鱼、贝太厨房进行品牌联盟传播推广的成功之处。

本章小结
★★★★

品牌联盟从直观上看，主要表现为在单一的产品或服务中使用了多个品牌名称或标识等。品牌联盟是一种重要的品牌资产利用方式，对于品牌联盟的发起方来说，实施品牌联合的主要动机是希望借助其他品牌所拥有的品牌资产来影响消费者对新产品的态度，进而增加购买意愿，并借以改善本品牌的品牌形象或强化某种品牌特征。借助联盟品牌，可以使一个品牌直接接触到另一个品牌的客户群，即增加品牌在另一个消费者群的曝光度，从而使双方的消费者群都得以扩大延伸。这就是广告主双方会选择进行品牌联盟进行品牌传播的原因。

知识扩展
★★★★

品牌管理大师对品牌联盟传播的建议

美国品牌大师戴维·阿克在分析成功发展和管理联盟品牌的公司的经历后，为我们提供了一些值得借鉴的建议，下面是对这些建议的简略描述。

1. 主动寻找联盟合作伙伴

很多公司用机会主义的方式看待品牌联合，从找上门来的公司中筛选，而不是主动地寻找最佳的合作伙伴。潜在的品牌联盟伙伴必须在几个方面与本公司协调一致，例如品牌的价值联想、目标顾客群等。关键是要撒一个大网，广泛寻找并且坚持不懈。

2.建立由顾客驱动的品牌联盟

至少在两个层次上要让顾客驱动品牌联合。首先，顾客如何与这个产品类别联系起来？什么是相关的？什么推动着他们？什么是趋势？注意那些忠实的顾客，为什么这些人对该品牌有如此强烈的依恋？连结点在哪里？如何使产品变得更具相关性？其次，从更广泛的角度看，顾客的兴趣、价值观和行为是什么？如何将该品牌与顾客的生活联系起来？

3.要有长远的战略视角

如果没有长远的品牌建设计划，成功的机会就非常小，部分原因是因为要创造品牌之间的联系是需要时间的。而且，经济影响通常需要经过较长时间才能够全部发挥出来。福特探索者和埃迪·鲍尔、别克和高尔夫球、维萨和奥运会之间的联系都是建立在几十年的相互关系的基础之上的。即使是以促销为目的的品牌联盟也可以受益于长期的视角。发展促销特许权，能够赋予促销活动更长的生命，从而可以在多年之内摊销成本，充分利用已经建立起来的资产价值。

4.围绕品牌组合的计划建立品牌联合

寻找一个合作品牌的伙伴是富有挑战性的任务，因为双方的品牌必须匹配，而且在许多情况下组织结构和流程必须重新设计，才能使计划得以成功实施。所以，当我们找到一个合适的合作伙伴时就要寻求一个合作品牌的家族，形成长期的合作伙伴关系，而不仅仅是一个品牌的合作。

5.了解联盟后不利的一面

一个联合，尤其是涉及强势品牌的联合会有很大的风险。如果一个合作伙伴出现问题的话，另外一方就无法得到预期的利益，而且在最坏的情况下还会损害品牌的形象。随着合作计划的增加和时间框架的扩大，联合的品牌之一或者市场出现变化的可能性就越大，获得的利益就可能低于预期，甚至，这些品牌中的一个会受到另一个的拖累。而且还存在另外一种风险，合作一方的企业战略发生了变化，这就使双方的联合对它来说不再那么重要。难点在于选择正确的合作伙伴，并且积极管理双方的联盟，及时发现问题并加以解决。

6.联合品牌各组织之间密切合作

品牌涉及多个组织，这些组织有自己的结构、系统和战略，这种情况本身就产生了挑战，尤其是那些要求在较长时期内积极合作的品牌联合更是如此。张力会逐渐松弛，低效率也很容易出现。20世纪90年代Swatch和梅赛德斯—奔驰之间发生的故事就是一个很好的例子。这两个公司的战略目标和文化相互偏离，造成双方的品牌联合难以实施。Swatch 构思的是"抛弃型"标榜时尚的汽车，而梅赛德斯—奔驰很快就意识到，任何与它相联系的汽车都必须被看作是安全、环保、高质量的，而这些并非 Swatch 概念的切入点。避免上述现象出现的见解包括：第一，在开始前就要判断联合是否能够贡献可靠的、持久的价值；第二，这个联合在双方的组织中都必须有战略基地；第三，需要一个跨公司工作的优秀小组。

7. 积极管理联合品牌的形象

外部品牌是品牌组合的构成部分，可以对其分派相应角色，外部品牌以及它们的关系将得到积极的管理。反过来，这意味着公司应该获得关于外部品牌的形象、个性特点、产品属性和组织联系等方面的信息。如果这个组合确实是战略性和长期的，则应对品牌的未来发展方向也应有所了解。然后就要调整品牌联合的战略，以反映合作伙伴的品牌优势和前景。

另外，联合营销中还有一些关键点应予以重视，例如，签订完善的联合营销协议书或合同书，这是品牌联盟成功最基本的前提。在签订契约时，应具备一定的灵活性，何种情况、何时解除联合、何时作出调整要考虑周全，这在联合品牌的早期实施阶段相当重要。如发现联合品牌的不合理性时，要及时作出调整。

资料来源：戴维·阿克. 品牌组合战略. 北京：中国劳动社会保障出版社，2005.

答案

★★★★

一、引导案例参考答案：

"动感地带"特有的 M-ZONE 文化所体现的内在精神与 NBA 具有高度共通性，两者的目标受众也非常相似。从这个意义上来讲，"动感地带"与 NBA 的合作同时也是战略联盟、资源整合与协同营销的典范。

"动感地带"与 NBA 的合作并非简单的"花钱买名"，而是基于内容上的深层次合作。一方面，"动感地带"可以利用 NBA 的品牌资产开展营销推广，比如利用 NBA 的标识、赛事标志、球员肖像、比赛图片、视频以及活动等；另一方面，"动感地带"还可以独家利用 NBA 的体育内容开发无线数据业务，整合传播资源推动数据业务应用的推广。

二、案例分析参考答案：

此次活动，不仅给消费者更多让利，还教给了消费者健康知识，帮助消费者明确选择标准，获得了广大消费者的欢迎。不仅苏泊尔锅、金龙鱼油的销售量大幅上涨，而且其健康品牌的形象也深入人心。在这次合作中，苏泊尔、金龙鱼在成本降低的同时，品牌和市场得到了又一次提升：金龙鱼扩大了自己的市场份额；贝太厨房增加了发行量，品牌美誉度得到了进一步加强；而苏泊尔，则进一步强化了中国厨具第一品牌的市场地位。

第十六章

品牌危机传播策略

学习目标

★★★★☆

知识要求　通过本章的学习，掌握：

- 品牌危机传播的概念
- 品牌危机传播的特征
- 品牌危机传播操作流程
- 品牌危机传播的策略应用

技能要求　通过本章的学习，能够：

- 熟悉品牌危机传播的本质
- 掌握品牌危机传播的管理操作流程
- 熟练运用品牌危机管理知识

学习指导

★★★★☆

1. 本章内容包括：危机的界定、品牌危机传播的实施步骤以及品牌危机传播中应注意的问题与建议。

2. 学习方法：独立思考、抓住要点，分析品牌危机传播实例。

3. 建议学时：3学时。

引导案例

强生"中毒门"的危机传播管理

20世纪80年代，强生公司生产的"泰诺"止痛胶囊造成美国芝加哥等地区25人死亡、2000余人中毒。一时舆论哗然、人心惶惶，94%的服药者表示绝不再服用此药，医院、药店纷纷拒绝销售"泰诺"。面对如此危机，强生的处理方式是：①在全国范围内立即收回全部"泰诺"止痛胶囊，价值近1亿美元。并投入50万美元利用各种渠道通知医院、诊所、药店、医生停止销售。②以诚恳和诚信的姿态与新闻媒介沟通，迅速地传播各种真实消息，包含对企业有利和不利的消息。③积极配合美国医药管理局的调查，在5天时间内对全国收回的胶囊进行抽检，并向公众公布检查结果。④以美国政府发布新的药品包装规定为契机，推出"泰诺"止痛胶囊防污染新包装，重返市场。据调查，事故发生前，"泰诺"在美国成人止痛药市场中占有35%的份额。危机公关后，"泰诺"在5个月之内夺回了原市场份额的70%。

资料来源：作者整理.

思考题：

分析此案例，思考品牌传播管理人员能够得到什么警示。

264

第一节　品牌危机传播概述

一、品牌危机传播的含义

著名企业危机管理与公关专家奥古斯丁先生认为："每一次危机的本身既包含导致失败的根源，也孕育着成功的种子。发现、培育以便收获这个潜在的成功机会就是危机公关的精髓。"这说明了"危机"具备正反两面性，除了是危害以外也是机会，能决定事态向坏的还是好的趋势发展。

问题1：什么是品牌危机传播？

危机（Crisis）内涵的界定，是危机传播策略研究制定和实践的起点。关于危机，中外学者从不同层面给予了不同的定义。

1915年，莱特纳在《企业危险论》中首次提出了危机管理。1921年马歇尔在《企业管理》中也提出了危机的处理方法。危机管理作为决策学的一个重要分支，最初是被运用于外交和政治、军事领域，是西方政治学研究的传统课题，主要分析的是政治危机。随着国际经济的发展，特别是跨国公司在全球的兴起，人们开始将危机管理理论引入企业。

20 世纪 80 年代，美国企业界开始在企业内部成功地运用危机管理方法。20 世纪 90 年代之后，随着企业危机的复杂多样，危机管理的研究更加受到重视。企业危机管理以市场竞争中危机的出现为研究起点，分析企业危机产生的原因和过程，研究企业预防危机、应对危机、解决危机的手段与策略，以增强企业的免疫力、应变力和竞争力，使管理者能够及时准确地获取所需信息，迅速捕捉到企业可能发生危机的先兆，进而采取有效的规避措施，在危机发生之前对其进行控制，趋利避害，从而最终使企业能够适应迅速变化的市场环境，保持长久的竞争优势。

"传播"的英文单词是"communication"，另外"communication"也可译为"沟通"，即注重主客体之间的信息交流。传播互动的形态既包括媒介主导的大众传播，也包括不同主、客体间的组织传播、群体传播和人际传播，还包括基于复杂心理要素和环境要素的自我传播。由此，危机传播是指为了影响利益相关者认知、态度与行为，加速危机化解，在危机管理的每一阶段所进行的各种形式的信息交换行为和过程。

危机传播的管理是危机管理的核心，贯穿于危机从开始到结束的每一个阶段。随着信息时代的来临，绝大部分人对危机的感受，并非源于各自的亲身经历，多数情况是通过大众传媒的报道，自己加以选择地得出主观结论。传媒成了危机的重要传播途径，信息通过传媒的传播得以加速、放大甚至扭曲。媒体是这条传播链上最为重要的枢纽，有时，甚至是唯一的沟通渠道（见图 16-1）。在很多情况下，当传媒介入之后，企业危机迅速转化成一场社会危机。而化解危机也需要通过媒体的信息沟通拨乱反正。因此，在危机传播中所涉及的大众传媒信息的沟通管理成为了企业在危机传播管理一个重要课题。

二、品牌危机的阶段与类型

问题 2：品牌危机有哪些阶段与类型？

品牌形象是利益相关者对于品牌的描述与认识，而不是品牌所有者的主观判断与凭空臆想。品牌危机更多层面上是一种信任危机，即品牌违背了它所代表的相应的承诺，没有达到利益相关群体对品牌产生的期望或认同，甚至损害到了相关利益群体的利益。这种信任的缺失就会使相关利益群体对品牌的诚信

企业信息

内因			外因			
市场营销	内部管理	产品质量	政策法规	社会文化	经济环境	公众意识	行业竞争

传播者的自我印象
传播者的人员群体
传播者的社会环境
传播者的组织
来自公众的压力和制约

传媒

内容选择加工
原有信息制约

危机信号

1. 内容及效果
2. 媒体的压力

1. 对内容的选择
2. 对媒体的印象

公众　公众对信息的心理需求：
1. 心绪转换
2. 社会互动
3. 自我确认
4. 获取信息

公众的人格结构	公众的受众群体	公众的社会环境	公众的自我印象

来自受众的自发反馈

传播者对受众的印象

选择加工后再度传播

二次反馈

负面反应
正面反应

利益相关者态度（供货商、销售商）	政府态度（加强监管、制定法规）	员工态度（失望、人心浮动）	投资者态度（投资信心不足、股价下跌）	消费者态度（敌视、拒买、愤怒）

更大范围受众

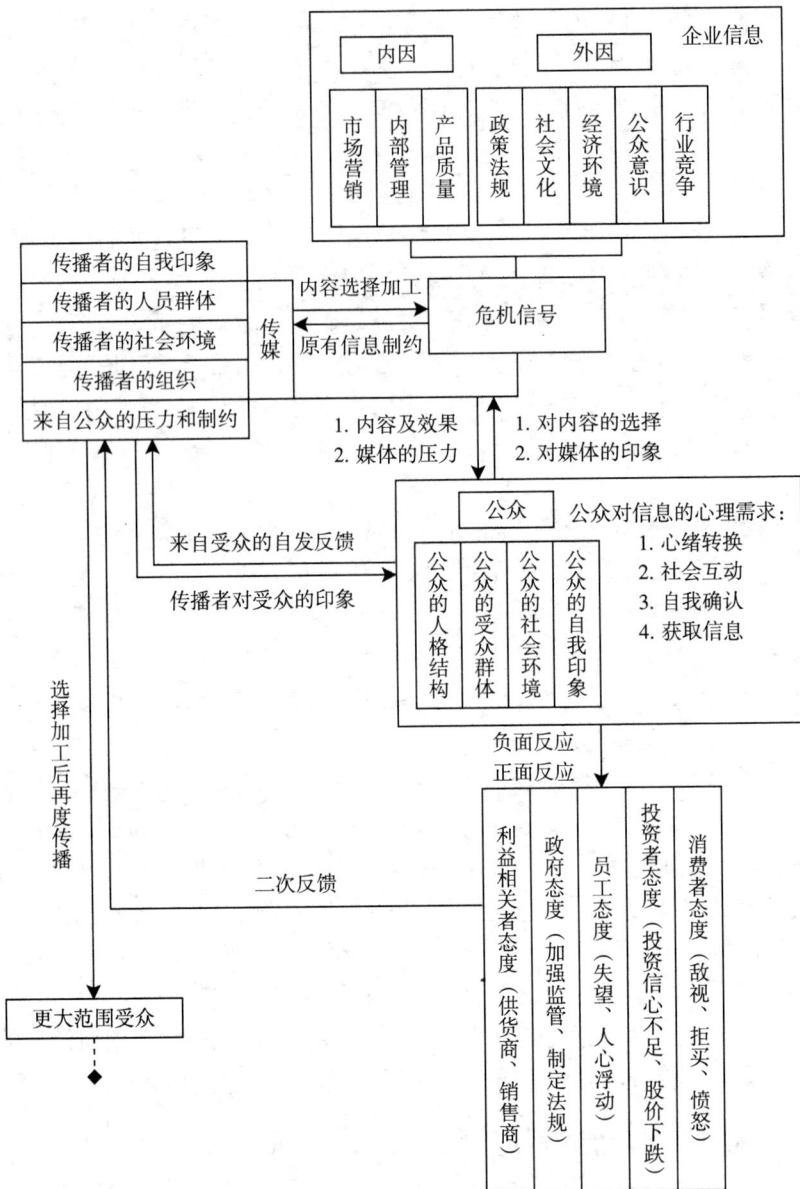

图 16-1　传媒介入危机事件传播关系图

资料来源：肖峰. 论大众传播对危机管理的影响. CNKI 中国学术期刊网论文库，2004.
原图根据马莱兹克 1963 年《大众传播心理学》一书提出的传播系统模式而修改。

产生怀疑，继而降低对品牌的好感度，严重时可能会是拒绝甚至敌视，同时采取一系列的行动。

品牌危机具备了大部分危机的共同特点，即是一种能够带来高度不确定性和高度威胁的、特殊的、不可预测的、非常规的事件或一系列事件，具有意外性、紧迫性、聚焦性与破坏性的特点，通常是由组织外部环境变化或内部管理不善造成的。

（一）危机的周期性

美国学者史蒂文·芬克在对危机传播的研究中提出了阶段性理论，其研究成果不但揭示了危机传播的规律性，同时也奠定了这一研究领域的基本理念。芬克借医学术语"生命周期"模型对危机的发生过程划分了五个阶段：潜伏期、爆发期、延续期、痊愈期与评估期，可以清晰地了解危机前、危机初始阶段、发展阶段、解决阶段和危机后的评估阶段。[①]

危机潜伏期——"冰冻三尺非一日之寒"，许多危机都是各种危机诱因渐变的结果。此时企业如果能够敏锐监测到相关征兆，并及时处理，可将危机扼杀于无形。

危机爆发期——如果企业在危机潜伏期没有发现相关征兆并及时采取适当措施，当危机诱因由量变发展到质变时，危机就会从潜伏期进入爆发期，直接对企业的经营、形象、品牌等构成威胁。

危机延续期——如果企业在危机爆发后未及时恰当地加以处理，危机可能会扩散到其他领域，产生连锁效应，比如产品质量危机如果处理不当，可能引发企业形象危机、财务危机，甚至是生存危机。这个阶段是企业与危机扩散争夺时间、进行赛跑的一个阶段，危机处理速度与危机扩散速度时间差越大，危机损害越大。

危机痊愈期——经过危机处理，危机基本上得到平息，但这并不意味着危机彻底结束。因为许多危机诱因可能被暂时控制，或者未被彻底消除，这些诱因暂时进入"休眠"状态，一旦条件成熟，可能会再度爆发。

危机评估期——对危机发生的原因进行分析，建立制度性的防范，对危机产生的危害或者机会进行评估。

危机生命周期理论为危机管理人员辨认危机发展阶段，制定危机管理策略提供了方向、框架和策略指导。以危机爆发的最高形态为中介，取其前后，可将危机管理划分为三个阶段：[②]

---

① 史蒂文·芬克. 危机管理. 北京：中国石油出版社，1995.
② 冯春海. 企业与利益相关者的危机沟通策略研究. 中国传媒大学学位论文库，2006.

表 16-1　危机管理的三个阶段

阶段名称	对应生命周期理论阶段	说明
危机事前管理	危机潜伏期	危机监测、预防和准备
危机事中管理	危机爆发、延续和痊愈期	危机反应管理
危机事后管理	危机评估期	恢复和学习管理

综上所述，危机信息传播的管理渗透于危机管理的每一个阶段与环节，具有重要的战略地位，直接关乎危机管理的成败。没有对危机信息传播的管理，就无法在事前管理中监测危机诱因，消灭危机隐患；也无法在事中管理中动员内外所有资源和力量化解危机；更无法在事后管理中彻底消灭危机诱因，恢复企业正常运作，尤其是恢复人的认知心理。

（二）品牌危机的类型

1. 外部因素形成的品牌危机

（1）宏观政治、经济环境改变形成的品牌危机。如国家对烟草行业、直销行业、医药保健品行业出台行业限制政策，导致行业内品牌在推广、销售时受到一系列的阻碍。

（2）社会文化与公众意识不认同导致的品牌危机。在国内，此类危机中较典型的是日本品牌经常遭遇阶段性的民族情绪抵制。

（3）行业竞争或株连型品牌危机。这类危机常发生在新兴行业（如无烟锅）或区域产品（如重庆火锅料、金华火腿）上，由于在产品信息传播上缺乏有效的品牌壁垒，此类型危机常导致"城门失火，殃及池鱼"的状况。

（4）信息传播误导型品牌危机。此类危机通常由谣言、怀疑引起，或由于竞争对手或个别消费者通过媒体恶意发布不实消息，通过媒体报道或转载相关新闻报道，使品牌受到突然质疑，此类型危机无异于"飞来横祸"。

2. 内部因素导致的品牌危机

（1）产品质量或服务瑕疵型危机。此类危机是所有危机类型中对品牌的伤害最严重的类型。品牌是消费者用以识别产品的标志，产品质量是消费者信任品牌的基础。这一类型的危机没有得到妥善的处理，将导致品牌影响力的衰减甚至消失。

（2）内部经营管理缺失型危机。此类危机通常指的是由于企业的管理制度缺失，引发质疑或者是企业高管涉嫌违法引发外界对公司经营能力等问题的质疑，进而累及品牌的销售、品牌的形象。

（3）市场营销推广策略失误型危机。此类型危机通常是指在品牌定位、品牌延伸、品牌传播等策略上出现失误，导致原有的品牌形象与新的品牌形象定位互相矛盾，使消费者产生心理冲突和障碍，从而导致品牌危机。

通过对危机周期性的划分与品牌危机类型的界定，可以看出，有些类型的品牌危机可以将苗头阶段通过一定的措施得到消灭，避免引起更大的不良影响；有些类型的危机则属于突发性危机，需要在危机发生时立即判断，果断采取措施，迅速降低危机的影响范畴。针对具体危机，企业要具体情况具体分析，在日常建立良好的品牌危机管理应急机制，在危机发生时有的放矢地进行危机的处理与恢复。

因此，对于品牌的发展而言，树立危机意识，防患于未然，建立良好的危机预警机制、危机应急机制以及危机善后机制是保证品牌长久发展的重要保障。

三、品牌危机传播的特点

只有了解了品牌危机的传播有哪些特点，才能有针对性地去预防和补救。

问题 3：品牌危机传播具有哪些特点？

品牌危机传播相对于一般的公关传播具有高速度、多面向、整合性特点。

高速度，强调及时沟通，因为危机不等人，一定要争取时间，选择恰当的时机与利益相关者进行沟通；

多面向，因为企业的利益相关者包括员工、顾客、股东等，在不同的危机状态下，他们对企业影响程度和利益攸关程度不同，需要有选择地进行针对性沟通；

整合性，主要包括渠道整合和内容整合，既要运用传统媒体，又要运用新兴媒体，比如手机、博客等，沟通内容一定要有所选择和规划。

问题 4：品牌危机传播的对象是什么？

在企业的发展中，与企业利益相关的群体是全面的、多维的，这些群体对企业的生存和发展有着至关重要的影响。在品牌发生危机时，根据危机的类型与影响范围大小，争取时间与最大范围的核心利益相关者及时沟通将能有效影响利益相关者的认知、态度与行为，有助于加速危机的化解。

在品牌发生危机时，首先要锁定沟通目标对象。即需要分析、辨别和甄选核心利益相关者，进行高效的、有针对性的沟通，而要做到这一点，必须选择合理的沟通方式、设计规划沟通的内容与形式。通常情况下，在危机发生时，企业公关所面对的核心利益相关者主要包括：

1. 媒体关系

大部分品牌危机的开始就是与信息传播联系在一起的，没有大众传媒的四面夹击、一浪高过一浪的追踪报道，根本不存在公关危机，只要没有引起公立机关或者大部分消费者的密切关注，企业真正的危机就没有到来。作为经营性组织，媒体的经营目标是通过吸引最大数量的观众来完成的。因而，媒体天生具有爱冲突、喜夸张的特性，媒体会充分利用自己的特性，追踪披露事件，为大众提供更多的相关信息。因此，在企业遭遇媒体质疑、曝光后，首先应该做好与第一信息来源媒体的沟通解释以及应付其他媒体的准备工作，并根据危机的类型以及预估到的可能结果，采取不同的应对方法。

2. 政府关系

在中国，政府的形象是民众最信任的，尤其是企业遇到危机的时候，政府的支持是维护品牌形象的有力武器。政府的声明、检测与支持能在最大限度上消除危机的负面影响。在政府关系的沟通、维护上，跨国企业一贯的深耕细作值得中国企业学习。

3. 员工关系

对于企业而言，员工是真正和消费者进行沟通的直接接触者，每一个员工都是企业无形的品牌形象。在危机发生时，面对外界排山倒海般的报道与质疑，企业的员工必须众志成城，团结一心，与企业共渡难关。对内，要听从企业管理层的统一部署与指挥，安心做好本职工作；对外，要有统一的信息口径和新闻发布人，不随便传播小道消息，避免事态的进一步升级。所谓养兵千日，用兵一时。在危机发生时，也正是考验一个企业日常的管理水平与企业文化的最好时刻。

4. 消费者关系

消费者是企业的衣食父母。如果品牌失去了消费者的忠诚甚至信任，那么企业就等于失去了赖以生存的基础。在危机发生时，需要及时处理消费者询问、投诉并妥善解决，将消费者的不满意降到最低限度，让消费者充分了解企业，从而建立起对品牌的信赖。危机时期的沟通相对于日常的公关有更强烈的沟通效果，能够使消费者印象深刻，更是争取品牌忠诚消费者和潜在忠诚消费者的良机。

5. 投资者关系与渠道关系

作为企业经营中重要的资金来源渠道与商品供应销售渠道，在危机发生时，投资者与渠道作为经济利益的相关者，相对而言是不愿意看到品牌因为危机的发生而丧失市场的。在危机中，做好投资者与上下游渠道的沟通协调工作，将能争取较大的联盟力量，保持企业的正常运转，使品牌的影响力与销售量保持平稳，避免造成大的生产动荡与销售困境。

第二节　品牌危机传播管理策略应用

一、品牌危机传播渠道方法

对于品牌的发展而言，危机是发展中不可避免的部分。但面对不同类型的危机与危机的不同阶段，不同的企业可以发挥自身的主观能动性，规避、减少危机带来的冲击和损害。

问题 5：品牌危机传播有哪些渠道与方法？

在危机的所有阶段，最主要的是要采取行之有效的沟通。台湾学者朱延智在综合国内外研究的基础上提出了自己的危机沟通计划体系：危机沟通预防、危机沟通执行和危机沟通缺失检讨，见图 16-2。

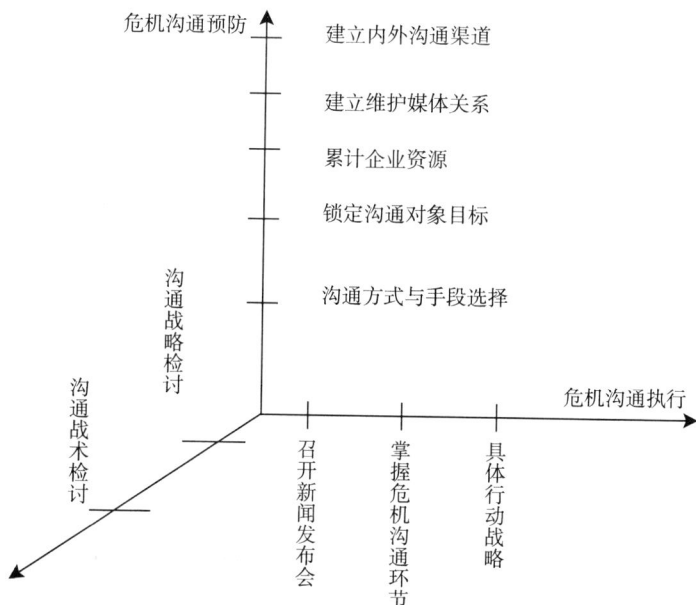

图 16-2　危机沟通计划体系

资料来源：朱延智. 企业危机管理. 北京：中国纺织出版社，2003：166.

国内学者胡百精主张从危机诱因出发探讨危机沟通内容的设计和策略的选择。如图所示，无论是内部诱因还是外部诱因，危机沟通策略都有三个向度：抗击、引导和顺应，企业必须结合不同的诱因，在三者之间寻求一种最佳组合，并据此不断地细化出各种危机沟通策略与技巧。

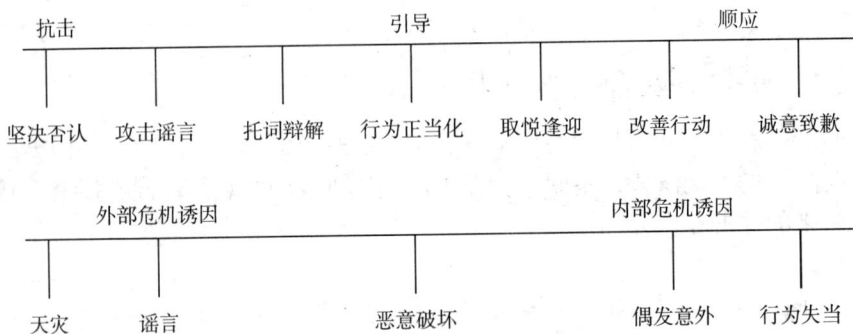

图 16-3　危机诱因及危机沟通策略

资料来源：胡百精. 危机传播管理. 北京：中国传媒大学出版社，2003.

综合来看，无论是采用什么样的沟通策略，危机沟通的渠道主要包括媒介主导的大众传播、不同主客体间的组织传播、群体传播和人际传播。

（一）大众传播

由于公共危机往往具备较大的新闻价值，根据新闻传播规律，大众传播媒介跟踪报道危机事态及其进展情况首先是其职责使然。随着传播技术手段的日益进步，特别是网络的普及使用，媒体以其传播速度快、受众覆盖面广、信息海量等特点成为当今人们获取信息和反馈信息的主要渠道之一，这更使得企业在面对涉及品牌危机时要将与媒体的沟通放在首要地位。

企业危机管理人员应该在日常做好舆情的收集和分析，保障组织外部的信息输入，对有损企业品牌形象的信息有所警觉，采取有效的措施把潜在的危机消灭在萌芽之中，避免危机的升级。如果危机属于突发性，迅速进入蔓延期的危机类型，传媒在此时起到满足公众信息需求，引导公众情绪的重要作用。企业在这一时期面对媒体时应该采取的主要方法包括：

1. 诚意声明或致歉

在危机发生初期，在危机情况不明朗时，一味地推诿或否认将导致猜测性的新闻报道大规模跟进。在面对新闻媒体的质疑询问时，根据危机的类型采取正式声明或致歉，争取主动，以诚意换取信任。

2. 统一口径

危机发生时，小道消息容易盛行。企业需要形成一个危机领导小组，指定一个唯一的新闻发言人进行新闻的发布，以便厘清消息源，避免消息源混乱，误导视听，造成更严重的局面。

3. 提供资讯

为新闻媒体提供企业目前已掌握的事实资讯以及企业目前将要采取的措施，使新闻媒体能够及时了解危机发生的基本情况、进展过程以及潜在发展的可能，并通过及时向利益相关群体传递报道，稳定人心。

危机缓解后，企业对媒体和公众议题的管理仍需进一步延续，以重塑品牌形象。要积极通过品牌推广活动或者产品、企业的其他可宣传的新闻点设置议题，要转移话题使媒体转移对危机的注意力。全面报道企业，疏导民众对危机话题的热度度，恢复民众对企业及产品品牌的信心。这一阶段的核心是把负责任的原则精神渗透到每一个报道之中，促使大众传媒的报道对危机的化解起正面的促进作用，抑制其负面作用，从而为政府和公众安全渡过危机，生活和生产的恢复营造良好的舆论氛围。

（二）组织传播

当危机发生时，企业内部人员会表现出最强烈的关注。如果组织内成员的知情权不能被满足，就会造成组织内部的信息阻塞。对事件的猜测和议论，不仅给管理层极大的内部舆论压力，产生于内部的流言还极易流传到组织以外，成为破坏度最高的信息源。组织内的公关任务是通过信息的传播、沟通和协调各种内部关系，树立良好的组织形象，增强组织的凝聚力，创造有利的内部舆论环境。

因此，企业危机协调机构可以通过内部文件、会议或者内部办公网，及时让组织成员了解事情的真相和发展的态势，以及组织内部对此事的解决办法和意见，也可适当征求组织成员的意见。这样可以统一组织内部的话语口径，增强组织的凝聚力。

（三）群体传播

根据危机发生的类型，企业与涉及的利益相关者群体进行有层次、针对性强的沟通，分担不同群体因危机承受的压力，尽力弥补相关群体因此而导致的损失，以获得最大的外部资源支持，形成联盟合力共渡危机。例如，针对投资者，应准备好相关销售数据、财务报告以及市场趋势分析，以稳定投资者的信心；针对销售商，应对可能出现的销售影响进行解释工作，并保证不损害销售者的利益。

（四）人际传播

人际传播在此时主要指的是企业内人员与每一个单独的消费者之间的交流，包括上门投诉或通过咨询电话投诉。每一个接待人员都需要有统一的培训，对不同的问题要分类并有回答的标准，对于不能回答的问题应交由上一级或专门机构回答或者统一记录进行回访。接待人员的态度要有亲和力，对于消费者的咨询不应该闪烁其词，推诿责任。要利用每一个与消费者沟通的机会进行积极的解释，争取消费者的原谅与理解。

问题 6： 网络为什么能够成为未来品牌危机传播中重要的渠道？

在信息时代，网络作为一个独特的媒体平台，融合了大众传播、组织传播、群体传播和人际传播的诸多综合特点，也使得危机传播的速度变成即时传播，其传播效应与群体参与度呈现几何级的成长。

在这一集开放性、共享性、交互性为一体的平台上，包括产品的消费者以及非产品消费者在内的网民都可以表达自己对品牌的认识与看法。一些公司也开始建立供网民发言的平台，其形式包括公司博客（如戴尔和QQ）、公司自己的论坛（动感地带等），以及和其他第三方合作创建社区平台（如肯德基在"百度知道"上建立频道）。通过网络，公司或消费者（合称网民）可以通过论坛（BBS）、博客和视频分享等网络渠道分享对品牌、产品或服务的相关讨论以及相关多媒体信息。通过包括新闻、专题、博客、论坛、即时通信、维基百科、圈群等新兴网络传播手段，将形成全面网络覆盖、信息迅速扩散的网络整合传播模式。因此，了解网络信息发布的运作流程，掌握网络信息发布的工具，即时监控品牌的信息，将成为未来品牌危机管理的一门必修课。

二、品牌危机传播中应注意的问题与建议

危机的处理需要对症下药，审时度势。无论采取什么渠道、方法与利益相关群体进行沟通，都需要注意秉持"5S"原则,[①] 以不变应万变。

问题 7： 品牌危机传播中应该注意哪些问题？

1. 速度第一原则 （Speed）

当危机到来时，企业公关部门要沉着冷静，首先要成立由公司相关领导牵头的危机事件公关小组，统一口径，避免不利的"传闻"扩散，并全权处理相

---

① 游昌桥. 危机管理的 5S 原则. http://www.globrand.com/2007/05/10/20070510-10525-1.shtml.

关事宜。公司的任何行动都将成为外界评判公司应对危机的依据。媒体、公众及政府都密切注视公司发出的第一次表态对于危机处理的态度和立场。因此，公司必须当机立断，快速反应，果决行动，与媒体和公众进行沟通，同时迅速控制事态，使其不扩大、不升级、不蔓延，这将是处理危机的关键。

2. 系统运行原则（System）

危机发生时，由于对于事态不明，往往容易引起连环效应。如何将危机的影响降到最低，这不仅是对企业应对危机快速反应能力的考验，更是对企业各部门的整体协调能力和问题解决能力的考验。因此在规避最初发生的危机时，不要忽视有可能引发的其他危机。应对危机必须系统运作，绝不可顾此失彼。只有这样才能透过表面现象看准本质，创造性地解决问题，化害为利。

3. 承担责任原则（Shoulder the matter）

企业发生危机后，或多或少都会伤害相关利益群体的利益。因此无论危机是如何产生的，企业都应该承担责任。即使别人有一定责任，企业也不应首先追究，应站在对方的立场表示同情和慰问，并通过新闻媒体向公众致歉，解决深层次的心理、感情问题，在感情上获得先机。

4. 真诚沟通原则（Sincere）

真诚沟通是处理危机的基本原则之一。在事件发生后的第一时间，公司高层就应不回避问题和错误，及时与媒体和公众沟通，从而体现企业勇于承担责任、对社会负责的企业文化，赢得公众的同情和理解。

5. 权威证实原则（Standard）

请具有权威性的第三者表态，使公众解除对企业品牌的警戒心理，重获他们的信任。

275

案例分析

"创维黄宏生事件" 危机公关剖析

2004 年 11 月 30 日，香港廉政公署在代号为"虎山行"的行动中，拘捕了"涉嫌盗取公司资金"的创维董事局主席黄宏生。当日，创维数码在香港被停牌，创维董事局副主席张学斌及公司多名高管当晚即召开紧急会议，商议对策。在这场危机中，创维及时有效地采取四大策略迅速化解了企业的生存与品牌信任危机：

策略一：抢战时机，以诚意与媒体沟通。2004 年 11 月 30 日，香港媒体爆出"创维董事会主席黄宏生及一干人等被香港廉政公署逮捕"的消息。

当天晚上，创维就开始广邀全国各地的大媒体齐聚深圳。第二天下午 5

时，新闻发布会在深圳创维大厦召开，所有董事会高层手挽手集体亮相。董事会副主席张学斌对媒体表示：事情尚处于具体调查之中，一旦有任何最新消息，公司将及时对外发布。许多外地记者赶到深圳后，新闻发布会已经结束。但是创维为这些记者播放了新闻发布会现场录像，并安排他们与公司高层人员进行沟通。这使创维为所有媒体打开了新闻报道的通道，避免了媒体的主观猜测和可能滋生的谣言。在发布会上，创维安排专人负责动态信息发布，使媒体在整个危机事件中都能准确找到采访对象，对创维而言则有效保证了口径统一。

策略二：合纵连横，争取多方支持。在与媒体先行沟通后，创维积极与关键利益相关者形成联盟。获得上、下游合作伙伴和银行、政府等部门的支持，是创维采取的第二项主打策略。

上游供应商、下游流通渠道等合作伙伴、相关银行信贷部门、当地政府分别表态支持则成为创维利益相关群体联盟的重头戏。借助这些不同层面的力量，创维基本上扭转了危机局面，整个事态朝着可预料、可控制的方向发展。

策略三：区隔处理，降低危机的影响程度。事件发生后，创维始终努力向媒体和公众传达一个信息：划清深圳创维集团、黄宏生以及香港创维数码三者之间的关系。将事情的基调确定为：黄宏生被捕乃是香港创维数码公司操作问题引起的，与深圳创维集团之间不存在必然联系。其后，创维先后改组高层并召开媒体见面会，表明创维的决心。

策略四：议题设置，转移公众危机关注度。创维在危机稍微缓解后，立刻展开新一轮的美誉度公关攻势，借由一系列公关事件转移媒体和公众的注意力。

在危机缓解后，一系列关于创维近期市场销售业绩的报道也纷纷出现。为了让消费者进一步感受到实际情况，创维先后与各连锁家电卖场推出主题为"色彩大革命，创维六基色"的大型签售活动，大搞终端促销活动。创维新CEO参加了几个家电连锁卖场的签售活动，还利用自身作为创维新CEO上任的新闻效应，召开新闻发布会，透露部分经营决策。这一系列活动，成功转换了媒体和公众对创维品牌的议题，一个健康、有实力的品牌形象得以重塑。

资料来源：郑苏晖.有效的品牌传播.北京：中国传媒大学出版社，2008.

➡ **思考题：**
分析思考创维电视在危机发生后采取的措施有哪些可取之处。

➡ **活动：**
设想自己经营了一家食品公司，被投诉有消费者食用本公司品牌产品后出现身体不适的情况，你该怎么处理才得当。可以自己设定一些必要的条件。

本章小结
★★★★

　　关于危机，中外学者从不同层面给予了危机不同的定义。品牌危机具备了大部分危机的共同特点，通常是由组织外部环境变化或内部管理不善造成的。根据品牌危机的周期性的五个阶段可将品牌的危机管理划分为事前、事中、事后管理三阶段。企业的外部及内部因素都可能导致危机的产生。

　　品牌危机传播具有高速度、多面向、整合性特点。危机发生时，企业公关所面对的核心利益相关者主要包括：媒体、政府、员工、消费者、投资者与渠道。在危机的所有阶段，最主要的是要采取行之有效的沟通，危机沟通的渠道主要包括大众传播、组织传播、群体传播和人际传播。在信息时代，网络成为品牌危机传播中重要的渠道。

知识扩展
★★★★

品牌危机应对的八项措施

　　（1）有一套完善的发展战略。企业战略是企业全局的、长期的谋划，它决定着企业的发展方向、资源配置、组织结构，是企业发展的根本。

　　（2）树立全员公关和全员营销观念。员工作为企业的主体，他们的公关、营销观念和品牌危机意识是品牌生存的关键，也是企业保护品牌的重心。

　　（3）建立品牌危机预警系统和监察体系。不管有没有危机，企业都应建立一套完备的危机预警系统和一套完善的监察制度。

　　（4）加大打击假冒伪劣产品的力度。保护自己的合法权益，维护自己对商标的独享权。①提高产品的技术含量，加大包装力度，设立防伪标识。②加强企业与消费者的沟通，把产品的含量、指标等科学地告知消费者，教育消费者识假、辨假、打假。③做好公关营销，与政府、新闻媒体、社会团体搞好关系，借助他们的力量，打击假冒伪劣产品的现象和行为，净化市场，保护品牌声誉。

　　（5）实施质量营销。产品质量一直是消费者关注的重心。要使品牌经久不衰，企业必须提高全员的质量意识，坚持质量为本，慎重如始。

　　（6）提高全员竞争意识。①预料竞争的可能价格变化，并预先准备适当的对策。②产品只有不断地被创新，企业才会发展，才会有前途。③要敢于和国外的品牌争高低、论是非。

（7）重视商标的注册和续展工作。①重视商标注册。②及时续展。③许可转让商标时，要对转让年限、转让条件等做一些限制。

（8）正确延伸品牌。延伸品牌须注意合理延伸、定位合适、产品和品牌要分开。

资料来源：百度百科，http://baike.baidu.com.

答案
★★★★

一、引导案例参考答案：

大部分企业在处理由产品问题引发的危机时的表现都不如其他危机。原因也许在于，产品是企业生产经营的根基，一旦出现问题，企业缺乏否定自己的勇气，往往不遗余力地掩饰问题、推卸责任。殊不知，这是置消费者的权益乃至生命安全于不顾，若消费者对品牌失去信任，品牌也就失去了存在的价值。因此，企业必须将诚信经营、严把质量关放在第一位。而当危机发生后，首先要自我反省、承担责任，然后查明原因、从根源上解决问题，并通过获取政府部门的支持、公开处理措施、第三方证言、开放一定生产流程等方式恢复消费者对品牌的信心，重塑品牌形象。

二、案例分析参考答案：

创维公司在危机发生后，审慎应对局势，没有顾此失彼，而是迅速出击，争取到了核心利益相关者的支持。创维自始至终都在强调两件事：一是创维方面会积极配合香港廉政公署的调查；二是整个集团的各项事务一切运转正常，不会因此受到不良影响。创维在这一事件发生后不仅没有影响企业的发展，还在此基础上继续推进新产品的开发与品牌的建设，是国内企业处理危机的典范。

第十七章

品牌国际化传播策略

学习目标
✕✕✕✕

知识要求 通过本章的学习，掌握：

● 品牌国际化传播的概念
● 品牌国际化传播的特征
● 品牌国际化传播的操作流程
● 品牌国际化传播的策略应用

技能要求 通过本章的学习，能够：

● 熟知品牌国际化传播的本质
● 了解品牌国际化的应用
● 运用所学知识灵活分析实例

学习指导
✕✕✕✕

1. 本章内容包括：品牌国际化传播策略综述，品牌国际化传播的基本模式以及品牌国际化传播策略的运用。

2. 学习方法：独立思考，抓住重点，提高自己实际分析问题的能力。

3. 建议学时：3学时。

引导案例

李宁的国际化

1997年，亚洲金融危机爆发，体育用品行业受到影响。李宁公司选择了拓展海外市场以分散市场风险的战略。早在1993年1月，耐克就在上海开了第一家店，阿迪达斯也加快了进入中国市场的速度。既然国外公司能来中国，李宁公司同样可以"走出去"。

2003年，李宁公司的营业额终于跨过"10亿元门槛"，达到12.76亿元。同时，李宁公司开始更加重视国内市场。"中国是一个高度国际化的市场，在某种程度上，中国就是世界，本土市场永远是我们最重要的市场。"2002年，李宁公司与美国杜邦、3M等国际企业建立合作关系以提高产品的运动性能及专业水准。2004年开始，李宁公司加强了产品的专业化研发，特别是外观设计。2004年，为了提高产品的专业性和舒适度，李宁公司与香港中文大学人体运动科学系合作，对专业运动特征进行数据搜集和分析。同年8月，李宁公司与美国Exeter公司合作开发李宁运动鞋核心技术。同年10月又与美国DRD设计事务所合作，进行李宁运动鞋设计。2004年底，李宁体育科技发展（香港）有限公司暨香港设计研发中心成立，集中负责设计李宁牌服装产品。

随着北京申奥的成功，"中国元素"在国际市场上大热，众多国际品牌相继推出含有中国元素的产品。李宁公司很早就开始注重中国元素在产品中的运用，并且作为本土公司，更能深刻理解和把握中国元素的内涵和精髓，加之李宁公司在研发和设计上一直所做的国际化努力，这一切使得李宁牌产品把独特的中国元素和现代尖端技术以及时尚潮流的外观完美地结合在了一起。随着"中国风"在国内国外刮起，李宁品牌借力使力地纵向延伸了品牌的内涵，确立了独树一帜的品牌形象。

资料来源：管理学家. 价值中国推荐，2011-02-27.

思考题：

1. 思考在品牌"走出去"方面，李宁公司的国际化可能会受到哪些挑战？

2. 与国际品牌几十年甚至上百年的历史相比，李宁国际化的策略优势在哪里？

第一节　品牌国际化传播概述

一、品牌国际化的内涵

品牌国际化是品牌发展到一定阶段时维持品牌活力并实现品牌创新的重要战略。对于具有一定国际市场竞争力的企业，品牌国际化传播战略的制订和实施往往是为从根本上解决现有品牌面临的一些问题。企业从长期发展的整体需求出发，通过不断地拓展品牌内涵和外延，整合产品结构国际化、营销传播国际化、品牌管理国际化等各种手段，使企业品牌在日益全球化的市场竞争环境中，始终保持强势生命力而立于品牌常青之地。越来越多的中国品牌已经在品牌国际化传播的道路上取得了成功。

问题1：什么是品牌国际化传播？

品牌国际化传播是企业在进行跨国生产经营的活动中推出全球化的品牌，并运用整合的营销传播手段占领世界市场的过程。即企业在全球性的营销活动中，建立并传达自己的品牌定位形象，实现一个全球化的目标。不仅要利用本国的资源条件和市场，还必须利用国外的资源和市场，进行跨国经营，即在国外投资、生产、组织和策划国际市场营销活动。广义上而言，当一个企业用相同的品牌名称和图案标志，进入一个对本企业来说全新的国家，开展品牌营销，也就是品牌国际化传播。通常，品牌国际化传播的目的是在异地他乡建立本品牌的强势地位。品牌的国际化传播简单地说就是品牌的跨国营销。

问题2：品牌国际化传播有怎样的内涵？

从品牌国际化传播的内涵来看，有的学者认为品牌国际化传播"是一个隐含时间与空间的动态营销和品牌输出的过程，该过程将企业的品牌推向国际市场并期望达到广泛认可和企业特定的利益"。[①]它包含五层含义：

1. 品牌国际化传播的时间过程

品牌国际化传播的时间过程是指品牌传播的对外传达具有一个时间过程，而不是一蹴而就的，或者一夜之间形成的。品牌的国际化实际上是一个系统工

---

① 张明. 品牌国际化：内涵与衡量标准. 市场营销导刊（双月刊），2005（6）.

程，不仅需要企业有强大的实力（经济实力、技术实力、管理实力和文化实力等）做后盾，还需要一个良好的品牌国际化经营战略，并且能够坚持不懈地得到有效实施。综观全球国际化品牌，大多是几年、几十年甚至上百年长期积累的结果，可口可乐这个世界顶级品牌上百年的历史就是一个明证。即使在新兴的 IT 行业，像微软、戴尔、英特尔等这样的世界级公司，也具有十几年的历史。

2. 品牌国际化传播的空间过程

品牌国际化传播的空间过程是指品牌传播的国际市场区域范围。很明显，品牌国际化含有很强的国别信息，至少走出国门才有可能是国际品牌（是否是国际品牌取决于品牌国际化的程度）。仅在某个狭窄的区域市场上经营，是很难获得国际认可的，只有在较大的市场上与国际品牌展开竞争，才能得到检验和发展，才能获得较高的国际认同，才能提高品牌的国际化程度。因此，品牌的国际化，不仅要求走出国门，更要求在广阔的国际市场上参与竞争。

3. 品牌国际化的动态营销传播

品牌国际化的动态营销传播，首先是指品牌的国际化过程中需要因地制宜，适应当地的政治、经济、技术、社会和文化环境，"全球化策略、当地化实施"是其关键内容，也即品牌形象、品牌个性和品牌定位应该全球统一考虑，而具体实施时需要根据当地的情况进行灵活调整；其次是指品牌的国际化经营也要与时俱进，要随着外界环境的变化及时作出响应和维护，保持与环境的动态适应性。伊莱克斯集团总裁麦克·特莱斯科在做中国市场调查时说，在开拓任何一个国家的市场时，我们都相当重视当地的民俗风情、生活习惯、消费方式等文化差异，只有尊重这些差异，充分了解、发现消费者对我们产品的认识，我们才可能赢得他们的信赖与尊崇。

4. 品牌国际化传播的认可度

品牌国际化传播的认可度包含品牌的认知度和美誉度，仅有认知还不够，还必须要有美誉、信任的内容（至少不含反感、诋毁等贬义内容）才能称为"认可"。品牌的国际认可度是品牌国际化的基本标准和前提，没有广泛的国际认可，品牌是无法成为国际品牌的。广泛的国际认可度不仅是企业国际化实力的体现，也是检验品牌国际化运作成效的指标。

5. 品牌国际化传播的特定利益

品牌的国际化是一个具有特定的国际化目标或利益的行为：或是提高国际认可度、美誉度，或是谋取国际订单等，不具任何利益的纯粹的国际化对于企业来说毫无意义，品牌国际化的实质是利益的国际化。因此，企业在进行品牌的国际营销时务必考虑其国际利益之所在。

二、品牌国际化传播的利益期望

品牌国际化是每位广告主梦寐以求的事情，因为其利益显而易见。

问题 3：品牌国际化传播有哪些利益期望？

品牌专家凯勒[①] 认为品牌国际化传播带来了六方面的优势：

1. 实现生产与流通的规模经济

从供应方面来看，品牌国际化传播能继续产生大量生产和大量流通的规模效应，降低成本，提高生产效率。经验曲线告诉人们，随着累计产量的增加，生产制造成本会有所下降，品牌的国际化能促进产品的生产和销售，能带来生产和流通的规模经济。

2. 降低营销成本

实施品牌国际化传播可以在包装、广告宣传、促销以及其他营销沟通方面实施统一的活动。如果在各国实施统一的品牌化行为，其经营成本降低的潜力更大。实施全球品牌战略是分散营销成本最有效的手段。如可口可乐、麦当劳、索尼等企业在世界各地采取了统一的广告宣传。可口可乐通过全球化的广告宣传，20 多年里省了 9000 万美元的营销成本。

3. 扩大影响范围

全球品牌向世界各地的消费者传达一种信息：它们的产品或服务是信得过的。品牌产品在全球范围内有忠诚的顾客群。品牌产品能在全球范围内畅销本身就说明该品牌具有强大的技术能力或专业能力，其产品被广大消费者所欢迎。消费者在世界各地都能选购这样的品牌，说明该品牌具有很高的质量，能给顾客带来便利。

4. 品牌形象的一贯性

由于顾客流动性的增加，顾客能在其他国家看到该品牌的形象。各种不同媒体对不同的消费者进行同一品牌的宣传，能反映该品牌相同的价值和形象，保持品牌的一贯性。顾客不管在哪里，都能选购反映自己个性或嗜好的产品和服务。

5. 知识的迅速传播

品牌国际化能增强组织的竞争能力。在一个国家产生一个好的构想或建议，能迅速广泛地被吸取或利用。无论是在企业的研发、生产制造方面，还是

[①] Keller, Kevin Lane, Syerategic Brand Management. Upper Saddle River, NJ: Prentice Hall, 1998: 553-556.

在营销或销售方面，在全球范围内汲取新的知识，不断实行改进，能提高企业整体的竞争力。

6. 营销活动的统一性

由于营销者对品牌产品的属性、生产方法、原材料、供应商、市场调查、价格定位等都非常熟悉，并且对该品牌的促销方式也有详细的记录，因此，在品牌国际化过程中，就能够最大限度地利用公司的资源，迅速在全球展开该品牌的营销活动。

企业实施品牌国际化传播，其最大的好处就是能够获取规模经济，促进企业持续稳定的发展。许多企业都在尝试着国际化经营，在实践中不断取得经验，在国际化传播的过程中建立起了知名的品牌。

三、品牌国际化传播的基本模式

清晰明确的品牌国际化传播策略指明了企业国际化的目的地，并且关系到选择什么样的模式、途径达到这个目的地。近年来，面对进一步加剧的国际竞争，海尔、联想、TCL、奇瑞等众多民族品牌纷纷开始摸索尝试，希望能够找到一条对自己更为有效的国际化传播路径。对于它们来说，最大的挑战在于如何在一个强敌环伺的陌生市场环境中，迅速建立起自己的品牌。

问题 4：品牌国际化传播的基本模式是什么？

国际化的品牌传播有多种方式，其初级形式是品牌随产品和服务向国际市场传播，国际贸易是其实现手段；其中级形式是品牌传播随资本扩张，对全球市场进行投资，使得品牌根植于当地，更能取信于人；其高级形式是品牌的直接国际化传播，通过品牌的直接推广或特许使用而获取品牌收益。很明显，这三种方式呈递进关系，也是品牌国际化传播程度逐步加大的过程，其最高形式也就是品牌成为公认的国际品牌。从国际品牌的运作经验来看，仅仅通过国际贸易的方式来进行品牌传播只是品牌国际化的初级形式，是阶段性的，不确定的。而要使得品牌获得高度的认同，建立品牌信心、品牌忠诚甚至品牌依赖，必须要扎根于目标市场。通过在目标市场投资，设立研发机构、生产机构或营销机构，建立品牌的持续经营和维持系统，才能获得品牌的可持续发展。中国各行业的海外发展情况不尽相同，路线与策略有交叉也有创新，综观中国品牌的国际化传播模式，可以分为三种主要类型。

（一）自力更生，自建品牌国际化传播渠道

即企业主要依靠自有品牌的力量，采取渐进的方式积累品牌国际化传播的能力和资源，逐步实现品牌的海外发展。这种模式通常需要经历一个阶段性的

发展过程:

（1）以间接出口的方式开始小规模地进行国际营销活动；

（2）积极接触海外市场、直接出口；

（3）建立海外代理机制或自建海外销售网络，实现直接的国际化销售；

（4）在海外开设工厂、设置研发机构甚至营销推广机构，展开本土化的品牌经营活动。

图 17-1　长城汽车在国外的专卖店

图片来源：长城官方网站.

从部分企业的成功经验来看，境外自建销售网络对于自力更生进行国际化传播的品牌，是十分重要的传播渠道。选择这种模式的品牌企业有三个主要特点：从企业背景看，是国内名牌，有的历史悠久；从方式看，是投资自建销售网络，产品境外研发或生产没有太大必要；从目标看，是国际市场，由国内名牌走向国际名牌。如果企业出口规模小，并且是刚刚开始走向国际市场，缺乏经验，一般需委托中介公司代理出口；具有一定出口规模和资金实力的企业，积极考虑建立自己的海外营销网络是一个必然的战略选择。建立海外营销渠道是中国自主品牌海外营销传播最主要的模式。据商务部统计，境外贸易性企业占境外企业总数的一半以上，这些贸易性企业主要就是国内主办企业的海外营销机构。当企业品牌开始考虑向国际市场扩张时，这是一种风险小、成功率最高的选择方式。

案例

华为的全球营销网

华为公司的产品已经进入全球 90 多个国家和地区，有 400 多个运营商，包括 22 个全球排名前 50 名的运营商都采用了华为公司的设备。并在全球建立了 30 多个分支机构，在美国、印度、瑞典、俄罗斯以及中国北京、上海等地建立了研究所。华为的目标是在 2008 年，海外市场和国内市场在华为销售中的比重是 7:3，从而打造一个真正的"国际化的华为"。从 1999 年开始开拓海外市场，2004 年华为海外销售额达 22.28 亿美元，占公司总销售的 40% 以上。五年间，海外销售额增长了 40 余倍，年均增长率 133%。华为的国际品牌竞争力和行业地位不断提升。

资料来源：作者根据华为官方网站资料整理.

(二) 草船借箭，借助国际资源提升品牌形象

这种方式是指企业通过对外国公司的收购兼并以及海外上市等资本运作，获取国外的既有资源优势，借此迅速进入海外市场，提高品牌的国际化程度，提升品牌的国际形象。根据目标资源的不同，可以将这一模式细分为五种主要形式。

1. 借"品牌"传播

对于一些海外市场已经很成熟的行业来说，中国自主品牌要想进入需要很大的投入和较长时间的市场培育，即便如此也可能不被当地消费者所接受，难以获得有效的营销传播效果。在这种情况下，中国企业通过跨国并购重组，则有机会借助成熟品牌的影响力迅速扩大海外影响。

2. 借"渠道"传播

企业在并购国际品牌的同时往往也获得了该品牌在当地市场的直接销售渠道，省却了市场开拓、渠道建设的巨额投入，带动品牌在短期内更有力地参与国际市场竞争。这种模式中有一种情况是"互借"。

3. 借"技术"传播

企业通过收购国外品牌的生产业务，或是某项技术、研发部门、生产线等，获取先进技术，以提升品牌的海外竞争力。这在汽车、电力、机械制造等国内技术较为落后的传统行业，以及计算机、手机、互联网和软件等技术要求高、产品更新快的新兴行业都十分常见。

4. 借"资源"传播

由于过去我国经济粗放式的增长以及全球制造业向国内转移，一些重要自然资源的对外依赖性越来越强，致使钢铁、石油、煤炭、矿产等能源企业纷纷实施国际并购战略，利用海外资源和生产能力开拓国际市场。例如，中石化、中石油、中海油等每年都会在海外发生多起油气资产的收购。

5. 借"资金"传播

国内企业海外上市，不仅可以获得海外资本市场大规模直接融资，还有利于改进公司治理和经营架构，提高品牌在国际市场的知名度和市场占有率，增强品牌的国际化渗透。1993年，青岛啤酒率先开启了内地企业海外上市的大门，如今，包括四大国有商业银行在内的大型国企以及新浪、百度等新兴产业，纷纷通过境外上市来获取资源的全球配置。与此同时，也取得了影响广泛的品牌传播效果。

案例

联想分阶段的品牌标志与形象传播

联想品牌的国际化传播分为几个阶段进行。第一阶段是强调品牌的延续性，在海外加强 Lenovo 和 Thinkpad 的关系；第二阶段是巩固 Thinkpad 高端的商务形象；第三阶段是 Lenovo 品牌的全球发布；第四阶段是借助北京奥运会，在 2008 年让 Lenovo 成为全球知名品牌。2003年4月联想集团将沿用了15年的标识"Legend"换成"Lenovo"，并在全球进行了注册。2004年12月8日，联想以12.5亿美元的价格并购了 IBM 的全球个人电脑业务，包括：PC 机和笔记本电脑，以及与个人电脑业务相关的研发中心、制造工厂、全球的经销网络和服务中心。此次收购使联想一举收获了在全球范围内更加广泛的品牌认知、更加多元化的客户基础及庞大的分销网络、全球一流的管理团队、世界级的领先科技、更丰富的产品组合、更高效的市场运作能力。2004年3月26日，联想正式跻身于国际奥委会全球合作伙伴（TOP）。

资料来源：作者根据相关新闻报道整理.

（三）结盟海外，加速品牌国际化传播进程

这种方式是指企业与海外企业进行战略联盟合作，结成利益共同体共同开拓全球市场，加速品牌传播的国际化。它与上面第二种方式的区别在于，在不发生资本并购、不改变品牌主体权益的条件下，运用企业自身的优势资源与海外结盟者进行市场、技术、品牌代工等多方面的合作，互利互惠。这种方式比

图 17-2　联想的海外市场机构

图片来源：百度图片搜索.

较适合资金力量不是特别强大、在进行直接的品牌跨国管理上还有一定难度的中小企业采用。我国自主品牌在海外的结盟与合作主要包括以下三个方面：

1. 市场换市场

与一些想要进入中国市场却苦于没有渠道的国际品牌合作，在共同的发展目标下相互借助对方的销售渠道，扩大销售范围。从而使我国自有品牌能在较小风险下开辟国际市场，融入到全球市场体系中去。

2. 技术带市场

通过与国际品牌合作，将自身的产品开发、功能设计、技术研发等方面提升到新的水平，以带动自主品牌在国际市场的竞争力。

3. 工厂变市场

贴牌生产是我国大量中小企业实现产品外贸的重要方式。在从事 OEM 的过程中，也逐渐学习和掌握了国际竞争规则，为自主品牌的海外拓展奠定了一定的基础。

以上三种模式各有优势和缺点。内部成长速度较慢，但企业可以控制节奏和风险，让企业有时间学习和建立组织能力；收购兼并能快速奏效，但收购整合难度很大，失败率高，跨文化整合传播尤为艰辛；战略联盟同样能快速进入海外市场，但与合作伙伴之间的关系具有较大脆弱性和不可控性。具体操作还要视企业所确定的国际化经营战略和企业自身对国际化营销传播的组织管理能力，来选择适合自身的品牌国际化传播路径和模式。

由于品牌国际化传播的策略模式具有阶段性特点，企业可以根据战略需求和自身能力在不同的时期选择不同的方法，甚至交叉使用。

第二节　品牌国际化传播的应用策略

一、品牌国际化传播形式

不同的国家和地区，文化背景不一，媒体环境不同，消费者的消费形态、消费心理以及媒体接触习惯也各有差异。在进行品牌的国际化推广时，只有针对目标市场的具体特点，在统一的品牌战略指导下制定"当地化"的传播策略，才能准确、有效地传播品牌信息，塑造品牌形象。

问题 5： 品牌国际化传播策略如何运用？

具体来说，品牌的国际化传播策略涵盖了普通营销传播的基本形式，但在应用上有其特殊性。

1. 广告

我国资金雄厚的品牌企业在海外市场开展品牌宣传时，进行声势浩大的广告战役也是不可或缺的。全盘规划，研究世界范围目标市场消费者最易接受的主流及新兴广告创意手段，参考其他企业广告方式，寻求对竞争对手的超越。同时，企业也可以利用创新形式取得出奇制胜的宣传效果，同时节省广告费用。例如，耐克的创新广告战役。1984 年洛杉矶奥运会期间，耐克大胆地策划了一项"都会活动"。在全球各大都会城市的摩天大楼悬挂巨幅户外广告。获得媒体的争相报道，赢得了年轻人的赞赏。

在运用广告进行品牌的国际传播时，要特别注意广告的文化本土化问题。由于存在审美标准、行为规范等方面的差异，企业进行跨国传播时，要制作符合当地受众欣赏水准和文化规则的广告片，利用当地人民易于接受的表现手法进行诉求。一般启用外国的广告代理公司，他们对于当地的文化更为了解。目前为了节省成本，很多在国际投放的广告只是同一版本的翻译，这就要求广告制作前研究各国文化，采用最不易引起争议的创意。例如，苹果广告引争议。苹果公司在全球进行了一连串 Mac vs PC 的创意广告，这一连串的广告采用对比的手法。在其他国家推行广告时却碰到了文化的问题。在日本文化中，直接比较自家产品和其他竞争对手的优劣，并且炫耀自己的优点，会被视为不礼貌的行为。苹果对日本版的广告进行了改版，然而，广告的修改并未到达应有的力度。网上有不少留言表示，诋毁竞争对手产品的广告永远不会在日本受到欢迎。

2. 公关活动

企业公关和带有政府外交性质的品牌公关活动，对于品牌更快获得国际市场认同具有重要作用。跨国品牌公关往往更注重与当地新闻媒体宣传报道的有机结合，通过为当地市场和消费者信赖的媒体扩大公关活动的影响力，达到强化传播效果的目的。例如，现代汽车参与韩国政府品牌国际公关。一方面，现代汽车积极为由韩国政府机构创办《活力韩国》等品牌外宣刊物提供企业宣传内容，加强海外宣传，同时，参与政府制定的国家品牌协同运作的方案，加入韩流地区之间政府、民间文化项目合作网络和世界一流商品海外公关展示会，在海外媒体对韩国政府公关的广泛宣传和正面报道中，借助政府强大的后备支持和宽广的外交平台很好地宣传了现代汽车品牌。

3. 赛事

中国品牌让世界知晓的有力途径之一是参加国际上与品牌内涵相符，有利于展示品牌所提供的功能，使消费者形成认知的各项活动，例如体育赛事。它能有力地聚拢消费者，发挥体育营销的凝聚作用，让更多的人认识品牌，提升品牌的知名度和美誉度。与品牌属性和所在行业紧密相关的赛事更应当受到重视，例如啤酒行业与体育赛事、汽车行业与赛车的天然联系。

与其他营销传播活动相比，体育赛事在跨国传播中相对不需要过多的文化顾忌，主题更单纯、通过专业的组织中介实施起来更便捷，并且因为体育这一世界通行的语言，传播效果也更好。长城汽车在车赛中闪耀。2006中国—东盟国际汽车拉力赛，长城车队一举荣获9个奖项。车队穿越了越南、老挝、泰国、马来西亚、新加坡、柬埔寨6国，长城汽车的实力再次得到充分验证。长城将品牌所提供的利益在赛事中展示出来，利用事件引起了媒体和受众的广泛关注，实实在在的性能展示相较硬广告来说更具可信性，且目标消费者与关注汽车拉力赛的受众具有一定程度的交叉。

4. 展会

展会是对品牌进行集中展示，让国际客户对品牌形成认知的便捷途径。由于参加展会的都是同行业的专业人士，这对于品牌在行业内的地位提升有很大帮助。展会是让世界了解中国品牌、促使中国品牌走向世界的重要贸易窗口。目前在世界各地，经常举办各种各样的博览会、订货会和展销会。企业要认真甄别主办单位的信誉和知名度，通过调查展会的档次、规模和广告宣传力度来评估展会的质量，作为企业是否参展的依据。企业参展的主要目标是提高品牌知名度和企业声誉、密切与客户的联系和交流信息等。

图 17-3　长城汽车参加俄罗斯展会

图片来源：长城汽车官方网站.

二、品牌国际化传播中需要注意的要素

品牌国际化能够为广告主带来巨大利益的同时也带有很大风险，因此，需要全面了解品牌国际化中可能会出现的不利问题。

问题 6： 国际化品牌传播中需要注意哪些问题？

1. 媒体环境

品牌成功进行跨国传播的首要问题是如何选择经济有效的媒体，然而，各国媒体生态环境复杂，外国公众的媒介使用习惯相差悬殊。各国法律法规的限制也使得企业在选择媒体时必须面临媒体可获性的问题。

2. 法律政策法规

企业在进行跨国品牌传播前，要了解进入国家的相关法律法规，避免制作出来的广告信息不能使用，造成资源浪费，甚至因触犯政策法规对品牌形象造成毁灭性打击。例如：欧盟全面禁止在广播、因特网及平面媒体等新闻媒体上做香烟广告，并同时禁止欧盟国家间的文化和体育活动接受烟草商的赞助。英国、墨西哥也禁止媒体刊登香烟广告。

3. 受众喜好

国际受众生活方式和喜好高度差异化，企业面临着全球受众的差异性问题。这要求企业根据公众的媒介接触习惯和生活方式选择适合自身品牌传播的方式。

以红牛维他命饮料有限公司为例，鉴于中国公众与外国公众在喜爱的运动项目和热衷度上存在差异，其在国内外的体育营销策略不同，在国外主要赞助赛车和极限运动,而在国内则主要赞助篮球、足球等运动。由于在国外赛事转播的覆盖率很高,基本能够覆盖其目标消费人群,因此在国外少有硬性广告。而在中国红牛则积极制作电视广告片,并对大众媒体进行大力度投入,这是建立在受众差异性基础上的策略变化。

4. 文化差异

文化是国际传播最不可忽视的要素。由于各国存在的文化差异,品牌进入国外市场时,并非将按照国内营销传播模式照搬就万事大吉,需要对进入国家的语言、习俗、禁忌等文化传统有比较深入的了解,以免对品牌形象造成损害。

活动:品牌国际化传播活动观察练习

查阅例如李宁和联想等中国品牌实施国际化传播的资料,并总结其独特之处。

案例分析

韩国三星品牌的中国开拓

中国市场是三星电子除本土以外投资最多的海外市场。目前三星集团在中国有 12 个生产企业,6 个销售企业,累计投资 26 亿美元,主要生产手机、电视机、显示器、笔记本电脑等产品。三星公司将多年累积起来的核心技术和经营理念,打造出中国消费者值得信赖的高科技企业的光辉形象。2004 年,三星公司在"中国 100 名最具价值消费品牌"中以 447 亿元荣登榜首。

2000 年以后,刚刚从金融危机中走出来的三星公司便开始了在中国市场上的快速崛起。特别是在品牌营销传播上制定了卓有成效的战略,这也是三星能够快速崛起的重要原因之一。

在品牌方面,三星公司对以数码科技产品为代表的高端市场发起一轮又一轮的猛烈冲击。作为与之相互配套的宣传手段,三星公司在全国各地展开了很多声势浩大的体育营销、大学生营销、文化营销、公益营销以及选择形象代言人等营销宣传活动,不断强化三星产品在中国公众心中的高端形象。

资料来源:作者整理.

思考题:

请通过书籍、杂志、网络等资源查阅三星曾使用过哪些营销手段进行品牌国际化传播?

本章小结

★★★★

品牌国际化传播是企业在进行跨国生产经营的活动中推出全球化的品牌，并运用整合的营销传播手段占领世界市场的过程。品牌国家化传播包括时间、空间、动态营销传播、认可度及特定利益五层含义。

成功的品牌国际化传播能为企业发挥巨大的作用。它能促进产品的生产和销售，能带来生产和流通的规模经济；它是分散营销成本最有效的手段；品牌通过国际化的传播能够扩大其影响范围；统一的宣传能保持品牌形象的一贯性；同时，品牌的国际化传播还有助于知识的迅速传播以及企业营销活动的统一。

品牌国际化传播包括广告、公关、赛事、展会四大形式。针对不同的传播环境和传播对象，企业应注意当时当地的媒体环境、法律法规、受众喜好及文化差异等影响因素，选择合适的传播形式和传播策略。

知识扩展

★★★★

品牌国际化常用方式

（1）国内生产，但产品销往国外。

（2）在国外也设立分公司，实现全方位的扩张。

两种方式是世界著名大公司最常用的。有一些著名的跨国公司，甚至自己并没有生产能力而转嫁给一些当地生产成本很低的外国公司。这样它仍然可以享受到自己品牌的大部分收益。像耐克公司即是如此。

但是，要想在全球范围内营造一个品牌，困难将是巨大的。每一个竞争对手，尤其是本国的竞争对手都会对外来的入侵者高度敏感。此外，不同国家之间在语言、信仰、生活和消费习惯方面会有很大的不同，对产品的特性和价格的需求也会有很大的不同，这就增加了品牌国际化难度。

因此，品牌必须与当地具体情况相结合，即实行本土化。建立一个品牌如果不考虑当地消费者的消费行为特征，可能会产生负面的影响。在跨国公司的经营策略中，产品生产以及营销的本土化是一个特点。利用著名品牌的"晕轮效应"，在海外子公司生产同类的产品，利用当地的廉价劳动力资源，使得成本大大降低，产品竞争力将得到进一步的加强。

答案

★★★★

一、引导案例参考答案：

1. 本身是多元化概念。首先，中国五千年灿烂历史加上幅员辽阔，各地文化有不同的适应性和融合点。其次，世界已经形成地球村概念，为中国文化元素传播和外地接纳打下了良好的基础。只要中国文化元素识别度高，应该能够适应市场。

2. 与品牌几十年甚至上百年的历史相比，李宁最大的资本在于其独特的中国文化元素的应用，在借助中国元素达到吸引消费者注意之后，李宁应该进一步挖掘中国元素深层次内涵，将中国文化内涵与品牌价值观相结合，更加注重挖掘文化内涵的传达，用品牌价值观积极倡导和引导消费者行为，建立起消费者的品牌认同，并借助中国文化对世界影响力的不断加强，在国际市场上张扬中国品牌的个性。同时，李宁要更加注重不同市场消费者的关注与回馈，要理解当地的文化，在品牌策略中融合其智慧，提高品牌在各地市场上的适应性，形成系统的、有规划的、简洁、识别度高的品牌形象。

二、案例分析参考答案：

1. 体育营销

体育营销是三星公司长期以来一直擅长使用的营销手段，这一特长在他们来到中国以后就继续得到了大力的发扬，自从1998年的曼谷亚运会开始，三星就开始对中国体育代表团提供赞助。随后在2000年的悉尼奥运会、2002年的盐湖城冬奥会以及2004年的雅典奥运会上，三星公司都给予了中国代表团大力的支持和赞助。除了亚运会和奥运会之外，三星公司对于很多在中国本土举行的体育活动同样给予大力赞助。从而进一步提高了三星品牌自身的内在价值。

2. 大学生营销

三星在很多高校里赞助各种电脑比赛、科技发明比赛，为大学生们提供资金以及电子设备方面的支持；他们还在很多高校的电脑城里设立了三星数码体验馆，让大学生们亲身感受三星产品的动人魅力，三星公司希望大学生们能够通过这样的活动更多地了解三星的产品和品牌，以便在他们心中树立三星公司良好的品牌形象。

3. 文化营销

随着韩国电影、电视剧在中国的火暴和流行，韩国文化在中国各地掀起了热潮。在这种情况下，三星公司非常适时地推出了"韩流文化月"等系列文化活动。例如：他们在北京、上海、天津等地组织了代表新韩流文化的"TOKEBI STORM"打击乐活动，以此来促进三星公司数码产品与中国消费者之间的互动，增强三星公司产品的品牌知名度以及时尚、高科技的品牌形象。

4. 公益营销

三星公司在北京专门成立了一个社会公益团，以此来支持三星开展各种公益活动。例如，他们在北京组织员工定期到香山去打扫卫生、清理垃圾；他们在广东省惠州市为残疾人提供生活上的各种力所能及的帮助；他们在中国17所重点高校设立了三星奖学金，资助成绩优异的学生，等等。三星公司通过这些活动向中国消费者传达一种信息：三星公司不但是一家能够提供各种高科技数码产品的大型跨国公司，同样也是一家极为负责任而且努力回报社会的良好公民。

通过这样一系列的品牌营销传播活动，三星在中国市场上取得了骄人的成绩，也顺利成为被中国消费者认可的品牌。

第十八章

SNS 品牌传播策略

学习目标
★★★★

知识要求 通过本章的学习，掌握：

● SNS 品牌传播的概念
● SNS 品牌传播的特征
● SNS 品牌传播的操作流程
● SNS 品牌传播的策略应用

技能要求 通过本章的学习，能够：

● 熟知 SNS 的概念及其特征
● 识别 SNS 的传播实例
● 灵活运用 SNS 为品牌传播服务

学习指导
★★★★

1. 本章内容包括：SNS 的定义及作用，SNS 的创新运用形式以及 SNS 的发展状况。

2. 学习方法：独立思考、积极动手实践和体验 SNS。

3. 建议学时：3 学时。

引导案例

联想携手 QQ 的 SNS 营销案例

2009 年 4 月联想尝试推广其全新定位的 ThinkPad SL 系列笔记本电脑，为了更精准和有效地与自己的目标受众"沟通"，联想大胆地启用了 SNS 营销。腾讯的策划团队专门为这次传播活动打造了一款实物动画礼物形象，这也是腾讯 QQ 空间平台上的首款动画礼物，当用户将鼠标指向礼物时，它便会放大到实物般大小；在礼物赠送时，还附有产品描述和相关赠言；在收礼界面还有活动官网外链和更多的产品信息。"好友买卖"的各个环节都巧妙植入了产品信息和品牌信息，比如 QQ 空间增加了用户"好友买卖"的这个应用的用户，想要安抚自己的"奴隶"，便会送奴隶一台联想 ThinkPad SL 笔记本。还有讨好"主人"、"命运卡"等环节的使用，让玩家无时无刻不感受到联想品牌的存在，并对其"甩掉借口，轻松前行"的品牌主张留下了深刻的印象。

资料来源：中国电子商务研究中心，http://b2b.toocle.com.

➡ 思考题：

此案例中 SNS 品牌传播带给我们什么启发？

第一节　SNS 品牌传播概述

一、SNS 的定义及作用

SNS，一直以来都被认为是 Web2.0 时代的宠儿。自其诞生至今，在经历了数次互联网经济的潮起潮落后，它仍然保持着相当稳定的发展势头，不断向我们展示其在吸引用户注意力，甚至改变人们生活方式等方面的无限可能性。

然而对每一个用户来说，完全不必通过烦琐的统计数据和复杂的术语就能轻易感受 SNS 影响力的强大。"偷菜"和"抢摊"早已是白领们每天的必修课；豆瓣上的点评，已代替媒体推荐，成为很多人买书选碟的首要参照物；通过各自的日志，人们偷窥并八卦着彼此的生活；你在 SNS 上回复别人日志的频率，渐渐超过了跟他说话的数量……也许有一天你会突然发现，你跟隔壁办公桌王二的关系甚至比跟校内网上一个北海道网友的距离还要远……

问题 1：什么是 SNS？

要搞清楚 SNS 到底是何许人也，可不是一个简单的问题。这个"舶来品"光英文名字就有三个，分别是：Social Network Service，Social Network Software，Social Network Site。其命名的侧重点也不尽相同：Social Network Service 将 SNS 定义为一种基于网络的交往服务，强调"服务"属性，而 Social Network Software 和 Social Network Site 则分别将其划定在"软件"和"网站"的范畴里。在中文中，为了包含这三种含义，我们常将 SNS 翻译为"社交网络"。

然而，即使有了统一的名称，人们对 SNS 的理解仍然各不相同，存在着很多的视角。比如，从技术角度来看，SNS 是一个采用 P2P（点对点）技术构建的、基于个人的网络基础服务。而从社交行为看，SNS 服务将人们的线下关系链搬移到网上，再与其他人的关系链交互而形成更大的关系链。用户主要是跟熟人互动，如果遇到可以深聊的陌生人就能扩大人际圈子，此后通过对彼此的关注维系人际关系。

面对这些众说纷纭的定义和越来越多披着"SNS"外衣的网站，究竟应该如何定义和理解 SNS 呢？让我们掀起披在 SNS 上的重重面纱，从理论基础、分类和典型结构的角度来了解 SNS。

（一）理论解读：通过"六度空间"看 SNS

其实，所谓万变不离其宗，在 SNS 的发展过程中，"六度空间"的社会交往理论一直扮演着"指路明灯"的角色。

"六度空间"理论（也称为"六度分隔"），是美国著名社会心理学家米尔格伦在 20 世纪 60 年代提出的一种社会交往理论。简单来说，"六度空间"就是指："你和任何一个陌生人之间所间隔的人不会超过六个，也就是说，最多通过六个人你就能够认识任何一个陌生人。"按照六度空间理论，每个个体的社交圈都可以不断放大，最后成为一个大型网络。

随着互联网时代的到来，有人提出可以将"六度空间"理论应用于互联网领域——利用互联网提供的便利性，便可以更轻易地实现"六度空间"里以认识朋友的朋友为基础，无限扩张自己的人脉的设想，并在需要时开展与这些"朋友"的交往，或是获取其帮助。于是，经过部分网站的尝试和探索，SNS 网站在 2003 年 3 月出现在美国，并在极短的时间内风靡了整个北美洲，被众多互联网企业和投资家看作未来两年内增长最快的业务。可以说，"六度空间"在 SNS 诞生的过程中扮演着"教父"的角色。

基于"六度空间"理论，我们可以这样理解 SNS——SNS 是一个通过网络进行社会交往的系统。它以用户为中心，以认识"朋友的朋友"为基础，通过一系列的应用无限扩展自己的人脉。最后，其最终目的是在扩大交往的过程中，满足用户的交往、娱乐或经济等各种需求。

(二) 典型分类：SNS 的 "三张面孔"

随着 SNS 的兴起，越来越多的网站开始涉及这项新的网络应用，或建立垂直型的专门 SNS 网站，或者与原有的网络业务交叉融合，进行延伸服务。从 SNS 针对的传播对象来区分，目前中国市场上的 SNS 网站简单分为四类：校园类、婚恋类、娱乐类以及商务类（见图 18-1）。

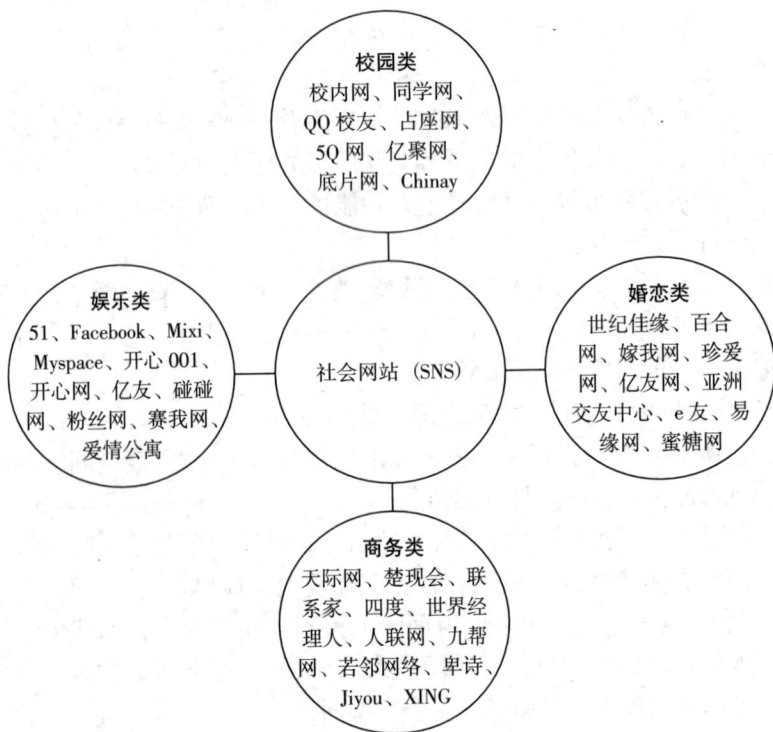

校园类
校内网、同学网、
QQ 校友、占座网、
5Q 网、亿聚网、
底片网、Chinay

娱乐类
51、Facebook、Mixi、
Myspace、开心 001、
开心网、亿友、碰碰
网、粉丝网、赛我网、
爱情公寓

社会网站（SNS）

婚恋类
世纪佳缘、百合
网、嫁我网、珍爱
网、亿友网、亚洲
交友中心、e 友、易
缘网、蜜糖网

商务类
天际网、楚现会、联
系家、四度、世界经
理人、人联网、九帮
网、若邻网络、卑诗、
Jiyou、XING

图 18-1 SNS 网站分类

应该看到，这些网站在服务内容上也开始相互渗透和交叉。类似校内这样典型的 "校园类" SNS，早已经开始提供大量的娱乐内容，同时通过校内和开心谈恋爱的人也不少。然而豆瓣网显然无法划分到这种标准中的任何一类。所以，按照 SNS 成员的目的，也可以将 SNS 网站分为交易 SNS、兴趣 SNS 以及关系 SNS。

（1）兴趣 SNS。兴趣 SNS 聚集相同兴趣或具有某种幻想的参与者就专门的主题进行广泛的交流，豆瓣网便是典型的兴趣 SNS。兴趣可以是多种多样的，可以是因工作上的兴趣聚集形成的，如研究 SNS、工作 SNS 等；也可以是因业余爱好形成的 SNS，如羽毛球 SNS、象棋 SNS、泡吧 SNS、户外旅游 SNS 等。

（2）关系 SNS。关系 SNS 为具有一定生活经历的成员提供了进行深入联系的平台。关系 SNS 里的成员可能是在现实中就认识并具有良好的关系，如同学录中的同班同学；也可以是在网络上认识的具有相同生活经历或相似目的人，如同学录中的校友、佳缘 SNS 里的单身男女。

（3）交易 SNS。交易 SNS 主要旨在促进产品和服务的交易并传递交易信息，包括网络商店、电子拍卖、品牌 SNS、团购 SNS 等。其最大特点是为消费某种产品或品牌而聚集。以品牌 SNS 为代表，包括消费者自发组织的品牌消费 SNS；或是企业通过聚集具有共同品牌爱好或采购目的的消费者形成 SNS，如新浪与耐克合作创建的"我为鞋狂" SNS。

（三）结构模式：SNS 的与众不同

那么，SNS 网站究竟是如何运作的呢？学者袁梦倩在《论 SNS 新型社交网络的传播模式与功能》一文中，以校内网为例分析了典型的 SNS 网络模式。该模式由以下四个方面组成：用户、内容、社会网络、工具（见图 18-2）。

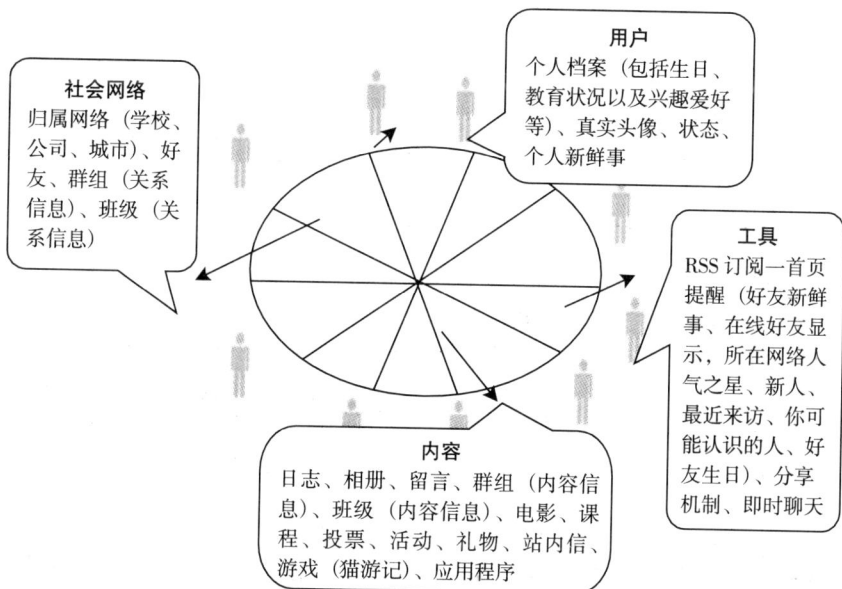

图 18-2　SNS 网络基本结构图（以校内网为例）

资料来源：中国传媒大学商务品牌战略研究所. 品牌管理参考.

可以看出，在这种结构中，用户在经过注册以后，便可以简单方便地贡献内容，推动交流的进行；而由于 RSS 订阅机制等工具的存在，用户发布内容可以轻易地收到"滚雪球"式的反馈，一种类似社会互动的交流便简单快速地发生了；同时，更有多种应用工具为用户提供多种的交往途径……于是，便形成了一个"将现实人际关系网络化"的社区。

而 SNS 的这一运行模式，体现着与以往的网络传播截然不同的几个"结构性变化"：

（1）以用户为中心。以往的"网络社区"（博客空间或 BBS 等），主要是以内容为中心，通过展示内容进而展示用户；而 SNS 网络则恰好相反，是以用户为中心组织和传播内容，用户的意识及行为成为关注的焦点，满足用户多样化的需求是 SNS 网络的重心。与围绕"内容"的交往相比，以人为中心的结构显然更坚固和可信。

（2）类似真实交往的小团体。在以用户为中心的基础上，作为一种深度社会型的网络类型，SNS 网络以个人作为网络节点，在人与人之间形成网状链接，并且在社会网络系统内部形成各种各样的小团体。而这些小团体往往着眼于人的非权力社会关系，信息传播的方式也呈现出"多向—非对称"的特点。这样的交流方式轻松且容易亲近。

（3）多样化整合的传播模式。SNS 网络融合了传统的 Blog、BBS、E-mail、即时聊天等形式，同时又添加了各种应用程序，在继承了传统网络优势的基础上，又形成了具有自身特质的网络文化生态系统，建构了一种基于用户需求的综合化服务平台。这在深化用户体验、满足用户各方面需求的能力上，都高出以往的网络媒体一筹。

（4）极具特色的 RSS 订阅及分享机制。RSS 订阅机制通过订阅与好友的链接，在第一时间将好友的内容更新以及别人对我的任何回应显示在 RSS 阅读器上，建立及时高效的交流反馈模式；而分享机制则进一步实现了方便快捷的信息共享，使人人都成为了"把关人"，让信息流动进一步简便和多向。

问题 2：SNS 品牌传播的作用有哪些？

1. 打造平台：亲密接触消费者

SNS 作为一种社会化媒体不仅能够帮助个体用户管理自己的社会关系和网络，同时也可以成为企业或品牌与消费者建立联系的平台。

在 SNS 网络中，企业用户也可以拥有自己的账户和页面，可以像普通的个人用户那样参与添加好友、发布动态、与好友互动等一系列活动。一些 SNS 网站中的投票功能，可以使企业在与消费者进行沟通的同时，更准确地了解消费者对品牌和产品的看法。

　　利用这样的一个平台，企业不仅可以及时发布品牌的最新消息，与消费者保持深度沟通，获得关于品牌的反馈，并根据反馈及时地进行市场调整；同时企业还可以借助 SNS 平台集结和维系一定规模的重度关注消费者，与这些能够为品牌带来最大贡献的消费者建立一种超越商业利益的类朋友关系，并从这种长久的、密切的关系状态中持续获益。例如：Facebook 有一个商业主页（pages）的功能，任何机构都可以通过建立一张主页来介绍产品和服务，并与自己的粉丝进行沟通，更像一个小型的客户关系管理（CRM）系统。而在 Facebook 网站上发布调查问卷，甚至需要收取费用，这也成为网站的一项收入来源。

　　对于正处在成熟期的品牌来说，通过 SNS 网站可以更好地维持顾客忠诚度。以前企业与消费者的沟通只能依赖广告和调查问卷，消费者的反馈或许还要依赖层层经销商的转达，Web1.0 时代的企业网站想要获得消费者的关注更是难上加难。而通过 SNS 网站这个平台，企业可以融入消费者之中，作为消费者社交群体中的一员，与消费者的交流与沟通都显得更加直接，也更加方便。

　　不过，SNS 网页的建立和维护还需要企业的正确对待，消费者在 SNS 网站上需要企业作为一个真实的人作出真实的承诺，而不是与机器进行对话。

　　2. 提供机会：创意品牌植入空间

　　在许多 SNS 网站中，娱乐化的组件应用已经成为赢得用户必不可少的一部分。这些组件往往是为了建立和维持用户之间不用见面说话就可以维护好的弱联结关系，因此在组件的设置上往往是对现实世界和生活状态的一种娱乐化还原。在一些既有的组件应用中，如赠送虚拟礼物、买房子、争车位，组件的核心可以做到对现实物品和消费行为的彻底数字化和虚拟化，在这样的组件中往往蕴藏着大量的品牌植入机会。通过将品牌植入到这些游戏组件中，企业可以增加品牌在虚拟网站中的曝光率和接触点，从而在现实世界中得到映射；另外，这种含蓄的品牌植入相较于生硬的弹出式广告和旗帜广告不会对消费者的网络体验造成太大的影响和阻碍，同时又能够增加娱乐性和趣味性，更容易被消费者所接受。当前 SNS 中使用过的植入式广告主要是游戏道具、插件植入（类似"抢车位"游戏中汽车品牌的植入、伊利的"开心牧场"耕种、动漫人物"张小盒"与七天酒店合作的动漫插件等），虚拟社区的生活物品植入（网络虚拟小区中"万科"作为房地产品牌的植入）、虚拟礼物植入等（如兰蔻、雅诗兰黛等作为礼物赠送）等。

　　植入式广告最重要的一点还是无缝链接，就是使消费者在进行 SNS 游戏时，能够在其可接受的程度植入产品广告，最好不要引起消费者的反感，否则会引起适得其反的效果。目前比较受欢迎的方式就是让消费者能够通过游戏增加对品牌的偏好度。比如，中粮悦活果汁通过赢取蔬果种子、种植、榨汁等一系列网络虚拟劳作流程，来充分体验劳作过程与产品获得的乐趣，使消费者在"寓教于乐"中深度了解品牌。

3. 物以类聚：助力精准营销

在 SNS 网站中，企业可以根据消费者在虚拟社区中的行为来判断其对品牌的偏好程度，结合 SNS 强大的真实数据库功能，一步到位地实现精准营销。因为兴趣类似、目标类似而聚在一起是 SNS 网站的一大特点。比如婚嫁类网站百合网、珍爱网、世纪佳缘网中，相关的婚嫁服务、房产装修服务品牌则可以有的放矢地进行推广。随着一些垂直 SNS 网站的建立，SNS 用户组的细分化程度更高，企业实施精准营销的对象也会更加明确。

此外，在众多 SNS 网络中，用户参与网络活动的前提是实名制。这种在实名制基础上建立起来的用户数据库资源能够帮助企业实现精准营销：SNS 用户最近热衷于哪些潮流、哪些话题引发了最广泛的关注，这些都有可能转化为企业新的市场机会。

4. 强化口碑：线上线下的促销联动

传统的 SNS 网站的社交关系往往建立在现实社交关系的基础上，这对于企业而言无疑是一个进行口碑营销的大好机会。实践证明，人际间口碑传播的效果要明显优于由企业单方面进行的推广式宣传，并且传播成本小得多。

通过 SNS 构建和还原的现实的社交关系能够突破人际传播的时空限制，使得两个人不需见面、不用同步交流也可以受到对方口碑的影响；而与单纯的网络口碑相比，现实的社交关系又能够强化口碑传播的效果：现实世界中可知可感的朋友对某一产品或品牌所发表的观点和看法明显会比一个不知根知底的网络过客更加可靠，因此对口碑受众的影响和说服力也更强。企业可以在 SNS 中寻找到意见领袖式的人物，通过这个关键的节点人物影响其社交圈内的其他人，并一级一级地扩散品牌的影响和辐射范围。

企业进行网络营销，归根结底是为了带动现实环境中消费者的行动。SNS 网站的人际互动特性，不仅能够帮助企业在网络上赢得口碑，也能对其线下活动形成促进。企业在利用 SNS 进行网络传播时若能考虑到线上与线下品牌传播的联动，则不仅能够扩大品牌传播的范围，弥补线下活动传播范围的局限，也能够强化消费者的真实体验，使品牌更加深入人心而不仅是流于表面。以麦当劳为例，麦当劳携手校内网推出"老朋友见面吧"的主题活动，号召真朋友应该多见面。麦当劳一方面利用校内这个传播平台造势，扩大该活动的传播范围，另一方面将"见面"这个主题活动设置在线下，利用线上的口碑传播创造足够多的活动参与人群，不仅强化了品牌和活动传播的广度和深度，也实实在在地促进了销售。

因此无论对于新品牌还是老品牌的新产品推广来说，SNS 网站强大的口碑营销基础，都能为其提供一个快捷有效的营销方式。

5. 聚合传播：为病毒营销创造条件

SNS 是 Web2.0 的产物，SNS 的聚合性和 Web2.0 的分享体验为企业进行病毒营销创造了得天独厚的条件。SNS 网站在对自身进行传播和推广的过程中强烈地体现出病毒效应：开心网在刚刚推出的时候，在短时间内就聚合了 1000 万的网络用户，网站不提供网友自己进行注册的服务，其新用户都是由老用户通过邮件发邀请信发展而来。既有用户有感于该网站的趣味性或是在应用插件的激励机制下向自己的朋友发出邀请，新进入的用户再继续邀请其他朋友，于是网站的用户数量便像滚雪球一样地越来越多。SNS 类网站的分享应用也基于病毒传播的机理：用户可以将自己喜欢的帖子、图片、视频等内容分享给其他好友，在一级又一级病毒式的分享中，即使内容的初始发布者与受众并没有社交圈的交集，但是其所发布的内容依然能够传播到网络中的大片区域，为众多用户所见。

病毒营销实施的一个重要因素就是网络用户的活跃性，传统视频网站如土豆、优酷等用户的活跃程度远远不及 SNS 网站，而两者优势的结合就为"病毒"的快速传播提供了合适的土壤。如江中草珊瑚在腾讯空间进行的"爱吃草"活动，通过结合视频广告回答问题，以及通过与好友的抢草活动等，在与朋友共同做游戏的互动中，既联络了感情，又传播了品牌。

6. 知行合一：品牌认知与电子商务一体化

目前电子商务网站普遍存在着同质化的经营模式，通常采取用户"选购产品——放入购物车——收银结账"的流程，缺乏突破性的创新。而消费者在选择产品时，情感需求的比重却在不断增加。他们购买商品的目的不再仅仅出于生活必需的要求，而是出于满足情感渴求的需要，因此他们在关注产品品质的同时，更加强调情感的愉悦和满足，并且更加注重购物体验的分享以及与其他用户的沟通交流以获得兴趣、爱好与体验上的共鸣。

SNS 网站更多地强调参与、共享、平等、自由的理念，这也为用户情感体验的满足提供了一个很好的平台。这种模式就是让用户参与到购物体验的分享中来，让用户与用户自由地交流、反馈信息、分享自己的经验。SNS 可以用于好友之间对某一产品和品牌使用的感受和体验，与其有共同兴趣爱好的圈子内部的消费者也很容易被吸引过来，共建品牌社区。

星巴克曾利用 SNS 网站建立以品牌为主的互动游戏，全世界任何地方的人都可以在需要的时候，到虚拟的星巴克体验其带来的放松感受。如果消费者在虚拟体验的同时，手边能够及时得到一杯真正的咖啡，将是无比美妙的事情。这对于品牌来说，是进行电子商务的大好时机。

综合以上各种营销方式，企业可以按照自身品牌形象与产品特性，在充分了解 SNS 特点的同时，因时而动、因地制宜地选择适合品牌的 SNS 品牌传播形式，在日益同质化的营销传播战中，演绎出自己独特的兵法来。

第二节 SNS 品牌传播策略应用

SNS 网站未来可能从广告业务方面获取更多收益。目前与包括像可口可乐、百事可乐、肯德基、Motorola 手机、三星手机等国际大品牌在内的上百个知名品牌都开始尝试与一些 SNS 网站建立合作。开心网也早在 2008 年就尝试了植入广告的服务，在其最受欢迎的"争车位"游戏中植入了汽车品牌广告。

但是，SNS 网站要为广告主提供更多的选择，以改变目前广告模式单一的窘境，则需要在结合自身产品特色的同时，也要向传统的网络媒体学习、借鉴，开发更多广告投放形式、提供更多元化的广告服务，才能成为广告主日益倚重的传播平台。

问题 3： SNS 有哪些创新的运用形式？

（一）开设企业机构网页

2007 年 11 月，Facebook 开始允许企业在其网站上建立网页。自此开辟了 SNS 与非个人页面结合的先河，第一次允许非个人在其网站上建立自己的页面，宣传自己的产品和服务。

Facebook 允许企业创建的页面和原来的普通个人用户的页面一样，但个人用户可以通过添加企业为好友而成为企业的"粉丝"，时刻在双方的页面上与企业保持互动。而企业还可以在外部网站嵌入 Facebook 代码，以实现特定功能。例如，如果用户在 eBay 嵌入 Facebook 代码，当他拍卖商品时，就会生成通知信息并发送给好友。Facebook 希望通过这一举措，将自身由一个网络活动场所变为网络"商业街"。

传统企业可以充分利用 SNS 网站人际关系和便捷的沟通方式，让企业产品和用户之间形成良好的沟通关系，在此基础上介绍产品，让用户接受产品，并最终把用户导向购买产品。以知名电子品牌"苹果"（Apple）为例，在校内网上有一个"苹果学院"的营销群组，加入的用户已达 34 万多人，用户可通过与苹果的产品结为好友等行为获得积分，有了积分可以购买苹果的虚拟物品，还有机会参与抽奖，积分最高者可获得苹果的产品；用户通过与苹果实体零售店或苹果产品结为好友，可随时获得苹果产品和苹果实体店的最新信息，比如哪个实体店有优惠信息，苹果产品的最新升级信息等。这就充分利用了 SNS 网络的优势，让用户与企业产品之间形成了一个沟通的渠道，而当用户登录 SNS 网站的时候，可方便看到苹果产品或者零售店的最新消息，对于企业营销产品而言，这个比接受邮件方便而且有效。从零售店的访问页面和用户浏览看，光北京某一地区一个零售店的好友就将近 2000 人，从留言效果看，很多用户也表示愿意去实体店看看。这样，不仅仅是品牌的推广，也从实际上推动了销售。

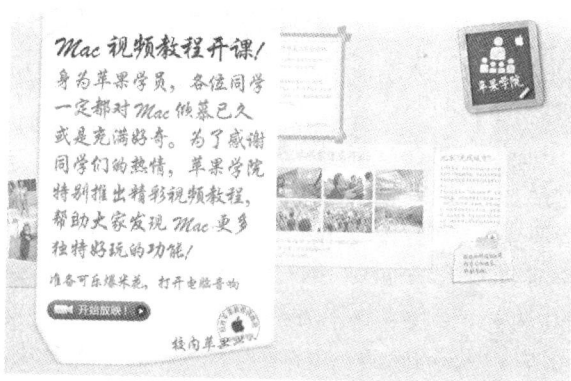

图 18-3 苹果设立在校内网的"苹果学院"

（二）企业官网的 SNS 化

2009 年 7 月 20 日，历时一个月改版的《南方都市报》官方网站南都网（www.nddaily.com）重新上线。不管是南都网的新用户还是老用户，一打开新的南都网，一定会被改版后鲜亮的橙色所吸引，而且导航栏中增加的"鲜橙空间"（见图 18-4）更是吸引眼球。改版后南都网的一大特色就是变身为 SNS 新闻媒体网站。只要注册了鲜橙空间，用户就拥有了一个自己的个人页面，不仅可以像开心、校内一样与其他网友交流，还可以发布消息甚至创建新闻，而《南方都市报》的记者、编辑们在这里也都有自己的个人页面，想与他们互动交流只需轻点几下鼠标就能实现。

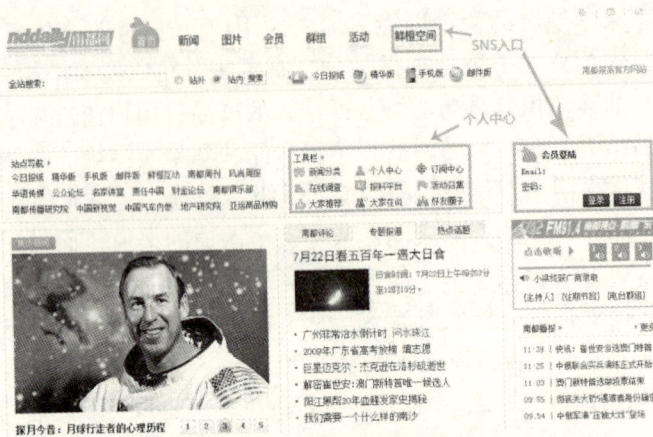

图 18-4 经过 SNS 化的南都网首页

现在，与其他传统新闻媒体网站相比，南都网的特色变得十分鲜明。新南都网的信息处理逻辑不再只是"看这个新闻的人还看了什么新闻"，而是进一步地以"人"为中心聚合内容，希望用户能够在网络上维系另一种新的生态环境，以共同的爱好组成不同的生活圈子，也就是 SNS。南都传媒部主任易海燕的表达是："读者演变成用户，阅读南都演变为使用南都。"

南都网这种将自身官方网站 SNS 化的做法，从真正意义上实现了从 Web1.0 到 Web2.0 的转变。除了《南方都市报》这样的媒体之外，企业当然也可以通过把自己的官网 SNS 化，或者注入具有 SNS 元素的模块，直接与自己的消费者进行互动沟通。这样比起过去间接地通过媒体来为自己做宣传更加具有主动性，消费者的接受程度也会因为人性化的宣传方式而得到提高。

（三）视频分享功能

随着 YouTube 的火暴，网络视频分享成为近几年互联网的一大热门，网民们的视频消费习惯也从此发生了根本性改变。

SNS 网站自然不会放过网络视频分享这种互动性极强的新兴互联网传播模式，纷纷与视频网站联合——国外有 MySpace、Facebook 与 YouTube 的联合，国内有开心、校内与土豆、优酷的联合，紧抓网民们的猎奇心理和先睹为快的欲望，通过视频分享的方式不断扩大自身影响力。以电影这种大众文化消费品的营销传播为例，在年轻消费者群体中第一次打败了门户网站的就是 SNS 网站。2008 年 10 月底，尼尔森发布的一份研究报告称，MySpace 电影频道已是美国 15~24 岁消费者搜索电影资讯的首选，29%的人首先通过 MySpace 获取电影资讯，而首选雅虎、谷歌、美国在线的人分别为 23%、23%和 14%；而在15~34 岁的消费者中，更是有 44%的人提及，他们是看到了 MySpace 上的电影广告后走进电影院的，相比之下，雅虎、美国在线的这一数字分别只有34%和12%。

与视频分享结合最为紧密的SNS网站莫过于Facebook了。Facebook把视频组件作为默认的组件放置于用户的操作面板上，点击后可以进入自己独立的视频中心，在这里不仅可以分享别的网站或网友的视频，甚至还支持直接上传视频到本站点或在线视频录制（见图18-5）等专业视频网站才具有的功能。

图18-5 Facebook视频中心

但是光有影响力很显然是没有多大实际意义的，SNS网站这样卖力地推广视频分享，最终目的仍然是要吸引广告主的注意。Facebook目前测试的主页视频广告证实了其欲借视频分享赢利的打算，同时Facebook也承认目前正在考虑通过在视频侧边栏加入广告的从个人视频中获取收益。也许7月热映的《变形金刚2》借助校内网所做的"大黄蜂植入视频"可以成为SNS网站视频分享的出路——依靠流行事件进行植入式视频的分享。而这也是事件+视频+SNS化的有益尝试。

（四）品牌植入广告

目前SNS网站的主要广告模式除了传统的发布旗帜广告（Banner）之外，就是极具SNS自身产品特色的植入式广告（Product Placement）。可以说互动是SNS网站的"杀手锏"，由于具备了远超传统互联网广告的互动性，所以在SNS网站中的植入式广告所产生的卷入度和黏度完全可以与游戏中的植入广告（In-Game Advertising，IGA）相媲美，因此植入式广告也成为目前SNS采用的较为成熟也被普遍认可的广告模式。下面是三类典型的植入案例。

1. 口碑植入

校内网开发的"我的评论"服务为用户提供了专门进行产品评价和经验分享的平台（见图18-6）。用户可发表对书籍、电影等内容的评价、搜索、共享等；可查看好友的推荐，并可以进行在线购买。通过网友们的产品体验交流，校内网内部即可形成一套稳定性和可信度高的产品口碑建立和传播系统，这是SNS服务得天独厚的优势，而这种高质、高效、低成本的传播也正是广告主极为渴求的。此外，校内网的注册用户大多是高校学生和年轻白领阶层，其消费习惯和兴趣比较接近，属于精准的细分市场。因此，也许某篇小小的评价短文，某次产品共享，某项便捷的在线购买，就会将某种产品通过他的朋友以及朋友的朋友等不断地扩散开来，形成口碑宣传的"蝴蝶效应"，进而成就产品的热销。

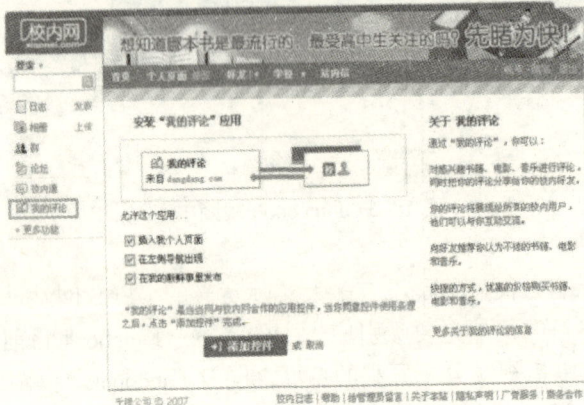

图18-6　校内网安装"我的评论"

2. 礼物赠送

校内推出的增值服务——校内虚拟礼品赠送，通过附带广告的方式，为广告主的产品提供开展病毒营销的平台。在这项增值服务下，校内用户可直接用网银购买校内虚拟货币——校内宝兑换相应的礼品，互相赠送传情达意。同时，校内网还推出"赞助商礼品"的形式组织广告，如2007年11月校内网将优乐美奶茶包装为"暖心奶茶"进行礼品互赠（见图18-7）。据统计，截至2008年11月30日，共有652315人赠送优乐美"暖心奶茶"给好友；假定每个人有30个好友，那么就有1800万人被拉入优乐美奶茶的品牌传播攻势中。另外，校内网官方还会在用户生日当天派发礼品，每种附带赞助商广告的虚拟生日礼品，用病毒扩散的效果计算，每天将有60万以上的人可以看到。

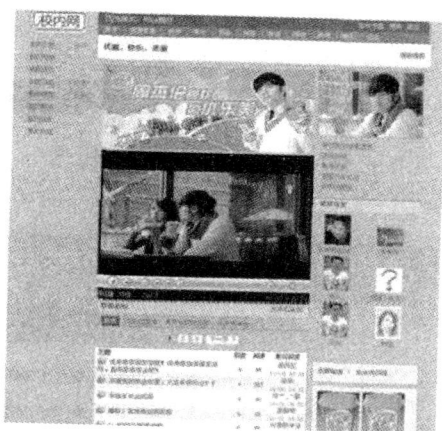

图 18-7 "优乐美"赠送计划

3. 组件营销

所谓组件营销,实际上是企业与 SNS 网站合作推广的一种插件,用户可以根据自己的兴趣选择安装,安装完成后用户可以在自己主页的控制面板上看到这个插件,这点与"我的评论"有点儿类似。但是不同的是组件营销具有更强的黏度,用户在不知不觉中与企业发生了互动交流,达到广告宣传的目的。组件营销包括许多类型,比如动漫人物、表情、游戏插件、办公软件插件等,其中最有影响力的当属插件小游戏了。

作为开心网首个线上广告的搭载工具——插件小游戏"争车位"可谓名噪一时(见图 18-8),当时别克的新一代君威就成为第一个试水组件营销的品牌。现在开心网已经开发出了更多的插件小游戏,这种模式也逐渐在 SNS 中流传开并站稳了脚跟。

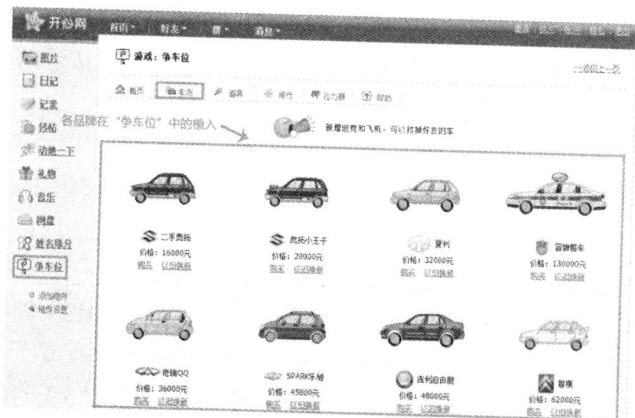

图 18-8 开心网:"争车位"

第三节 SNS 品牌传播发展探讨

一、SNS 品牌传播未来发展趋势

SNS 虽然相对于其他传播手段来说是新鲜事物，但是它自己本身也在不断地更新换代。

问题 4： SNS 品牌传播未来可能在哪些方面发展？

1. 兴趣广告

随着广告形式和数量的海量增长，以及受众的变化趋势加剧，传统广告形式很难像以前那样所向披靡了。恰恰相反，受众开始对广告产生免疫，对其警惕性很高，甚至产生了厌恶之情。但是，根据网络营销服务提供商 Q Interactive 的调查显示，受众并没有完全站在广告的对立方，只要广告符合用户兴趣，用户不会真正对其反感。据该调查显示，多数 Web 用户（53%）认为，如果某个广告商的广告符合他们的兴趣，他们会对其持欢迎态度，只有 5.6%的用户明确表示将其视为不受欢迎。

而与传统广告灌输式宣传相比，SNS 广告更易实现这种兴趣广告。因为人们在注册 SNS 会员时要提供性别、年龄、居住地、兴趣等大量的个人信息，而这些信息中蕴涵着大量有价值的市场信息，更重要的是这些所提供信息的真实性较高，因此如果 SNS 网站有效地分析利用这些会员信息，对其进行归类，对不同特点的受众群体实行广告的兴趣投放，相信这种针对性和个性化极强的广告内容和形式，非但不会让受众产生反感心理，反而成为其帮助性信息，也将进一步提高广告主进行品牌传播的效果。

2. 虚拟聊天环境

网络的力量是难以估量的，随着网络的普及与发展，人们的生活方式也大大改变，原来一些非要身体力行的行为如购物、缴费等现在均可以通过网络实现。也许在不久的将来，人们也会习惯在虚拟的网络咖啡厅、酒吧、快餐店中点些东西，约会聊天。而这种模式并不同于现有的 QQ、MSN 等聊天软件，区别就是 QQ、MSN 等所提供的其实还只是一个信息的传播通道，只提供简单的对话框；而 SNS 的网络咖啡厅、酒吧等网络餐饮店则是为聊天者提供了舒适环境，使其更能充分地享受聊天乐趣，因此 SNS 为聊天者呈现的应该是一个综合性服务店面。

比如一对情侣如果不想出去逛街的话，可以事先约好几点在开心网的虚拟星巴克见面。双方可以在店中点对方喜欢的餐饮、背景音乐等，在舒适的环境中沟通感情。而这对于广告主来说无疑是一件好事，其可以通过虚拟店将实体店中的服务进行宣传推广，还可以进行服务的实验性测试，使先前没有去过实体店的 SNS 会员产生身临其境的感受，培养消费者忠诚，还可以对老顾客进行360 度品牌维护。

如今，我们游弋于信息海洋之中，为我们所不堪的大部分信息都被无情地过滤掉，同时随着消费者的注意力和兴趣不断的裂变，传统的广告形式很难再抓住消费者的眼球。但注意力经济说来简单，做起来谈何容易？有语云：任何事物的存在都是有原因的。SNS 的出现让苦恼于注意力经济的人们为之一振，对其充满了期待与憧憬。

二、SNS 品牌传播的营销风险

问题 5：SNS 品牌传播有哪些营销风险？

SNS 作为新成长起来的新型网络工具，即便牛刀小试也已展露锋芒，其真正的价值仍充满不确定性。2008 年一整年，Facebook 的广告收入大约为 2 亿美元，相比 Google 动辄百亿美元的搜索引擎收入，2 亿美元实在显得微不足道。尽管业界一片呼声：2009 年是 SNS 的突破年，我们仍无法保证一致吹响的行业号角能马上赢来 SNS 的太平盛世。SNS 的营销风险始终横亘在广告主的面前，不容忽视。

1. SNS 的不确定性影响广告主的营销效果

SNS 网站模式变化多端，对广告主而言，在进行品牌传播时充满许多不确定性。主要表现在：

（1）SNS 网站营销效果评估的不确定性。SNS 用户社会化与娱乐化的活跃方式使得点击率或是其他关注指标在 SNS 网站上常常也并不能反映真实的营销效果。而其他通过应用程序的捆绑或植入实现的营销努力更不能通过某种量化指标核算出投入产出比。这种"钱花了，好像有效果，又不知道效果有多少"的不踏实感深为精打细算的广告主所诟病。

（2）SNS 营销环境的不确定性。SNS 网站主打关系牌，多元的用户关系是其捆绑用户从而保证运转的核心手段。而广大的 SNS 用户关注的也正是借其平台得以建立起来的庞杂关系。这种建立在"关系"基础上的信息传播模式注定其娱乐属性大于商业属性，也使其整体环境变得十分复杂，不利于广告主的掌控。这种不可控性势必给广告主的营销投入造成困难。即便思路清晰、策划完整的市场活动也可能在多变环境的冲击下变得零散而削弱力度，甚至歪曲了方向。

2. SNS 网站的高人气不等同于广告主营销的成功

主要针对在校大学生的校内网几乎覆盖了中国所有高校，当仁不让成为国内 SNS 网站的大哥大。开心网也以势如破竹的速度在白领世界中占得一席之地。各种 SNS 网站紧随其后，以独有定位笼络不同人群。这些 SNS 网站的成功速度与人气都让人咋舌。

然而，SNS 网站的高人气只是为广告主的广告投放增加预期，并不能实际转化成有效关注。这些或者综合性或者小众型的 SNS 网站具备精准分众的能力，却仍不能左右分众。营销成功依旧依赖于对目标受众的精确洞悉和相应营销努力的合理规划。

3. 消费者永远不是理想的、静止的消费者

完全依赖于 SNS 网站的天然细分能力是不够的。消费者永远处于一种变化的、动态的甚至难以捉摸的状态之中。

登录 SNS 的用户从本质上来说是消费者，喜新厌旧是他们的天性。背负黏着用户的巨大压力，SNS 网站必须保证不断推陈出新，吸引用户，否则就要面对用户离去的残酷现实。此外，消费者的年龄增长、生活变迁、阅历变化、安全忧患都可能导致用户结构的根本性变化，这无疑增加了广告主的营销难度。

目前国内大部分 SNS 尚处在跑马圈地、赢得认可的起步发展阶段，广告主在对其营销应用中需要充分考虑其风险。同时也要结合自身产品的属性、品牌发展阶段、推广活动的目的，只有明确了企业品牌传播的目标与策略，充分认识到 SNS 的机会与风险，才能更好地利用这柄利器。

案例分析

SNS 与麦当劳见面吧

SNS 网站是口碑传播的集散地。因为每个 SNS 用户不是单一的个体，而是一个具有足够网络关系的圈子成员。他的每一个喜好、行为就能够诱发其关系人的关注和参与。麦当劳利用此点，针对目标客户群的状态，制造了一个新的风尚——"别宅了，见面吧"。于是，年轻人在麦当劳见面悄然流行。2009 年 6 月，校内用户在麦当劳"见面吧"活动网站上邀请校内好友见面，成功发出见面邀请就能获得麦当劳手机优惠券，以及每周三份 5000 元奖金，用于和老朋友见面。麦当劳用手机优惠券和 5000 元大奖引诱用户群体积极地参与到活动

中来。此外，现金见面礼的中奖通知在每个抽奖周期结束后的一周内以校内站内信的方式发出。利用这种方式保证了用户能够经常登录校内网，这种活动本身也为校内网这个平台增强了活力。于是，在抽奖的诱惑下，给朋友发邀请成了校内用户的热门活动。此外，麦当劳运用这种贿赂策略，巧妙地获得了用户的联系方式。活动期间，麦当劳每天要送出 20000 份麦当劳手机优惠券，凡是成功发出邀请的校内用户可以在手机优惠券页面提交手机号码并以短信形式获得手机优惠券，每人每天最多可以下载三份，先到先得。

伴随着"见面吧"活动，麦当劳还联合大旗网，在北京、天津、沈阳、大连四地推出"抱团吃早餐"活动。活动口号是"抱团吃早餐，欢乐齐分享"。结果，活动一经推出就受到了网友的积极响应，获得了很高的关注度。上线仅一个多小时，团长人数已超过 100 名。无数 M 友皆由网络社区、论坛、博客以及即时通讯等手段开展自发传播。免费吃麦当劳早餐也成了时下的热门话题。

资料来源：作者整理.

思考题：

在麦当劳的营销案例中 SNS 传播发挥了什么作用？

活动　SNS 传播练习

设想自己为一家在国内具有一定知名度和规模的体育品牌的广告主，在 SNS 传播方面有哪些资源可以利用，同时分析需要面对哪些风险。

本章小结

★★★★

本章概括地向大家介绍了 SNS 传播手段以及 SNS 如何充分利用其自身所具有的好友集聚性，将其融入到新的广告与传播形式中去。相当于为广告行业注入一针强心剂，值得我们期待。不过可以肯定的是，SNS 将有助于未来的广告形式更加趣味性、更加体现消费者的主观能动性。而这也是如今广告主和消费者进行沟通所必须重视的细节。同时，SNS 品牌传播的风险也是目前需要关注的问题。关于 SNS 这个有待更多市场实践的新事物，我们仍需与时俱进，保持对它的密切关注。

知识扩展
★★★★

SNS 品牌传播效果瞻望

　　SNS 的炙手可热让广告主无法忽视这一新兴的品牌推广渠道。根据 iResearch（艾瑞）咨询提供的数据显示，截至 2009 年 4 月 30 日，有 29% 的公司应用 SNS 建立和管理品牌。从数据中可以看出，SNS 与品牌的结合正成为一种趋势。虽然多数企业对于利用 SNS 建设和推广品牌仍持观望态度，但这仍然不妨碍 SNS 的蓬勃发展。且看广告主（即企业）、SNS 社区、SNS 用户（即消费者）三方如何看待 SNS 的品牌传播效果。

　　1. 广告主的 SNS 情结

　　广告主与 SNS 的合作主要包括投放广告，在网页中植入品牌，在 SNS 社区中建立自己的品牌群三种方式。从目前的实践来看，已经积累了一些成功的案例，其中比较典型的有宝马，科宝博洛尼在开心网的内置游戏中的植入，麦当劳在校内网发起的"见面吧"活动，这些活动都取得了不错的效果。戴尔与 Twitter 的合作便是 SNS 在品牌推广上蕴藏巨大潜能的有力证明。

　　戴尔公司 2009 年 6 月 11 日称，通过 Twitter 的网上服务活动，戴尔获得了超过 300 万美元的收入。2 年以前，戴尔公司开始在 Twitter 网站进行商业注册和进行网上销售。在过去的 6 个月内，戴尔公司在 Twitter 网上销售额为 100 万美元。对全球第二大个人电脑生产商戴尔公司来说，两年的销售额达到 300 万美元显得微不足道，因为戴尔公司仅 2009 年第一季度销售额就达到了 120 亿美元。但是戴尔公司却成为第一家通过 Twitter 获利的公司，成为网上销售获利的一个典型范例。这一案例无疑是一剂强心针，让其他企业看到了 SNS 在品牌推广上的大有可为。

　　2. SNS 网站看自身潜力

　　SNS 营销的核心在于"三个力"：第一是创造力，源于哪里？源于用户自己的创造，用户的想象力、创造力是不可估量的。第二是吸引力，吸引力源于人们对娱乐、对情感、对你的好友、对品牌、对产品的吸引，还有一个很重要的关系，SNS 网站知道什么样的用户能够受到吸引。用户的属性包括性别、年龄、工作场合、兴趣爱好、上网和消费行为。第三是感染力，感染力源于好友之间的传播，源于潜移默化的征服。SNS 营销的核心是用户的主动参与、传播、沉淀的过程，它有可持续性，而且结果会事半功倍，是润物细无声的感染力。

3. 消费者对 SNS 的热衷

最新的报告显示，互联网用户现在已经开始将网络生活集中在社交网络上，如 Facebook 、MySpace 和 Orkut 等。新报告还发现，社交网络并不是一种特殊的活动。将近三分之二的互联网用户会花费时间来管理他们的网上个人资料。此外，96%的社会网络活跃用户会访问其朋友的网页。在比较大的 SNS 社区（如校内网、开心网上），用户黏度都是非常强的。面对社区内众多的品牌植入活动，从笔者的周边朋友来看对此都是抱有一定兴趣的，并不像对待传统广告那样的厌烦，对于企业来讲一方面这是个好消息，它们仍然可以通过这个渠道推广自己的品牌。另一方面也是一个挑战，信息多样化时代，消费者的耐心和兴趣永远是有限度的，如何让消费者持续对品牌维持一定的兴趣和新鲜感也是企业必须要思考的问题。简言之，SNS 社区和品牌之间还需要更多的磨合，在发展中寻求二者最合适的合作方式。

SNS 还在处于成长与发展期中，对于这个号称"继 Google 之后最伟大创新"的网络媒体形式来说，未来之路还任重而道远，可能布满荆棘与困难，也可能充满希望与惊喜。

答案

★★★★★

一、引导案例参考答案：

一个品牌传播活动获得成功要具备两点：一个是品牌传播活动的主题和关键信息的设计。它会决定不管你以什么形式与目标用户沟通，他会不会有共鸣。如果关键信息或活动主题不吸引人，也不会有人参与。此外，互动有的时候是一把"双刃剑"，如果互动没有吸引力的话，其互动效果反而很差。联想利用 QQ 空间把企业的产品和 SNS 的互动巧妙地结合起来，就成为网络传播中最关键的部分。它的启示在于既不能过分地把产品和品牌强行、粗暴地植入到 SNS 平台，又不能只想着互动和游戏，而忽略了品牌信息的传播和挖掘。

二、案例分析参考答案：

从麦当劳此次营销活动，我们可以看出，当麦当劳将自己转变成校内人人网和大旗网等网络平台的赞助商，为其用户提供一定的利益时，这些网络平台反过来又成为麦当劳最大的鱼塘和口碑载体。二者互补有无，借力共赢。上演一通传统企业与新型网络媒体整合营销的佳话。当"去麦当劳见面吧"成为大学生们之间网络问候语，当高校网友聚会渐成新时尚，作为活动的始作俑者，麦当劳成功地转变成线下 SNS 的枢纽，成为线上用户真实交流的线下平台。传统餐饮业借由新型 Web2.0 网站开展的互动营销给我们带来新的启示：营销应该以"多变"应万变。"多变"是对消费者的把握，这种把握不局限在自己的业务领域，应该完成一种更深刻的洞察，然后寻找合作伙伴，共同把价值和促销信息传递给目标客户，用彼此的产品和服务满足用户的多元需求，带去最大化价值。这样做不仅能够获得更多的顾客选择，也升华了自己在用户心中的品牌地位。

参考文献

1. 张树庭，吕艳丹. 有效的品牌传播. 北京：中国传媒大学出版社，2008.

2. ［美］舒尔茨，凯奇著，何西军译. 全球整合营销传播. 北京：中国财政经济出版社，2004.

3. 李光斗. 决胜终端：抓不到本·拉登的启示. 北京：经济观察报，2003.

4. 李传江. 日用消费品终端营销. 北京：中国管理传播网，2005.

5. 乔治·贝尔奇著，张红霞，庞隽译. 广告与促销——整个营销传播视角，2006.

6. ［美］马克·奥斯丁，吉姆·艾吉森. 还有人看广告吗？——消费者产生营销抗体，营销者该如何面对?. 北京：高等教育出版社，2005.

7. 覃文钊. 终端传播五要素. 市场观察·广告主，2009.

8. 黄珣. 原始匹配度与创意匹配度对赞助有效性的影响——以淘宝网的电影赞助营销为例. 北京：中国市场营销网，2007.

9. 李传屏. 营销论语. 北京：中国市场出版社，2006.

10. B.约瑟夫·派恩二世著，夏业良，鲁炜译. 体验经济. 北京：机械工业出版社，2008.

11. 蒋玉石. 口碑、口碑传播和口碑营销的辨析. 特区经济，2006.

12. 何辉. 当代广告学教程. 北京：中国传媒大学出版社，2004.

13. 菲利普·科特勒著，梅汝和等译. 营销管理. 上海：上海人民出版社，1999.

14. 朱莉莉. 品牌传播之设计观. 北京：CNKI 中国知网，2005.

15. 国家标准. 零售业态分类和基本特点，2004.

16. 叶建南. 整合营销传播环境中公关的递进. 北京：国际广告，2004.

17. 格伦·布鲁姆. 有效的公共关系. 北京：华夏出版社，2002.

18. 彼得·德鲁克著，慕凤丽译. 公司的概念. 北京：机械工业出版社，2009.

19. 章锦松. 品牌与公共关系. 北京：中国营销传播网，2002.

20. 李林，张波，车强. 中国企业国际化受阻调查：政治劫持经济. 北京：IT 时代周刊，2006.

21. 卢泰宏. 品牌联盟之道. 北京：央视国际网，2006.

22. ［美］大卫·艾克. 品牌组合战略. 北京：中国劳动社会保障出版社，2005.

23. ［美］大卫·艾克. 品牌领导. 北京：新华出版社，2001.